民事判例 *24*

2021年後期

現代民事判例研究会編

日本評論社

民事判例 24——2021 年後期　目次

●本号の対象裁判例について

『民事判例 24　2021 年後期』のうち、最新裁判例を紹介・検討する第 1 部、第 2 部、第 3 部では、基本的に、2021 年 7 月〜 12 月に公刊された裁判例登載誌に掲載された裁判例を対象としている。

◆「第 1 部最新民事裁判例の動向」で対象とした裁判例登載誌は以下のとおりである (括弧内は略語表記)。それ以降 (若しくはそれ以前) の号についても対象としていることがある。なお、前号までの当欄ですでに紹介された裁判例については省略している。また、環境、医事、労働、知財に関する裁判例については、原則として第 2 部の叙述に譲るものとしている。

最高裁判所民事判例集 (民集)	74 巻 8 号〜 75 巻 3 号
判例時報 (判時)	2481 号〜 2498 号
判例タイムズ (判タ)	1484 号〜 1489 号
金融法務事情 (金法)	2165 号〜 2176 号
金融・商事判例 (金判)	1619 号〜 1630 号
家庭の法と裁判 (家判)	33 号〜 35 号（「家族裁判例の動向」のみ）

◆「第 2 部最新専門領域裁判例の動向」では、第 1 部で対象とした上掲の裁判例登載誌を基本としつつ、各専門領域の特性に応じて、裁判例登載誌等の対象が若干変わっている。

「環境裁判例の動向」→上掲の民集、判時、判タのほか、判例地方自治（判例自治）473 号〜 478 号を付加。2021 年 7 月〜 12 月に裁判所 HP に掲載されたものも含める。
「医事裁判例の動向」→上掲の民集、判時、判タ、金法、金判のほか、2021 年 7 月から 12 月が判決の言い渡し日かつ 2021 年 12 月末日までに HP に掲載された裁判所 HP に掲載されたものも含める。
「労働裁判例の動向」→上掲の民集、判時、判タのほか、労働判例（労判）1241 号〜 1252 号、労働経済判例速報（労経速）2448 号〜 2464 号を付加。
「知財裁判例の動向」→言渡日が 2021 年 7 月〜 12 月であって、2021 年 12 月末時点で裁判所 HP に掲載されたもの、また、行政裁判例（審決取消訴訟の裁判例）も含める。

◆裁判例登載誌の表記は、本文では紙幅の都合により原則として 1 誌のみを表示し、「今期の裁判例索引」において可能な限り複数誌を表示することとした。

◆「第 3 部注目裁判例研究」では、第 1 部、第 2 部の「動向」で対象としたもののうち、とくに注目すべき裁判例をとりあげ、検討を加えている。なお、「動向」欄では前号までに紹介済みとして省略した裁判例であっても、今期対象とした裁判例登載誌等にも登場したものについては、第 3 部で検討する対象に含めている。

本書の略号

民集：最高裁判所民事判例集	金判：金融・商事判例
集民：最高裁判所裁判集民事	家判：家庭の法と裁判
裁時：裁判所時報	判例自治：判例地方自治
訟月：訟務月報	労判：労働判例
判時：判例時報	労経速：労働経済判例速報
判タ：判例タイムズ	ほか、雑誌名は通常の略記法に従う
金法：金融法務事情	

取引裁判例の動向

石田　剛　一橋大学教授

現代民事判例研究会財産法部会取引パート

はじめに

　今期の注目すべき最高裁判決としては、前期に評釈で取り上げられた債務承認による消滅時効の中断効（2017年改正前民法147条3号）が生ずる範囲に関するもの（→[6]）を別とすれば、不動産の売買契約に基づく引渡債務・登記手続履行債務が履行されない事例において履行を実現する（保全処分や強制執行等の実施を含む）ために買主が要した弁護士費用を債務不履行に基づく損害賠償として請求することができないとしたもの（→[7]）と社債への利息制限法の適用可能性を原則として否定したもの（→[26]）を挙げることができる。

　下級審に目を転じると、違法な高金利を規制する貸金業法及び出資法等の潜脱を目的とするものともみられる取引類型として近時増加傾向にある、給与ファクタリング（→[15]）、金融ファクタリングに関する裁判例が今期も2件みられる（→[16]）ことも目を引く。

　また、金融・決済関連の現代的な課題に関するものとしては、近時増えている仮想通貨の流出に伴いサービスを停止した通貨業者の債務不履行責任に関する裁判例（→[24]）が引き続きみられることに加えて、今期は、インターネットバンキングの不正利用により電子商取引サイト上で利用可能なギフト券が大量購入された場合におけるサイト運営業者に対する不当利得返還請求が棄却されたもの（→[25]）などに関心を搔き立てられる。

　さらに、消費者契約法に関連する判決として、集合納骨・埋葬に関する契約上の問題につき、集合納骨施設との納骨壇使用契約の法的性質及び納付された永代使用料及び永代供養用に関する不返還特約条項の消費者契約法9条該当性を肯定したもの（→[21]）や相続税申告の代理業務に係る委任契約において税理士法人が設けていた責任制限条項の

消費者契約法10条該当性を肯定したもの（→[27]）なども興味深い。以下、順次概要を紹介する。

1　信義則

　[1] 東京地判令3・2・12金法2168号72頁（控訴）は、法人格否認の法理（法人の形式を、契約上の義務を回避するため、または債権者を害するために濫用する場合〔法人格濫用類型〕）の典型的な適用事例である。DのZに対する貸付金債権を譲り受けたXが、Zの事業を実質的に承継したとみられるYに対して、貸付金の返還を求めたところ、YはZと別法人であることを理由に履行を拒絶した。Yは、①旧会社Zの従業員や顧客の大部分を引き継いだ上、Zと同様の業務を本格的に開始するに至った、②その引継ぎは、Zの破綻が必至の状況下で行われていた、③Yの設立はZの代表取締役Aの意向や影響が強く働いていたことがうかがわれる、④Aは、経理や財務を含むYの経営全般に深く関与していたことがうかがわれる、⑤Yのウエブサイトには、Aについて、「最高経営責任者」の肩書が付されて掲載されていた、などの事情に照らし、Yは、実質的にZと一体の法人であり、かつ、B銀行のZに対する本件貸付を含む債務の履行を免れる目的で設立されたものであると認められ、YがZと別法人であることを理由に本件貸付に係る債務の弁済を拒むことは信義則上許されないとされた。

2　失踪宣告

　[2] 東京高決令2・11・30判タ1486号28頁（確定）は、不在者（明治43年生）Aの子B（令和2年死亡・法定相続人はAのみ［配偶者・子無し］）との間で死後事務委任契約及び家屋管理契約を締結したと主張する弁護士XがBの死後行ったAにかかる失踪宣告の申立てが却下された事案である。Xは、自己

が不在者Aに関して民法30条1項の「利害関係人」に当たると主張したが、ここでの「利害関係人」は、不在者の財産管理についての「利害関係人」（25条1項）よりも制限的に解すべきであり、不在者に対する債権者となる可能性があるに留まる者を含まないとして、Xの主張は退けられた。民法25条1項が、不在者の財産管理の申立請求権者に検察官を含めているのは、不在者本人の財産の保護を目的とし、公益的観点から国家の関与が容認されるからであり、不在者の死亡擬制、婚姻解消、相続開始等の重大な効果を発生させる失踪宣告においては、不在者の帰来を待つ遺族の意向を差し置いて国家が死亡の効果を強要すべきでなく、民法30条1項の「利害関係人」は限定的に解釈されるべきであり、たとえ不在者（A＝男性・110歳）死亡の蓋然性が高く、その帰来を待つ遺族もないとしても、そうした事案の個別事情を考慮して「利害関係人」の範囲を柔軟に解すること（このような解釈の可能性につき、米倉明『民法講義 総則(1)』（有斐閣、1984年）177頁参照）は実務の迅速・安定的運用を損なうおそれが高いという（本判決の評釈として、佐藤秀勝・新・判例解説Watch民法（財産法）30号79頁がある）。

3 公序良俗

[3] 大阪地判平30・8・29判時2487号83頁（確定）（→民事判例23号取引2評釈）は、総合探偵事務所と依頼者との間で締結された「別れさせ工作委託契約」が公序良俗に反し無効とされるべきかが問題となった。

Yの指定する女性と、その指定された女性が当時交際していた男性との間の交際を終了させることに関し、総合探偵会社Xが協力するという内容で、着手金として80万円、成功報酬として40万円をYが支払う旨の契約に基づき、XがYに対して残金70万円及び遅延損害金の支払を求めたのに対し（本訴請求）、Yは当該契約が公序良俗に反し無効であるなどと主張し、不当利得返還請求権を行使し、本件契約に基づき支払った60万8000円と遅延損害金の支払を求めた（反訴請求）。本件契約の目的を達成するために想定されていた方法（当初プラン〔工作員女性を対象男性に近づけて恋愛感情を抱かせて指定女性に別れを告げさせるように仕向けるというもの〕は、その後Xの提案により別プラン〔対象男性が工作員女性と浮気をしている事実を指定女性に暴露することで2人が別れるよう仕向けるというもの〕に変更された）は、いずれも人倫に反し関係者らの人格、尊厳を傷付ける方法や、関係者の意思に反してでも接触を図るような方法であったとは認められず、また、現実に実行された方法も、工作員女性が対象男性と食事をするなどというものであったことなどの事情に照らせば、関係者らの自由な意思決定の範囲で行うことが想定されていたといえるものであり、契約締結時の状況に照らしても、公序良俗に反するとまではいえないとした（本判決の評釈として、城内明・新・判例解説Watch民法（財産法）24号89頁がある）。

4 錯誤

[4] 大阪高判令2・12・17金法2170号108頁（確定）は、裁判官による釈明権の行使の懈怠に関する判決であるが、その前提として、預託金会員制ゴルフクラブ会員権の売買につき錯誤無効（改正前民法95条）の主張の可否（特に重過失の有無）を問題にするものである。売主Xは、ゴルフクラブを退会するに際し、ゴルフ会員権のうち会員権部分と預託金部分を分離可能であると考え、会員権を売却しても預託金返還請求権は売却対象から除かれていることを前提として、ゴルフクラブ会員権を運営法人Yに売却したところ、上記前提に錯誤があったとして無効を主張した。原審（京都地判令2・5・27金法2170号112頁）は、Xの主張を容れ、請求を一部認容したが、本判決は、錯誤の存在を肯定した原審の認定に疑問を示しつつ、仮にその認定を是としても、預託金会員制ゴルフクラブの会員権の性質（ゴルフ場施設の優先的利用権、預託金返還請求権、年会費納入等の義務を内容とする債権的法律関係ないし契約上の地位であり、このような複合的性質からは、個々の会員権の一部のみを分離して譲渡、処分することは予定されていない）および市場取引の実情に照らし、会員権部分と預託金部分は一体として流通、売買されていることからすれば、Xには重過失があったと判断せざるをえないところ、Yに重過失の主張につき検討する機会を与えずに弁論を終結したのは、釈明権の行使を怠った違法があるとした。

5 代理

[5] 東京地判令2・9・11金法2176号79頁（控訴）は、同居親族を代理人とする委任状の真正な成立を認めた事例判決である。夫（X）の代理人として妻（A）が保険会社（Y）との間で締結した3個の契約者貸付について、Xによる代理権授与の事実が認められるかが争点となった。X名義の委任状が

作成された当時、Xの使用印は同居するAが容易に使用可能であったことから、本件委任状の各印影が本人の意思に基づいて顕出されたものであることが事実上推定されるとの一般則（最三判昭39・5・12民集18巻4号597頁）は適用されないとしたうえで、各貸付及びこれに対する弁済についてXの認識可能性や右貸付後のXの言動、当該保険契約に関して作成されたその他の委任状の体裁に照らし、代理権授与があったものと認定した。

すなわち、①本件各貸付は、X名義の銀行口座に振り込む方法により貸付金が交付されているところ、Xも通帳及びキャッシュカードを使用可能な状況にあったこと、第一貸付については、その後104万余りがまとめて弁済され、本件各貸付についても、複数回まとまった額の弁済がされており、その原資はXの給与及び賞与等であったこと、②Xには「契約者貸付金お手続完了のお知らせ」や「契約者貸付金利息繰り入れのお知らせ」が郵送され、手続日と手続金額、貸付金残高の把握ができたことからすれば、Xが本件各貸付の存在を容易に把握できる状況の下で、AがXに無断で第一貸付及び第二貸付を締結し、Xに無断で一部弁済していたとは認めがたい。また、③Xは平成30年10月29日、Yに対して契約者貸付について覚えがない苦情を申し立てているものの、同日に至るまで、契約者貸付は自身が締結したものでない旨の申出はしておらず、かえって複数回の弁済がされていることに加え、X自身Bに対して、本件各貸付の返済方法や本件保険契約の解約の可否を確認しており、Yに架電して本件保険契約の解約申入れをした際にも、相殺時期以外の点につき異を唱えていなかったことから、Xは本件各貸付の有効性を是認していたものと推認されるとした。

6　消滅時効

[6] 最三判令2・12・15民集74巻9号2259頁（→民事判例23取引動向[3]・評釈1）は、同一の当事者間に数個の金銭消費貸借契約に基づく各元本債務が存在する場合において、借主が弁済を充当すべき債務を指定することなく全債務を完済するのに足りない額の弁済をしたときは、当該弁済は、特段の事情のない限り、上記各元本債務の承認として消滅時効を中断する効力を有するものとした。

7　債務不履行

(1) 損害賠償の範囲

[7] 最三判令3・1・22判時2496号3頁は、土地の売買契約の買主が売主に対し債務の履行を求めるための訴訟の提起等に係る弁護士報酬を債務不履行に基づく損害賠償として請求することはできないとした。

A（売主）とY₁・Y₂の間で土地の売買契約（代金9200万円）が締結され、Y₁・Y₂から手付金500万円がAに支払われ、契約締結の約2か月後に残代金の支払と引換えに土地の引渡し及び移転登記手続がされる予定であった。しかし、契約締結の約10日後、Aが営業を停止し、代表者が行方不明となったため、Yらは売買契約に基づくAの債務の履行を求めるための事務を弁護士に委託した。弁護士は、処分禁止の仮処分の申立て、所有権移転登記請求訴訟の提起、建物収去土地明渡訴訟の提起、代替執行の申立て等の事務を行い、Yらは土地の引渡し及び所有権移転登記を得た。これら訴訟提起等の弁護士報酬としてYらは弁護士に972万8600円を支払った。Yらは、他に土地に設定されていた根抵当権等の抹消費用、土地の測量費用等として7727万円余りを負担していた。Aの債権者であるX（信用保証協会）がAのY₁・Y₂に対する売買代金債権を差し押さえ、取立訴訟を提起したのに対して、Yらは、上記弁護士費用を含む損害賠償債権（8700万円）との相殺によりXの請求債権は消滅したと主張した。原審はYらの主張を容れ、Xの請求を棄却したが、最高裁は、破棄自判し、Xの請求を一部認容した（各486万4300円及び遅延損害金を支払うよう命じた）。

最高裁は、①契約上の債務の履行請求は、履行利益の獲得を目的とする点において、損害填補を目的とする不法行為の場合等と異なること、②契約債務においては不履行の可能性を考慮して契約内容を検討しあるいは締結の是非を決定することができることを指摘する。そのうえで、③土地の売買契約に基づく引渡債務ないし所有権移転登記手続債務については、売買契約から一義的に確定するものであり、その履行請求権は売買契約の成立という客観的事実によって基礎づけられることを根拠とする。さらに、以上のことは、訴訟の提起・追行のみならず、保全命令や強制執行の申立てに関する事務についても当てはまるという。

本判決に対しては、上記①～③の根拠相互の関係が不明であるとの指摘（村田大樹・法教488号138

頁、林耕平・民商157巻6号150頁)、従来の裁判例（最一判昭44・2・27民集23巻2号441頁や最二判平24・2・24［安全配慮義務違反］）が重視する「訴訟追行における困難性」との関係について明示的に論じるべきであったとの指摘（加藤新太郎 NBL1201号101頁）、「権利関係が明確である場合に権利の実現のために訴訟追行が必要となるにすぎないときは弁護士費用の賠償は認められない」ことを示したとの論評（永井弘仁・OikeLibrary53号（2021年）13頁）などがある。さらに、調査官によるものと思われるコメントとして、不動産売買の事案でも、「契約書が作成されず契約成立の立証が困難である場合や、売主から容易に排斥しがたい抗弁が主張されて買主が弁護士に委任しなければ訴訟追行が困難となる場合も想定されうるが、そのような場合に買主が支出した弁護士報酬は、契約締結時に紛争の予防をしなかったことにより生じたコストないしは買主が自らの有利に紛争を解決するためのコストというべきものであって、結果として敗訴した売主にそれを負担させることが必ずしも相当であるとはいえ、それを誰が負担すべきかは債務不履行の損害賠償の埒外の問題と考えられる」との説明が公表されている（金法2173号72頁［囲み記事］）。

本判決は、契約債務の履行請求と不法行為に基づく損害賠償請求との原理的な相違に着目した命題（上記①）から出発し、契約債務に関しては、締結段階で十分なコストをかけて将来の紛争予防に必要な処置を講じておくことが望ましいとする考え方（上記②）に添って、不履行リスクが顕現した場合の対処に要する弁護士費用の問題をできるだけ民法416条の範疇から除外し、契約費用の負担問題に収斂させようとする基本姿勢を示す一方、従来重視されてきた「訴訟追行における困難性」の観点にも配慮し、本判決の射程を本件の処理に必要な範囲に留める趣旨で、上記③の理由を付加したものと考えられる。その趣旨からすれば、例えば「契約不適合」に関する規範的な評価が事後的に問われうる追完請求の局面は射程外というべきである（住田英穂・新・判例解説 Watch 民法（財産法）29号83頁）。また、履行利益の賠償請求の場面のほか、本来的履行請求でも、履行請求の限界に関して「特定」の有無が難しい争点となりうる不特定物売買の場合や「引渡し」の有無につき専門知識に基づく難しい評価を要する場合が想定される特定動産の売買についても射程外と考えるべきことになろうか。

(2) 説明義務

[8] 京都地判令2・6・17判時2481号17頁（控訴）（→不動産動向[4]・不法行為動向[10]）は、Yを事業主体とする土地区画整理事業又は非農用地造成事業により造成された土地を購入し、自宅建物を建築するなどした後、台風の影響による降雨によって床上浸水等の被害に遭ったXら（7名）がYに対して説明義務違反に基づく損害賠償を請求した事案にかかる判断である。Yから直接買い受けたX₁〜X₃との関係では、Yが、土地を売却する際に、売買契約に付随する信義則上の義務として、「本件各土地に関する本件ハザードマップの内容について説明するのみならず、Yにおいて把握していた本件各土地に関する近時の浸水被害状況や今後浸水被害が発生する可能性に関する情報について開示し、説明すべき義務を負っていたにもかかわらず、平成16年の台風による浸水被害の状況や、平成16年の台風と同程度の降雨の際に本件各土地で浸水被害が発生する可能性についてXらに説明しなかったのは信義則上の義務違反にあたる」としてXらの請求を一部認容した（1名については3割の過失相殺［Yの担当者から本件ハザードマップを示され、2〜5mの浸水被害が生じる恐れがあるとされる地区にあることを認識しながら、それ以上に質問や調査をすることなく売買契約を締結した］。またYと直接契約していない残り4名につき請求棄却）。

(3) 安全配慮義務

[9] 京都地判令元・5・31判タ1484号227頁（控訴）（→不法行為動向[27]）は、介護老人保健施設Yに入所中の認知症高齢者Aが施設内で3度転倒し、3度目の転倒で頭部骨折等の傷害を負い、その結果死亡した事案において、転倒事故について、Yに入所利用契約に信義則上付随する安全配慮義務違反があったとし、Aの遺族X₁・X₂の総額2817万余（慰謝料・逸失利益等を含む）の損害賠償請求を認めた（施設の職員に対する不法行為責任は否定）。

Aは重度の認知症により僅か14日の間に2度転倒し、その際手をつかずに頭部を打ち付けていることから、Aはバランスを崩しやすい状態にあり、またバランスを崩して転倒した際には頭部を直接床に打ち付け重大な結果を生じさせる危険が極めて高い状態にあったから、Yの職員はAの動向を注視したうえで、本件ソファー付近において付き添うことにより第二転倒の発生を防止し、またバランスを崩しやすい状態（パック牛乳を飲みながら）で歩行しているAに付き添い、介助することにより、第三転倒

の発生を防止すべき義務を負うものとした。

8 詐害行為取消権

[10] 東京地判令3・9・8金判1630号36頁（確定）（→担保動向[1]）は、租税債権に基づく課税処分を受けた債務者が支払不能の状態で行った銀行に対する根抵当権設定行為の詐害行為（2017年改正前民法424条）該当性を肯定した。①債務者が契約締結日時点で少なくとも25億円余りの債務超過であった、②債務者は、遅くとも同時点までには、課税処分により自社が無資力の状態に陥る可能性を具体的に認識していた、③根抵当権が設定された不動産が債務者の総資産の半分以上を占める優良資産である、④根抵当権設定契約が、契約締結日時点で新たな合意に基づき締結された、⑤根抵当権者らは、原告の租税債権に優先して債権回収を図ることを主たる目的として根抵当権設定契約を締結したもので、根抵当権設定契約の締結は、債権保全の手段・方法としての相当性を欠くものであった（詐害意思も認められる）。Yは、424条の3の趣旨に照らし、一部の債権者に対する担保供与行為は、債務者と受益者とが通謀して他の債権者を害する意図を行われた場合に初めて詐害性が肯定されると主張したが、この主張は排斥され、「担保供与行為は債務者の義務ではない以上、弁済と同視することもできず、債務者と受益者との間の通謀や害意まで必要としない。」ものとされた（なお、被保全債権に関して、別件訴訟で係属中の国税債権の存否について、重大かつ明白な違法がない限り取り消されるまでは効力を有するとして、被保全債権の存在を認定している）。2017年改正前民法下において積み重ねられた判例法理に忠実な判断とみられる（本件の評釈として、高須順一・新・判例解説Watch民法（財産法）TKCローライブラリーNo.229がある）。

9 売買

[11] 名古屋高判令元・8・30判時2483号30頁（上告・上告受理申立て）（→不動産動向[5]）は、不動産売買契約に基づく付随義務として合意により定められた隣地との境界画定にかかる書面の交付義務の違反があるとして契約の解除が認められるかどうかが争点とされた事例。Xは所有する土地をYに代金7500万円（手付金375万円）・残代金支払日を3カ月後とし、売る契約を締結した際、一部越境があることが判明したため、「XはYに対し、残代金支

払日までにその責任と負担において、隣地所有者等の立会いを得て、資格ある者の測量によって作成された本物件の確定測量図を交付する」ことを約した。J調査士は隣地所有者の立会のもと順次境界立会図に署名押印を得たが、南側隣地所有者Aのみが境界自体に異議を唱えるわけではないが、南側擁壁が512番の土地に越境しており、その処理に納得できないとして、境界立会図及び確認書への署名押印を留保した。そこでX・Yは確定測量図の交付期限でもある残代金支払日を2カ月延期した。その後、Xは、測量事務所から、本件土地の境界については、平成27年作成の確定測量図が市役所土木課に保管されていること、法務局担当者からAの署名押印を得られない状態でも分筆登記が可能であるとの確認が得られたことなどを理由として、Aの書面による承諾がない場合でも確定測量図として支障がないとの報告を受けた。そこで、XはYに対して延期された期限到来後に、残代金の支払を求めた。これに対して、Yは、境界についてAの書面による承諾が得られない状態で作成された確定測量図では本件約定に基づく義務の履行として不十分であると主張し、Xに対し、本件売買契約の白紙撤回を求めた。XとYは、それぞれ、残代金の支払と確定測量図の交付を催告し、かつ履行がない場合の本件売買契約解除の意思表示をした。

原審（名古屋地判平31・3・26判時2483号33頁は）、XのYに対する残代金不払を理由とする解除とともにされた違約金支払に係る本訴請求を棄却し、受領済みの手付金（375万円）の返還に係るYの反訴請求を認めた。

本判決も原審の結論を支持し、控訴を棄却した。曰く、「買主が、隣地所有者の立会いやその結果境界を承認している事実を確認することは容易でないこと」からすれば、「隣地所有者等の立会をえて」という条項の趣旨は、「単に隣地所有者に対し物理的な立ち合いの機会を与え、そのうえで確定測量図を作成すれば足りるものではなく、立ち合いの結果確定された境界につき、書面による承諾を得る義務」を課したものと解すべきとした。過去に旧隣地所有者との間で境界を確定した経緯があっても、境界について現在の隣地所有者の書面による承諾を得たうえで作成された確定測量図を交付できない事態は、当該土地の減価要因となると考えられるため、価額低下のリスクを回避するためにかかる条項を定めることは不合理でもない、とされる。

[12] 大阪地判令3・1・14判時2495号66頁（控訴）（→不動産動向[7]）は、中学及び高校の新キャ

ンパス開設を目的として購入した土地の土壌に土壌汚染対策法に基づく規制の対象物質が基準値を超えて存在していたことを理由とする瑕疵担保責任等に基づき、土壌汚染対策工事費（11億円を超える）などの損害賠償を請求した事案にかかるものである。売買の目的土地の土壌に基準値を超える鉛及び砒素が含まれていたことは「隠れた瑕疵」に当たるが、原告の請求した掘削工事に要した工事費用等の賠償ではなく、調査費用等約5600万円の損害賠償のみを命じた。土地の売買契約締結に先だって交わされた「覚書（案）」には、当事者が、土壌汚染調査の実施主体や土壌改良費用の負担について協議を行った上で、土壌汚染調査及び土壌改良費用に関する事項を本件売買契約の特約条項として定め、土壌改良が必要な場合には被告（買主）が費用を負担することを明示的に合意していたものの、土壌汚染対策法の改正に先立つ中央環境審議会の答申は、汚染の状況や、健康被害が生ずるおそれの有無に着目して、区域を分類し、必要な対策を明確化するべきであるとの見解を示していた。本件土地は土壌汚染対策法6条1項に基づく汚染の除去等の措置を要請される土地ではなく、形質変更時要届出区域相当の土地であると評価されており、その周辺に飲用井戸の存在は認められず、本件土地につき地下水の摂取による健康被害が生ずる恐れはなかったから、Xが本件土地の土壌汚染対策として掘削除去をしたことは、同法の改正の趣旨に適合せず、平成20年当時、一般的に、掘削除去に比べて、舗装や封じ込めの方法が低廉なコストで施行可能であったとして、Xが掘削除去以外の方法の有無や、掘削除去以外の方法を選択した場合に要する費用との比較調査をしなかった以上、掘削工事に要した工事費用と瑕疵との間に相当因果関係は認められないというものである。2017年民法改正前の事案に係る判断ではあるものの、売買契約の当事者間で土壌汚染対策として必要な費用をどう分担すべきかにつき、特段の合意が明示的に認定されない限りは、学校の敷地としての利用が予定されている場合であっても、土壌汚染対策法が定める諸基準にしたがってその範囲が確定されるべきことを判示したものである。

10　賃貸借

[13] 大阪地判平30・12・5金判1624号36頁（控訴）（→不動産動向[8]）は、特優賃制度に関連して締結された賃貸借契約に関し、認定事業者である賃貸人の信義則違反を理由として、賃貸人の賃借人に対する不当利得返還請求を棄却した。

平成8年3月にXがY住宅供給公社と締結した賃貸借契約において、通常損耗等修繕費をXではなく入居者に負担させる旨を合意し、当初は入居者に上記費用を負担させていたが、その後「原状回復をめぐるトラブルとガイドライン」（旧建設省）の趣旨に沿い、Yは、平成11年4月以降、契約関係にある認定事業者の9割との間で通常損耗日の負担の扱いを当初合意から変更した。認定事業業者のうち、変更の要請に応じようとしないXに関しては、平成15年11月以降、Yは何度も協議を重ねたにもかかわらず、負担の扱いを変更する合意に至らなかった。平成17年7月、Yは、改めて本件通常損耗等修繕費をXの負担とすることを求め、同年8月以降の退去住戸分について本件通常損耗等修繕費を本件賃貸借契約の借り上げ料から差し引くことをXに通知した。Xはこの通知を受諾できない旨回答した後、Yの同通知を受諾する旨の意思表示をしていない。Yは平成17年10月分から平成27年11月分までの各借上料から本件通常損耗等修繕費及びその5％である受託事務費を順次差し引く運用を続けた。そこで、Xは、本件各住戸の入居者の退去による修繕等の費用をY又は本件各入居者の負担ではなく、Xの負担であるとして、同費用相当額をXに支払うべき賃料額から順次差し引くことにより、上記費用相当額の賃料の支払をしなかったことが法律上の原因を欠くとして、主位的に不当利得に基づく未払賃料相当額の支払を、予備的に賃貸借契約に基づく未払賃料相当額の支払を請求した。

判決はXの請求を棄却した。Xは特優賃制度の担い手である認定事業者として特優賃制度上の一定の制約を受ける以上、本件ガイドラインの趣旨を踏まえた取扱いをすべき立場にあり、Yとの間で契約内容について疑義が生じたとき等には誠意をもって協議することを合意していたことも考慮すれば、遅くとも平成17年8月1日にはYからの変更協議に誠実に応じるべき信義則上の義務を負っていた。Xがそうした義務に違反しておきながら、Y又は本件入所者の負担ではなくXの負担であるとして同費用相当額をXに支払うべき借上料を差し引いたことにつき、法律上の原因を欠くとして不当利得返還請求又は賃料請求をすることは信義則に反して許されない、というものである。

特優賃制度における各入居者に通常損耗等を含めた原状回復義務を負担させる特約は遅くとも平成14年6月頃には特有賃法等の規制を著しく逸脱し社会通念上も容認し難い状態になっていたから、そ

の限度で公序良俗に違反し無効であるとする裁判例
があり（大阪高判平 16・7・30 判時 1877 号 81 頁→
上告不受理）、本判決はこの判断を意識したものと
推測される。また、賃貸借契約中に設けられている
誠実交渉義務条項が、特優賃制度に関する建物賃貸
借の事案における賃貸人の信義則違反を基礎づける
根拠規範として一定の役割を果たした点において珍
しい事例でもある。

　[14] 東京地判令 3・7・20 金判 1629 号 52 頁（確定）
は、コロナ禍による営業利益の大幅減少により数多
く生じたものと思われる問題に関するもので、契約
の解除又は改訂に関する議論との関係で注目に値す
る。

　X は所有者から借りていたビルの 7 階部分を Y1
に店舗営業目的（創作和食ダイニング店）で転貸し、
Y1 の代表取締役 Y2 は Y1 の賃料債務等を連帯保証
した。新型コロナウイルス感染症の影響により、店
舗の利益が 90％減少し Y1 の賃料債務の不払が累積
したため、X は賃料不払を理由とする解除による転
貸借契約の終了を主張して、Y1 に対し本件貸室の
明渡しを、Y2（連帯保証人）に対して、未払賃料等、
諸費用、原状回復費用及び賃料倍額の違約金支払を、
それぞれ請求した。Y1 は X の貸主としての債務（借
主に本件貸室を使用収益させる債務）が割合的に履行
不能となっているから、それに応じて賃料債務も割
合的に当然に縮減した結果、累積した賃料の不払を
もってしても信頼関係が破壊されたとはいえないと
して、解除の効力を争った。判決は、X が、Y に対
して本件貸室の使用を制限しておらず、本件貸室を
使用収益させているとしたうえで、賃貸人は賃借人
に利益を得させる義務を負わず、そのような義務を
負わせる特約も存在しない以上、新型コロナウイル
ス感染症の影響により本件貸室を使用して営む飲食
店の利益が減少したとしても、その減少の割合に応
じて、X の Y1 に対する本件貸室を使用収益させる
債務が消滅すると解することはできず、新型インフ
ルエンザ等対策特別措置法に基づく緊急事態宣言が
出されたことなどをもって、本件貸室が使用不能と
なったと評価することもできない、として、Y1 の
主張を退けた。新型コロナ感染症拡大を原因とする
減収による賃料不払に関しては、信頼関係破壊理論
の弾力的運用又は事情変更の原則による契約改訂等
の活用可能性が検討されてよいだろう（この点に関
連して、松井和彦・法時 92 巻 10 号 1 頁、吉政知広・
法教 486 号 16 頁等がある）。

11　消費貸借

　[15] 東京地判令 3・1・26 金法 2171 号 78 頁（控
訴後却下［確定］）は、給与ファクタリング（労働者
から額面額より低額で給与債権の譲渡を受けて、労働
者（譲渡人）が使用者（債務者）から給与の支払を受
けた後に額面額で買い戻させる仕組みの取引）を営む
業者 X が給与債権の譲渡が通知される前に利用者
（労働者 Y）が勤務先から支払を受けた金銭相当額
につき、債権譲渡契約に由来する受取物返還請求権
に基づき行った支払請求を棄却した。

　本判決は、①本件契約は契約書上、Y が勤務先に
対して有する給与債権を X が買い取って、その買取
代金を Y に支払うものとされており、形式的には債
権の売買取引となっているが、労働者の賃金債権に
ついては、労働者が賃金の支払を受ける前にこれを
譲渡したとしても、賃金の直接払の原則（労働基準
法 24 条 1 項）により、使用者は直接労働者に対し
て賃金を支払わなければならず、賃金債権の譲受人
が直接使用者に対してその支払を求めることはでき
ない（最三判昭 43・3・12 民集 22 巻 3 号 562 頁）。
そうすると、実際には給与債権の譲渡人と譲受人の
二者間でのみ金銭の移転が発生し、譲渡人が資金を
拠出して譲り受けた給与債権の回収を労働者である
譲渡人を通じて行うことを当然に予定する仕組みに
なっており、実質的には給与債権の譲渡人と譲受人
の二者間における金銭消費貸借取引に類似する。②
また、X は、自社のホームページにおいて勤務先に
知られずに給与支給日前の現金化ができることをメ
リットとして強調しさらに信用情報がブラックの者
でも利用可能であることを謳っており、もはや貸金
業者からの借入れができないほど信用状態の悪化し
た給与所得者向けに、勤務先への秘密を保ったまま
給与債権を利用した現金調達が可能であることを最
大の特徴として挙げている。そして給与債権が譲渡
された事実が勤務先へ伝達されることは、客観的に
みて労働者にとって不利益な事実の告知に属するも
のといえるから、X を利用して給与債権を現金化し
た給与所得者は、X から勤務先に対して給与債権の
譲渡通知が行われることを可及的に回避すべく、所
定の債権譲渡通知期限が到来する前に、何とかして
譲渡した給与債権の買戻しをしなければならないと
考えた上での行動を迫られることは必定であり、通
知期限前の給与債権の買戻しを事実上強制される立
場に置かれている。①②により、本件契約が実質的
には金銭消費貸借取引に類似する要素に鑑み、X に

おける給与債権を事実上の担保とした金銭の交付
は、経済的機能として、Xの労働者に対する給与債
権の譲渡代金の交付と、当該労働者からの資金の回
収とが不可分一体となった資金移転の仕組みと捉え
ることができるから、貸金業法2条1項本文にいう
「売渡担保その他これらに類する方法によってする
金銭の交付に相当し、貸金業法上の「貸付け」に該
当する。」よって、Xは債権譲渡契約に基づく譲渡
に係る給与債権の額面額に相当する金銭支払をYに
請求することはできない。さらにXは、額面10万
円の給与債権を6万円で買い取っており、利率換算
年800％以上で貸金業法42条1項により契約自体
が当然無効となるのみならず、その合意自体が強度
の違法性を帯び公序良俗違反の程度が甚だしいこと
から、XのYに対する金銭交付は不法原因給付（708
条）となり、不当利得に基づく返還請求も認められ
ないとした（本判決の評釈として、倉重八千代・新・
判例解説Watch民法（財産法）TKCローライブラリー
No. 227がある）。

[16] 東京地判令2・9・18金法2176号68頁（控訴）
（→担保動向[2]）は、事業者を当事者とするファク
タリング契約について、債権譲渡契約が担保目的で
あり、実質的にみて債権譲渡担保付の金銭消費貸借
契約と認められる場合には、貸金業法や出資法の適
用があるとしつつも、本件ファクタリング契約につ
いては、担保目的の譲渡に当たらないとした。Yは、
占有移転を伴わない買戻し特約付き売買契約につい
て原則として担保目的を推認すると判示した最三判
平18・2・7民集60巻2号48頁に依拠して、本
件のように債権譲渡の対抗要件が具備されない二者
間ファクタリングは一般的に債権譲渡担保付の金銭
消費貸借契約であると解すべきと主張したが、こう
した事情は譲渡が担保目的かどうかを判断する際の
一事情に過ぎないとして排斥した。その際、①独立
した事業者間であえて債権の売買契約という法形式
を選択していること、②債権買取業者（ファクター）
が譲渡債権についての第三債務者の無資力リスクを
負い、償還請求権を有していないことなどから、実
質的にも、譲渡債権に関する債務不履行リスクが移
転していること、③いつでもファクターの判断で猶
予されていた対抗要件の具備を行うことができたこ
となどから、債権譲渡についての権利行使が制限さ
れていたとはいえないこと、④債権額面の概ね7割
〜8割という買い取り額が担保目的であることを推
認させるほど大幅な差額ではない等の事情が考慮さ
れている。

12 請負

[17] 最二判令2・9・11金法2165号70頁（→
民事判例23取引動向[10]・担保動向[6]）は、同一の
請負契約にかかる請負代金債権に基づく本訴請求と
瑕疵修補に代わる損害賠償債権に基づく反訴請求が
訴訟係属している場合に、請負人が反訴において、
本訴請求債権を自動債権として、反訴請求債権を受
働債権とする相殺の抗弁を主張することは、両債権
間において相殺による清算的調整を図ることが当事
者双方の便宜と衡平及び法律関係の簡明化に資する
と判示した最一判昭53・9・21判時907号54頁
に照らし、重複起訴の禁止（民訴142条）に抵触し
ないとした。

13 委任

(1) 不動産登記申請の委任

[18] 東京地判令2・10・5金法2165号75頁（控
訴）（→不法行為評釈1）は、地面師詐欺事案にかか
る不動産所有権移転登記の連件申請において、後件
の登記手続を代理する司法書士が前件の担当者と異
なる場合において、後件担当の司法書士の注意義務
違反を否定した。

司法書士が委任契約に基づき依頼者に対して負う
べき義務に関する最二判令2・3・6民集74巻3
号149頁に即して、連件申請における後件申請では、
登記識別情報の提供を省略することが可能で、Yは
前件担当の司法書士が事前に前件申請に必要な書類
はすべて揃っていることを確認したという情報に接
していたなどの事情のもとでは、登記識別情報通知
書の調査・確認等にかかる注意義務違反があったと
はいえず、また、後件担当は、特段の事情がない限
り、前件申請の申請者が登記義務者本人であること
を確認すべき義務を負わないところ、Yは取引前日
に前件担当の司法書士が売主の本人確認を済ませた
旨聞いていたことなどからすれば、自称売主が本件
土地の所有者になりすましていることを具体的に疑
わせるような事情はうかがわれず、本人確認義務違
反があったともいえないとした。

(2) 任意後見

任意後見契約に関する法律10条1項の適用肯定
事例が2件ある。

1件目は、[19] 水戸家審令2・3・9判時2490
号44頁（確定）（→民事判例23家族動向[16]）であ

る。C及びその妻Eは平成元年にEの弟Aと養子縁組をした。平成28年、Cは自分の弟Fの子I及びGと養子縁組をした。同年弁護士BはCの申立代理人として、Eの後見開始の審判を申立てて、Eの成年後見人に選任された。平成29年12月、Cと弁護士Bとの間で任意後見契約が締結され、同月中に任意後見登記がされた。CはBと同じ事務所に所属する弁護士に訴訟委任し、BはEの成年後見人として、平成30年、Aを被告として離縁の訴えを提起した。Aは、水戸家裁にBをEの後見人から解任するよう申立てたところ、Bは辞任の申立てをし、水戸家裁は同辞任の申立てを許可し、J弁護士及びK社会福祉士を新たにEの成年後見人に選任した。Aは、平成31年4月、Cの後見開始の審判の申立て（甲事件）をし、Bは令和元年、任意後見監督人選任の申立て（乙事件）をした。

判決は、Bが任意後見人となることにより、その権限を濫用される具体的なおそれまでは認められないものの、公平らしさという点では問題が残ることから、Cを保護するためには、同意権・取消権のない任意後見制度では、Cの保護の万全を期することができるかについて問題があるとし、後見開始の要件を充たしており、成年後見人としては中立的な第三者である弁護士を選任することが相当であるとして、甲事件の申立てを認容し、乙事件申立てを却下した（本判決の評釈として、本山敦・月報司法書士593号38頁がある。）。

もう1件は、[20] 広島高決令2・8・3判時2495号63頁（特別抗告）である。Zの妻Xは、令和元年9月にZを本人とする保佐開始及び保佐人に対する代理権付与の各申立てをした後、令和2年1月、代理権付与の申立てを取り下げた。令和2年1月、Zについて保佐を開始し、Z・Xの二女P₁を保佐人に選任する審判がされた。Zは、自分には十分な判断能力があり保佐開始の要件を満たしていないこと、保佐人は親族以外の第三者が選任されるべきであるなどとして、これを不服とし、原審判に対して抗告を提起した後、Zを本人、Zの実兄P₂を任意後見受任者とする任意後見契約を締結し、その旨の公正証書が作成され、同任意後見契約は登記された。Zは、任意後見法10条1項によれば、法定後見（保佐開始）よりも同任意後見契約が優先されるべきであると主張し、P₁を保佐人に選任した原審判の取消とXの求めたZに対する保佐開始の申立てを却下すべきであると主張した。

判決は、任意後見契約法10条1項における「本人の利益のために必要があるときに限り」とは、諸事情に照らし、任意後見契約所定の代理権の範囲が不十分であるとか、本人について同意権・取消権による保護が必要な場合など、任意後見契約によることが本人保護にかける結果となる場合を意味する、としたうえで、Zが双極性感情障害にり患し、激しい躁状態を呈した際に浪費と契約を重ね、経済的不利益を受けるおそれのある状態にあることにかんがみ、民法13条1項各号所定の行為について同意権・取消権による保護が必要であると認められるとして、保佐開始の審判をすることが相当であるとした。

14 複合契約・混合契約

[21] 大阪地判令2・12・10判時2493号17頁（確定）（→取引評釈1）は、Xが、集合納骨施設を運営する宗教法人Yとの間で締結した納骨壇使用契約を契約締結の6年後、納骨壇の鍵を受領する前に（納骨壇を使用することがないまま）解約し、同契約に基づき支払った永代使用料及び永代供養料（140万円）について、Yに対して不当利得を理由に返還を求めた事案にかかるものである。本件では、納骨壇使用契約の法的性質が争点となり、この点に付き判決は「場所や容量に応じて料金設定された納骨壇から予め選定された納骨壇の使用の独占を確保し、遺骨預かり願いを受けた遺骨又は遺品を当該納骨壇で半永久的に保管することを約し、その対価としての永代使用料の支払を約すること」を内容とする有償の諸成的寄託契約に「遺骨又は遺品を保管する限り当該故人のために供養を行うという役務提供を約し、その対価としての永代供養料の支払を約することを内容とする」準委任契約が付随した混合契約であるとして、2017年改正前民法662条、651条によりXが納骨する前に本契約の解約を申し入れたことにより契約は終了したものとした。そのうえで、永代使用料及び永代供養料として支払われた金員のうち7割が①遺骨又は遺品の保管を得て、当該故人のための供養を半永久的に受けることの対価に相当し、3割が②そのような地位を取得することに対する対価的性質を有するとして、①について納骨又は遺品の保管並びに当該故人のための供養が開始していないから、債務の既履行部分はなく、解約による返還請求権が認められるが、②については、地位付与の債務は履行済みであり、返還請求権は生じないとして、請求の一部を認容した。本件納骨壇の使用に係る管理規約には、納付した永代使用料及び永代供養用については一切返還しない旨の規定があるが、本契約において消費者契約法9条1号所定の

平均的損害は存しないとして、当該条項を無効とした。墓地使用契約に関しては幾つかの裁判例が出ており、すでに議論があるところ（本件の評釈として、一木孝之・新・判例解説 Watch 民法（財産法）30 号 87 頁）、有償の諾成寄託と準委任との複合契約という法性決定の背景には、本件契約が集合納骨施設との間で締結されたものであるという事情も影響しているものと思われる。

[22] 東京地判令 2・7・17 金法 2168 号 78 頁（控訴）は、銀行の不動産ローン貸付が、実際の売買代金額を上回る架空の売買代金額を前提としていたが、そのことについて銀行の認識関与は認められない一方、不動産の買主は借入金額を認識した上で不動産ローンの消費貸借契約書を作成したなどの事実関係のもとにおいては、貸付を受けた債務者が信義則上返還債務を負わないものとは認められないとした。

Xは、Y_1 との間で売買代金を 6050 万円として本件不動産を購入する契約を締結し、Y_5 との間で本件不動産の購入資金にかかる消費貸借契約を締結した（貸付額には争いがある [X は 6440 万円、Y_5 は 7120 万円と主張]）。Xは、Y_5 が Y_1 に指示し、又は Y_1 と共謀のうえ、売買代金額を実際よりも上乗せした内容の売買契約書を別途作成したり、Xが十分な自己資金を有しているよう見せかける書類を偽造したりしたことから、Xは信義則上本件消費貸借契約に基づく貸金債務を履行する義務を負わないと主張した（他に Y_1 の代表取締役 Y_2、Y_3（不動産の賃貸、売買、仲介等業とする会社）及びその代表取締役 Y_4・Y_5 に対する共同不法行為に基づく損害賠償請求もしている）。

Y_5 が、本件消費貸借契約 1 に係る融資の審査資料として、実際に取り交わされた本件売買契約書とは売買代金の額及び融資申込額が異なる別の売買契約書が作成されたこと、Xが本件売買契約の手付金を支払ったことを示す入出金明細書等及びXが常時 500 万円以上の預金を有していたことを示す入出金明細を受領した事実が認められるところ、Y_5 銀行では、従来、売買価格の 90％ を融資限度額とするルール及び 10％ の自己資金を投資家に要求するルールを潜脱するために、虚偽の価格を記載した売買契約書や偽装された手付金の領収書等が提出され、その一部については行員が偽装に関与していたことが、第三者委員会により報告されているが、他の事例でそのような事実があるからといって、本件で Y_5 銀行が各書類の偽装を認識したりこれに関与したりしていたことに当然に結びつくわけではなく、本件において、Y_5 銀行が本件消費貸借契約に

ついて実際と異なる売買契約書や各資料が提出されていることを認識していた事実やこれに関与していた事実を裏付ける客観的な証拠はないとしてXの請求を退けた。

Xの主張は、いわゆるデート商法に関して、個品割賦購入あっせんにおいて、購入者と販売店との間の売買契約が公序良俗に反し無効とされる場合に、①販売店と信販会社との関係、②販売店の立替払契約手続への関与の内容及び程度、③販売店の公序良俗に反する行為についての信販会社の認識の有無及び程度に照らし、販売店による公序良俗に反する行為の結果を信販会社に帰せしめ、売買契約と一体的に立替払契約についてもその効力を否定することを信義則上相当とする特段の事情があるときに限り、売買契約と別個の立替払契約が無効となる余地を認めた最高裁の判断（最三判平 23・10・25 民集 65 巻 7 号 3114 頁）及び、金銭消費貸借契約と経済的、実質的に密接な関係にある不動産の売買契約が公序良俗に反するとして無効とされる場合において、売主と買主との関係、売主の消費貸借契約手続への関与の内容及び程度、売主の公序良俗違反に反する行為についての貸主の認識の有無、程度等に照らし、売主による公序良俗違反の行為の結果を貸主に帰せしめ、売買契約と一体的に消費貸借契約についてもその効力を否定することを信義則上相当とする特段の事情があるときには、消費貸借契約も無効となるとした判断（東京地判平 26・10・30 金判 1459 号 52 頁［事案の解決としては、投資用の住宅ローン契約に関し、銀行において、当該住宅の勧誘が詐欺的商法というべきものであることを知らず、勧誘行為をした業者と密接な関係をもって取引を実行させるよう共同して働きかけていた事実もない以上、説明義務違反はなく、消費貸借契約は無効といえないとされた］）の枠組みを参考として、悪質な不動産売買に加担する結果となった金融機関に対する借入債務の負担から免れるため、信義則を根拠として消費貸借の効力を否定する試みとみられる。

[23] 東京高判令 3・6・2 金判 1629 号 38 頁（確定）は、[22] の控訴審であり、Xは次のとおり主張を追加した。①本件各消費貸借契約にかかる Y_5 との交渉や折衝は、全て Y_1 の従業員が行ったところ、Y_1 の従業員らは Y_5 の従業員であるLから指示されて、融資申請書におけるXの勤務先や年収を偽るなどの偽装を行った。②Y_5 は、Y_1 の従業員らと打ち合わせた上で、Xの意思に基づかずに、融資金の一部を Y_5 の手数料、損害保険料、生命保険料の支払及び Y_5 への定期預金に充て、その残余を全

額 Y_1 の口座に振り込んだ。①②の事情により、Y_5 がXに対して本件消費貸借契約に基づく貸付債権が存在すると主張することは信義則に反する。

判決は、「Xは Y_5 から投資用不動産購入資金の融資を得るため、Y_1 の担当者Mに対して、Xの印鑑登録証明書の取得や融資申請書類の作成を依頼し、金融機関が空欄の本件振込受付書を預けており、Xの口座に入金された融資金の Y_1 の口座への振込みは、本件振込受付書を用いて行われている。そして、Xは Y_5 に対し、自ら収入額を実際よりも多く申告していることからすれば、仮にXがMによる融資申請書類の偽装の詳細を認識していなかったとしても、偽装すること自体は容認していたものであり、Xの口座に入金された融資金の Y_1 の口座への振込みもXの意思に基づくものと認められる。なお、Y_5 は、Y_1 に対して、Xの口座に事前入金額を知らせているが、これをもって、Y_5 が融資金の Y_1 の口座への振込に関与したということもできない」、として控訴を棄却した。

15 暗号資産管理サービス

[24]東京地判令3・6・25金判1625号23頁(控訴)は、仮想通貨交換業者Yが仮想通貨の流出に伴い取扱仮想通貨の送信等を停止したことにより、Yとサービスの利用契約を締結したXら（11名）が、Yの債務不履行に基づき損害賠償及び遅延損害金の支払を求めた事案にかかる判断である。なお、本件サービス利用契約には「Yは、ハッキングその他の方法によりYの資産が盗難された場合、登録ユーザーに事前に通知することなく、本サービスの利用の全部又は一部を停止または中断することができ、これに基づきYが行った措置により登録ユーザーに生じた損害について、一切責任を負わない」旨の定めがある。

Yは、平成30年1月26日午前零時2分頃から、外部の第三者からの不正アクセスにより、登録ユーザーから預かったネムのうち5億2630万XEMを外部に不正送信されて流出させ、同日午前8時30分時点でYの手元に残ったのは34万8605XEMであった。Yは本件流出当時、コールドウォレット（秘密鍵がオフラインで管理されている状態）の開発に着手していたが完了しておらず、登録ユーザーから預かっていたネムのすべてをホットウォレット（秘密鍵がオンラインで管理されている状態）で管理していた。Yは、同日午後零時7分頃、ネムの入金サービスの一時停止を、同日午後零時38分頃、ネムの売

買サービスの一時停止を、同日午後零時52分頃、ネムの出金サービスの一時停止をそれぞれ告知した。そしてYは、同日午後4時33分頃、すべての取扱仮想通貨及び日本円の出金サービスの一時停止を告知し、同日午後5時23分頃、ビットコイン以外の売買サービスの一部停止を告知し、同日午後11時30分頃、本件流出の事実を公表した。Yが日本円の出金サービスを再開したのは、平成30年2月13日、ビットコイン等の送信サービスを再開したのは同年3月12日、ネムの出金サービス及び売却サービスを再開したのは同年6月7日であった。

Xらは本件流出が起きた同日から翌日にかけて、仮想通貨の送信請求を行ったが、いずれもキャンセルされた。その後、Xらのうちネムを保有していた原告に対して、Yは流出させたネムに代えて1XEM当たり88,549円の金銭賠償を行った。以上をふまえ、YがXらの仮想通貨を送信及び売却する義務を負っていたのに、外部からの不正アクセスにより仮想通貨であるネムを流出させるとともに、すべての取扱い仮想通貨の送信等を停止したため、Xらのうちネム保有原告についてはネムの喪失により、Xら全員につき送信停止中のネム以外の仮想通貨の下落により、各自損害を被った旨主張して、債務不履行に基づく損害賠償及び遅延損害金の支払を求めた。

主な争点は、①本件流出により、登録ユーザーからの要求により、登録ユーザーから預かった仮想通貨を送信する義務及び仮想通貨を売却するYの義務が履行不能になったかどうか、②ネム以外の仮想通貨につき、Yに送金義務の履行遅滞が認められるか、である。

争点①につき、ネムに関しては、保管していたほとんどが流出しすべての登録ユーザーの送信請求及び売却注文に応じられる数量を保有していなかったとしても、多数の登録ユーザーが一斉に送信請求や売却注文をするとはいえないし、市場から調達して送信請求や売却注文に応じることができなかったとはいえないとして、履行不能を否定した。

争点②につき、Yの履行遅滞を認めつつも、損害の発生を否定した。仮想通貨の価値は日々刻刻と変動し、多種多様な要因によりその価値が影響を受ける可能性があること、平成30年1月26日の時点の基準価格よりも本件停止措置後の基準価格のほう高い時点があることからすれば、本件流出により仮想通貨の値下がりが必定であり、損失回避のため保有する仮想通貨を売却して損切りを行うことが確実であったとはいえない、というのが理由である。

本判決は、利用契約上、サービスの一部停止等があっても、そのことによる責任を負わない旨の条項が定められているにもかかわらず、YがXらの送信請求に応じなかったことから直ちに債務不履行を肯定した。この点に関して、類似の問題を扱う裁判例の中には、調査やネットワーク・サーバーの再構築のため19日間の出金停止の合理性・相当性を認めて債務不履行を否定した東京地判平31・2・4金法2128号88頁や、サービスの全部又は一部の停止・中断に関する約定の存在や顧客から預かった仮想通貨を補完することができるような機能と安全性を備えたコールドウオレットが存在しておらず、他の仮想通貨取引所についても、取り扱うすべての仮想通貨をコール度ウオレットで管理していたものではない、という事情を考慮して、そもそも債務不履行に当たらないとした東京地判令2・10・30金判1609号26頁などもある。この領域における債務不履行責任論の一層の深化が期待される。

16　不当利得

[25] 京都地判令3・1・19金法2173号75頁（確定）（→取引2評釈）は、電子商取引サイト上における取引等で使用可能なチャージタイプの前払式証票（ギフト券）が売買された場合における売主の認定及びインターネットバンキングの不正利用により出金された金員によりギフト券の売買代金を受領した売主に対して、不正利用による出金の被害者が不当利得に基づく返還請求をすることの可否が問題とされた事例である。

売主の認定問題に関して、Y（合同会社）は、ギフト券の売主はギフト券等の前払式証票の発行及びその販売等を目的とするB（株式会社）であり、自分はBから委託を受けて代金を代理受領したに過ぎないと主張したが、判決は、Yのサイト利用規約には、本件サイト上のギフト券の売買における売主がBであることを示す規定はなく、また顧客がギフト券を購入する際の手続の過程で、ギフト券の売主がBであることが明示される場面も見当たらない（サイト上のギフト券の注文内容確認画面には、商品名や金額、数量の記載の下部に小さな文字で（「販売：B」との記載があるが、同記載のみをもって、ギフト券の売主が本件サイトを開設しているYではなくBであることが顧客に明確に示されているとはいえない）。さらに、①本件メールの差出人及び件名に表示される「○○○.co.jp」は、米国のW及びその関連会社（YやBを含む）の商標であると同時に、Yが開設する

本件サイトの名称でもあること、②顧客がギフト券を購入すると、Yが開設する本件サイトのアカウントのギフト券残高に購入分の金額が登録されること、③C（電子商取引の代金に関する収納代行業等を目的とする株式会社）にお客様番号を生成させ、顧客の確認番号等が記録される本件システムをCと共有しているのはBではなく、Yであることなどを勘案し、Yをギフト券の売主と認めた。

次に、不正出金の被害者であるX（株式会社）は、本件取引に係る代金債務を負っていないことを理由にYによる本件金員の取得に法律上の原因がないと主張した。この点については、騙取金による弁済に関する最一判昭49・9・26民集28巻6号1243頁に依拠し、Yが顧客Aから本件ギフト券購入代金の弁済として本件金員を受領するに際し、本件金員がX口座から不正に出金されたものであること（不正事実）につき悪意又は重大な過失がある場合には、Yによる本件金員の取得は、Xに対する関係においては、法律上の原因がなく、不当利得となり、ここでの悪意又は重過失の有無の基準時は、顧客AのYに対する本件ギフト券購入代金債務が本件サービスを利用した支払により消滅した時点、すなわち収納金融機関であるD銀行がX口座から本件金員を出金してこれをD銀行口座に入金（収納）した時点（D銀行が本件金員を代理受領した時点）と解するのが相当であるとした。

17　利息制限法

[26] 最三判令3・1・26民集75巻1号1頁は、債権者が会社に金銭を貸し付けるに際し、社債の発行に仮託して、不当に高利を得る目的で当該会社に働きかけて社債を発行させるなど、社債の発行の目的、募集事項の内容、その決定の経緯等に照らし、当該社債の発行が利息制限法の規制を潜脱することを企図して行われたものと認められるなどの特段の事情がある場合をのぞき、社債には利息制限法1条の規定は適用されないとした。

社債への利息制限法の適用の是非につき（会社法学説において）議論があった。第一審及び原審は、①社債は消費貸借契約と法的性質を異にする、②経済的弱者の保護を目的とする利息制限法の趣旨は、類型的に経済的弱者とはいえない社債の債務者である会社に妥当しない、上記①②は、③債権者が1人の場合でも異なるところはない、として、社債への適用の余地を一律に否定した。

最高裁は、否定説を基礎としつつも、肯定説の主

張も一部取り入れ、「特段の事情」が認められる場合に適用を肯定する余地も残した。すなわち、最高裁は、冒頭で、社債が、会社法の規定により会社が行う割当てにより発生する当該会社を債務者とする金銭債権であり（会社法2条23号）、社債権者が社債の発行会社に一定の額の金銭の償還を受けることができ、利息につき定めることもできるなどの点においては、一般の金銭消費貸借における貸金債権と類似することを一応認める。

　しかし、それに続けて、両者の相違点を詳細に列挙する。すなわち、社債は、会社が募集事項を定め、会社法679条所定の場合を除き、原則として引受けの申込をしようとする者に対してこれを通知し、申込をした者の中から割当を受ける者等を定めることにより成立するものであり、社債の成立までの手続は法定されている上、会社が定める募集事項の「払込金額」と「募集社債の金額」とが一致する必要はなく、償還されるべき社債の金額が払込金額を下回る定めをすることも許されると解される（会社法676条2号、9号）こと、さらに社債には、金融商品取引法2条1項に規定する有価証券として同法の規制に服することにより、その公正な発行等を図るための措置が講じられている。また、社債については、発行会社が、事業資金を調達するため、必要とする資金の規模やその信用力等を勘案し、自らの経営判断として、募集事項を定め、引受けの申込をしようとする者を募集することが想定されているから、主として経済的弱者である債務者の窮迫に乗じて不当な高利の貸付けが行われることを防止しようとする利息制限法の趣旨は直ちに当てはまらない。さらに、今日、様々な商品設計の下に多種多様な社債が発行され、会社の資金調達に重要な役割を果たしていることに鑑みると、社債の利息を同法1条によって制限することは、かえって会社法が会社の円滑な資金調達手段として社債制度を設けた趣旨に反することになる。以上により、社債に仮託して、利息制限法を潜脱する趣旨が認められる場合に限り、同法の適用の余地がありうることを留保しつつ、本件においては適用を否定した。

18　消費者契約法

[27]横浜地判令2・6・11判時2483号89頁（控訴）
　税理士法人が相続税申告の代理業務に係る委任契約において設けていた責任制限条項（受任者が税務申告代理の業務を遂行する上で、過失によって委任者に損害を生じさせた場合でも、委任者が受任者に対し

て請求できる損害賠償額の上限を受任者に支払った報酬の額とする旨の責任制限条項）が、消費者契約法10条後段に反して無効であるとした。

　亡きAの相続税申告に関する税務代理を税理士法人Yに依頼したX₁～X₃は、Aの生前X₂がAの余命が1年と宣告されたのをきっかけに税金対策として自己が代表取締役を務める会社Bの社屋として使用する目的でAとの間で賃貸借契約を締結した建物甲（賃料支払の事実は認定されていない）につき、租税特別措置法69条の4に定める小規模宅地等の特例の適用の可否を検討することもなく、その適用をしなかったYの過失により、本件特例の適用時よりも相続税額が高額になったと主張して、過大納付分の税額、慰謝料及び弁護士費用相当額（X₁～X₃の損害額総計で2440万余り[X₂がYに支払った報酬額は350万円余り]）につき、Yに債務不履行又は不法行為に基づく損害賠償請求をした。

　前提問題である甲への特例法の適用の有無について、判決は、不動産の貸付け等が、特例法69条の4が定める「準事業」に当たるためには、当該不動産の貸付けにあたって、相当の対価が定められ、かつ、相当程度の期間継続することを予定した賃貸借契約に基づいて行われていることが必要であるが、相続の開始前に賃料支払の事実があることは必須の要件ではないから、甲にも同法の適用可能性はあると判断し、Yの債務不履行を認めた。

　そのうえで、消費者契約法10条後段の要件である、信義則に反して消費者の利益を一方的に害するものに当たるか、という争点については、最二判平23・7・15民集65巻5号2269頁に依拠して、「消費者契約法の趣旨、目的に照らし、①当該条項の性質、②契約成立の経緯、③消費者と事業者との間に存する情報の質及び量並びに交渉力の格差その他諸般の事情を総合考慮して判断されるべきである」とした。具体的には、本件責任制限条項においては、報酬が低廉な金額に抑えられているわけでもないのに、業務遂行によって発生する損害のリスクを既払の報酬相当額を除いて、すべて消費者に転嫁するものである一方、XらがYと契約を締結する時点で、遺産の総額やこれに基づく課税額、ひいては税務申告代理に過誤があった場合に生じ得る損害額の程度を見積もることは容易ではないことに照らし、「本件責任制限条項は、消費者である税務申告者に対し、自身に生じ得る損害の額、すなわち、本件責任制限条項により自身が負担することとなるリスクの程度を見積もることが困難な段階で、損害賠償請求権の一部を放棄させるものである」と評価する。そして、

本件契約において一般消費者と税理士法人との間にみられる情報量や交渉力の大きな違いがあること、また日本税理士会連合会が規定する相続税に関する税務代理委任契約の参考書式には、損害賠償額の制限条項が設けられておらず、本件責任制限条項のような条項が広く、相続税についての税務申告代理に係る委任契約において一般的に設けられていたとはいえず、Xらがそのような本件責任制限条項が一般的であるか否かを認識していったとも認められないことからすると、本件契約の締結に先立ち、Xらが他の税理士ないし税理士事務所との間で相見積もりを取得し、契約条項の内容を比較するなどして契約締結の可否を決めることは期待し難かったと考えられる。消費者契約法8条1項は、事業者は故意又は重過失によらない債務不履行により消費者に生じた損害を賠償責任の一部を免除する条項を無効としない旨を定めているものの、このことにより、軽過失による債務不履行責任の範囲を一定額に制限する条項が常に有効とされるわけでもない。本件責任制限条項の一般的な性質及び本件契約の締結に至った経緯に加え、消費者であるXらと事業者であるYとの間に存する情報の質及び量並びに交渉力の格差その他諸般の事情を総合考慮して、損害賠償責任の一部を免除する条項が信義則に反し消費者の利益を一方的に害するものであると認めるのが相当であるとした（総計2120万円余りの請求認容）。今後、専門家責任が問題となる他の消費者契約において同種の責任制限条項の効力を判断する際においても参考となりうる裁判例といえよう。

19 犯罪利用預金口座等に係る資金による被害回復分配金の支払等に関する法律

[28] 東京地判令2・6・30判時2491号47頁（確定）
　XがY（信用金庫）において開設している普通預金口座について、Yが犯罪利用預金口座等に係る資金による被害回復分配金の支払等に関する法律3条1項に基づく取引停止措置を講じたところ、Xは、Yが上記措置をとることは認められないなどと主張し、預金契約に基づき残高につき返還請求をした。Yが取引停止措置を講じた経緯は次のとおりである。証券取引等監視委員会は、関東財務局の調査をふまえ、ABC三社及びその代表者3名を被申立人として、金融商品取引法192条1項による金商法違反行為の禁止及び停止を命じる申立てを東京地方裁判所に対し申し立て、それを証券取引所等監視委員会のホームページに公表した。その後、証券取引所

等監視委員会は東京地方裁判所が申立通りの内容の命令を下した旨を公表した。以上の事実に基づき、Yは本件口座が法2条4項2号（専ら前号 [1 号＝振込利用犯罪行為において、前項に規定する振込みの振込先となった預金口座等] に掲げる預金口座等に係る資金を移転する目的で利用された預金口座等であって、当該預金口座等に係る資金が同号の振込みに係る資金と実質的に同じであると認められるもの）の犯罪利用預金口座等に疑いがあるとして、取引停止措置に踏み切った。本件口座にはXがクレジット決済代行サービス契約を締結しているM社等から毎月のように多額の入金がある一方、同じ期間に、本件口座から不定期にXが業務提携契約や委託契約を締結するなどしていたA社らに対して多額の送金がされていることを認定したものの、無登録での投資助言業務及び第一種金融商品取引業が常に振込利用犯罪行為に当たるとは直ちに解されず、A社らの行為は振込利用犯罪行為に該当すると疑うに足りる相当な理由はあると認められるが、X・A社間に前記契約があることから、本件口座からA社らに対する送金が、A社らの前記行為に係る資金を移転する目的で利用されたとは直ちに認めがたく、またNやMからの多額の入金についても、XがMNとの間でそれぞれクレジット決済代行サービスを締結していて、N及びMからの支払がそれぞれ毎月25日頃又は10日頃となっていて、上記サービスに係る支払であることがうかがえること、さらにAに対する送金は、NやMからの入金がされたときに常にされるわけではなく、入金と送金との間も10日程度空くこともままあったことなどからすれば、仮にY主張のとおり、Yが、MやNの名義で本件口座に振り込まれた金員がAらの上記行為の被害を受けた者からの預金口座等への振込みに当たると疑っていたとしても、Aらに対する上記の支払の態様等からすれば、本件口座からAらの口座への送金が、その振込みの振込先となった預金口座等に係る資金を移転する目的でされ、その振込みに係る資金と実質的に同じであるとは認められず、これを疑うに足りる相当な理由があるとはいえないとした。

（いしだ・たけし）

担保裁判例の動向

下村信江　近畿大学教授

現代民事判例研究会財産法部会担保パート

1　はじめに

　今期も担保（保証および相殺を含む）に関する裁判例は非常に少ない。担保に関連する裁判例としては5件あるが、前回までに紹介済みのものを除くと実質的には3件である。また、担保に特有の論点に関わる裁判例もほとんど見られないといえる。

　以下では、これらの3件の裁判例について概観する。

2　抵当権

　[1] 東京地判令3・9・8金判1630号36頁〔確定〕（→取引裁判例の動向[10]）では、根抵当権設定契約の締結が詐害行為に該当するかが争われた。本件は、A株式会社に対して、租税債権を有するX（国）が、A社がY₁銀行、Y₂銀行との間でA社の所有する不動産に根抵当権設定契約を締結したことが詐害行為に該当するとして、平成29年民法改正前の民法424条の規定による詐害行為取消権に基づき、根抵当権設定契約の取消し並びに根抵当権設定登記および根抵当権一部移転登記の抹消登記手続を求める事案である。

　平成29年民法改正前においては、一部の債権者に担保を供与することは、債務者の一般財産を減少させることになり、その結果、他の債権者を害することになることから、判例は、原則として、詐害行為となるとしており、最二判昭32・11・1民集11巻12号1832頁は、一部の債権者に対する根抵当権の設定が詐害行為に該当するとしていた。また、平成29年民法改正前の判例における詐害行為の成否の判断に際し、「①債務者の行為の目的・動機の

妥当性、②目的・動機との関係での手段としての相当性、③債務者と受益者との通謀・害意の有無、④債務者がすでに無資力状態にあったのか、その行為により無資力になったのか」などが検討されているとの整理がされていた（中田裕康『債権総論〔第3版〕』253、254頁）。

　本判決は、まず、上記最二判昭32・11・1を引用し、本件各根抵当権設定契約の締結が詐害行為に該当するとした。本件の事案では、詐害行為に該当する根抵当権設定契約が平成29年改正民法の施行日前に行われていたが、Yらは、破産法の否認権制度との均衡や平成29年改正後法における詐害行為取消請求の立法経緯および要件等を根拠に、平成29年改正前民法424条の解釈においても、平成29年改正後民法424条の3の規定を参照すべきであるなどとして、一部の債権者に対する担保供与行為は、債務者と受益者とが通謀して他の債権者を害する意図をもって行われた場合に初めて詐害性が肯定されると主張した。この主張に対し、本判決は、「平成29年法律第44号の附則19条においては、施行日前になされた詐害行為に係る詐害行為取消権については、なお従前の例によるとされていることも踏まえると、本件各根抵当権設定契約の締結について、直ちに改正後民法の規定を参照すべきものということはできない。また、担保提供行為は債務者の義務ではない以上、これを弁済と同視することもできず、債務者と受益者の間の通謀や害意まで必要とされると解することはできない」として、これを排斥した。次いで、本判決は、債務者の行為の目的・動機の妥当性や手段の相当性について検討し、本件各根抵当権設定契約の詐害行為該当性や詐害行為該当性に関するYらの認識の有無を判断している。まず、本判決は、A社が「本件各根抵当権設定契約を

締結した時点で既に無資力であったと認められることから、本件各根抵当権設定契約の締結行為がYら以外の他の債権者の利益を害するものであることは明らか」であるとし、遅くとも契約締結時点までには、「本件各課税処分により自社が無資力の状態に陥る可能性を具体的に認識していたと認められ」るとした。加えて、「本件各不動産がA社の総資産の半分以上を占める優良資産であることからすれば、A社においても、その具体的な評価額までは認識していなかったとしても、本件各不動産が自社の債権者にとって重要な引当資産であり、本件各不動産以外の資産のみではYら以外の債権者らに対して十分な弁済ができなくなることについては認識していたものと認めるのが相当であ」り、「A社は、残余の財産では債権者に対して十分な弁済をすることができなくなることを認識しながら、本件各根抵当権設定契約を締結したことが認められる」とし、「本件各租税債権に優先して債権回収を図ることを主たる目的として本件各根抵当権設定契約を締結したとの担保供与の動機・目的も踏まえると、本件各根抵当権設定契約の締結は、債権保全の手段・方法としての相当性を欠くものであったと言わざるを得ない」と判示した。次に、本判決は、「Yらは、本件各租税債権に優先して債権回収を図ることを主たる目的として本件各根抵当権設定契約を締結したものと認められる」とし、Yらが本件各根抵当権設定契約が締結された日までにA社の信用格付けを破綻懸念先に変更したことなどの事実から、Yらは、「本件各根抵当権設定契約を締結した時点で、A社が無資力であることを認識していたものと認めるのが相当である」として、A社による本件各根抵当権設定契約の締結行為が詐害行為に該当するとした。そして、Yらが、A社による本件各根抵当権設定契約の締結行為が詐害行為に該当することを認識していなかったものとは認められないとして、本判決は、A社による本件各根抵当権設定契約の締結が詐害行為に該当するとして、Xの請求を認容した。なお、本判決は、別件税務訴訟が係属中である本件各租税債権（被保全債権）の存否について、本件課税処分につき、重大かつ明白な違法と評価される事情が認められず、本件各課税処分は完全にその効力を有するものと解されるとして、被保全債権である本件各租税債権の存在を認定している。

3　譲渡担保

[2] 東京地判令2・9・18金法2176号68頁〔控訴〕（→取引裁判例の動向 [16]）は、あるファクタリング契約が、実質的に債権譲渡担保付きの金銭消費貸借契約であると認めることはできず、公序良俗違反等により無効とはいえないとしたものであり、注目裁判例研究・担保において検討を行う。

4　保証

[3] 大阪高判令2・12・24金法2166号62頁（上告および上告受理申立て）では、破産法104条の定める開始時現存額主義の適用範囲が争われた。

　X（信用保証協会）は、B株式会社の委託を受けて、B社の金融機関に対する6口の貸金債務（C銀行に対する貸金債務4口およびF銀行に対する貸金債務2口。以下、各貸付について「本件貸付1」などという）を保証し、Xが代位弁済することによって生じるBに対する求償権に係る債務につき、A（B社の代表取締役）との間で連帯保証契約を締結していた。平成27年9月18日、B社につき破産手続開始決定がされ、同月28日、Aにつき破産手続開始決定がされ、いずれの破産手続においてもYが破産管財人として選任された。Xは、B社およびAの各破産手続開始後に、上記6口の貸金債務につき、金融機関に対して代位弁済し（以下、代位弁済の対象となった債権を「原債権」という）、B社の破産手続において、次のように債権届出を行った。上記6口の貸金債務に係る求償権のうち、1口に係る求償権（以下、「本件求償権1」という）については、原債権の元金、B社の破産手続開始前日までに生じた利息および遅延損害金に係る求償権を一般破産債権として、残りの5口に係る求償権（以下、「本件求償権2ないし6」という）については、原債権の元金に係る求償権のみを一般破産債権として、原債権の同破産手続開始日から代位弁済日までに生じた遅延損害金に係る本件各求償権および代位弁済日の翌日以降に生じる各求償権の遅延損害金を劣後的破産債権として届け出た。また、Xは、Aの破産手続において、上記各求償権を主たる債務とする連帯保証債務履行請求権を一般破産債権として届け出た。本件求償権1に係る

連帯保証債務履行請求権（以下、「本件破産債権1」という）については、B社の破産手続開始決定日からAの破産手続開始決定日の前日までに生じた原債権の遅延損害金相当額（1万0031円）を含めた金額で届け出たため、本件求償権1とは金額が異なる。本件求償権2ないし6に係る連帯保証債務履行請求権（以下、「本件破産債権2ないし6」という）については、本件求償権2ないし6との間に金額の違いはない。

Yは、B社の破産手続において、一般破産債権に対して配当率100％による配当を実施し、その後、Aの破産手続において、本件各破産債権について、本件破産債権1の額を1万0031円の限度で認めたほかは、いずれも異議を述べた。Xが本件各破産債権につき破産債権査定申立てをしたところ、大阪地裁は、本件破産債権1についてその額を1万0031円と査定し、本件破産債権2ないし6についてその額をいずれも0円と査定した（以下、「本件査定決定」という）。Xは、本件査定決定を不服として本件訴訟を提起した。

本件の争点は、まず、連帯保証人（A）の破産手続において、その破産手続開始後に、主債務者（B社）の破産手続における配当により連帯保証請求権の一般破産債権部分に相当する部分の全額が消滅した場合に、その劣後的破産債権部分がなお残存していることから、破産法104条2項の「その債権の全額が消滅した場合」には当たらず、破産手続開始時の債権全額をもって権利行使ができるのか、すなわち、同項の「その債権の全額」に劣後的破産債権部分が含まれるか（争点1）、次に、連帯保証人（A）の破産手続において、その破産手続開始後に、主債務者（B社）の破産手続における配当により連帯保証請求権の一般破産債権部分のうち、原債権の元金および利息の全額ならびに遅延損害金の一部に相当する部分が消滅したが、遅延損害金の残部に相当する部分が残っている場合に、破産法104条2項の「その債権の全額が消滅した場合」には当たらず、債権者は破産手続開始時の債権全額をもって権利行使ができるのか（本件破産債権1の主債務である本件求償権1が複数の債権により構成されているといえるのか）（争点2）である。

原審（大阪地判令2・6・26金法2166号68頁）は、本件査定決定のうち、本件破産債権1に関する部分

について、その額を1万3040円（期限の利益喪失日の翌日からAの破産手続開始前日までの遅延損害金全額に相当する金額）に変更し、本件破産債権2ないし6に関する部分を認可した。

原審は、争点1につき、「破産債権が一般破産債権部分と劣後的破産債権部分とに分かれる場合に、破産法104条2項の『その債権の全額』に、劣後的破産債権部分も含まれると解すると、実体法上、一般破産債権部分が弁済等によって全額消滅したときも、『その債権の全額が消滅した場合』には当たらないとして、開始時現存額主義が適用され、当該債権者は、破産手続上の権利行使が認められる結果、当該破産手続における一般破産債権に対する配当によって、実質的には、劣後的破産債権部分の満足を受けるのと等しいこととなる。これは、…破産法が、劣後的破産債権として、本来的には破産債権に当たらない債権を破産債権に含まれるものとする一方で、配当において一般破産債権に劣後する旨規定し、もって破産者の経済的再生を図りつつ、一般の破産債権者の利益との抵触を避けた趣旨を没却し、破産債権者間の公平を著しく害する」とし、「また、劣後的破産債権部分も『その債権の全額』に含まれるとの解釈の下では、破産管財人は、破産手続開始時には額が未確定である破産手続開始後の債権について、当該破産手続外の弁済等によってその全てが消滅したか否かを調査しなければ、当該債権者が破産手続上権利行使をすることが可能か否かを判断できないこととなり、破産手続上権利行使可能な金額算定の基準時を固定し、もって定型的・画一的な処理を実現し、円滑かつ迅速な破産手続の進行を図った開始時現存額主義の趣旨にもそぐわない結果となる」と判示し、加えて、「破産法104条は、1項において『破産手続開始の時において有する債権の全額』と定める一方で、2項では『前項の場合において、（中略）その債権の全額が消滅した場合』と規定しており、同条2項にいう『その債権の全額』とは、同条1項の『破産手続開始の時において有する債権の全額』と同義であると解することは、文理解釈として不自然・不合理ではな」く、「『破産手続開始の時において有する債権』という文言からすれば、破産手続開始後の利息や遅延損害金などの劣後的破産債権部分は含まれないと解するのが自然である」として、破産法104条2項の『その債権の全額』には、

当該破産債権のうち、劣後的破産債権部分は含まれない（したがって、本件破産債権2ないし6は、いずれも0円と査定すべきである）と判断した。

また、争点2につき、原審は、「原債権が貸付金元金、利息および遅延損害金の各債務に分かれる場合、これらの複数の債務を受託保証人が弁済することによって生じる事後求償権は、複数の債権として発生する」とし、「複数の独立した主債務について連帯保証がされている場合、連帯保証債権も、主債務の個数に応じて複数であると解することができるから、複数の連帯保証債権の一部が実体法上付従性により全額消滅したときは、消滅した連帯保証債権については、破産法104条2項の「その債権の全額が消滅した場合」に当たり、破産手続上権利行使をすることはできない」としたうえ、仮に、「1個の連帯保証契約により複数の債務を保証した場合、連帯保証債権が実体法上1個の債権であると解するとしても、保証人は、主債務者がその債務を履行しないときに、その履行をする責任を負うものであること（民法446条）に照らせば、個別の主債務が弁済等によって消滅しているにもかかわらず、破産手続上、当該債務に対応する連帯保証債権の権利行使ができるというのは、債権者の合理的な期待であるとはいえず、」「破産手続における債権者平等の見地から、これを許容することはできない。そうであるとすれば、このような場合も、破産法104条2項の「その債権の全額が消滅した場合」に準じるものとして、破産手続上の権利行使が制限される」と述べ、「連帯保証債権の個数を複数とみるか、1個とみるかにかかわらず、連帯保証人の破産の場合に、複数の主債務のうち一部の債務が弁済等によって全額消滅したときは、連帯保証人の債権者は、全額の弁済等がされた当該主債務の額を控除した額をもって破産債権を行使し得るにすぎない」と判示した。

Xが、これを不服として控訴を提起したところ、本判決は、本件査定決定のうち、本件破産債権1に関する部分について、その額を2397万6140円に変更し、本件破産債権2ないし6に関する部分を認可すべきとして、本件破産債権1に関する部分につき原判決を変更した。

本判決は、争点1に関しては、原判決の判断を引用し、破産法104条2項の「その債権の全額」には、当該破産債権のうち、劣後的破産債権部分は含まれ

ないとした。

他方、争点2については、「保証債務は、特約のない限り、債権者と保証人が保証契約を締結することにより、主たる債務及び同債務に関する利息、違約金、損害賠償その他その債務に従たるすべての債務を包含する1個の債務として発生するものであるところ（民法447条1項参照）、XとC銀行との間の保証契約について、上記特約があったと認めるに足る証拠はないから、XのC銀行に対する保証債務は、XとC銀行との間の保証契約に基づいて、本件貸付1に係る債務及びこれに従たるすべての債務を包含する1個の債務として発生したものといえる」として、原審とは異なる判断をした。そして、「Xがこの保証債務を履行したことにより、XとB社との間の保証委託契約に基づいて取得する事後求償権は、上記1個の保証債務の履行という1個の委任事務を処理するために必要な費用の償還請求権であるから、実体法上1個の債権であ」り、「本件破産債権1に係る債務は、XとAとの間の保証契約に基づいて、上記事後求償権に係る債務を主たる債務とし、同債務及びこれに従たるすべての債務を包含するものとして、実体法上1個の債務として発生したものといえ」、「本件破産債権1は、実体法上1個の債権である」とした。そして、「B社の破産手続において、本件求償権1のうち、本件貸付1の元金に相当する金額、B社の期限の利益喪失日までに生じた利息に相当する金額及び同期限の利益喪失日の翌日からB社の破産手続開始決定日の前日までの遅延損害金に相当する金額の配当を受けたとしても、B社の破産手続開始決定日からAの破産手続開始決定日の前日までに生じた遅延損害金部分が消滅したものとは認められず、それは本件破産債権1の全額を消滅させるに足りないもので、破産法104条2項にいう『その債権の全額が消滅した場合』には当たらないから、破産債権者であるXは、本件破産債権1につき、破産手続開始の時において有する債権の全額についてその権利を行使することができる」と判断した。なお、争点2について、本判決のような判断をする場合には、Yは、本件破産債権1について、実体法上の債権額が1万0031円であるのに対し、Xの破産債権の額を2397万6140円として配当手続を行うべきことになるが、この点につき、本判決は、「Xに対する配当額が上記実体法上の債権額1万0031

円を上回る額となる場合には、Xは、一旦、その配当額を受領した上で、Yに対し、上記超過額を不当利得として返還し、その後も破産手続を継続せざるを得ないこととなる。このような場合、Yにおいて、破産裁判所の許可を得た上で、Xとの間で上記実体法上の債権額の支払及び一般破産債権届出の取下げに関する和解をして、その後に配当手続を行うという方法も考えられるところである」としている。

最三決平29・9・12民集71巻7号1073頁が、破産手続開始時の債権の額を基礎として計算された配当額のうち実体法上の残債権額を超過する部分の配当方法について判示したが、その後、関連する問題として、本件の争点1が論じられている。本判決と同旨の裁判例として、大阪地判平31・1・17金法2119号69頁（『民事判例20』の「担保裁判例の動向」（水津太郎教授）において紹介されている）およびその控訴審判決である大阪高判令元・8・29金法2129号66頁がある。これに対して、大阪高決平29・1・6民集71巻7号1124頁は、破産法104条2項の「その債権の全額」に劣後的破産債権部分が含まれるとしている。また、最三判平22・3・16民集64巻2号523頁は、同一の債権者が複数口の破産債権を有する場合に、破産手続開始後に、破産者以外の者からその総債権額に満たない弁済がさ

れたときに、開始時現存額主義がどのように適用されるかという問題につき、いわゆる口単位説に立つと考えられている（中吉徹郎「本件判解」『最高裁判所判例解説民事篇平成22年度(上)』161頁以下を参照）。そこで、連帯保証人の破産手続に関して、元本、利息、損害金について口数をどのように捉えるかという問題があることが指摘されていた（松下満俊「破産手続における開始時現存額主義をめぐる諸問題」岡正晶＝林道晴＝松下淳一『倒産法の最新論点ソリューション』（弘文堂、2013年）112頁以下、川畑正文ほか編『はい6民です　お答えします（倒産実務Q＆A）〔第2版〕』（大阪弁護士協同組合、2018年）331頁以下）。本判決の争点2は、この問題に関するものであり、本判決は原審判決とは異なる判断をしている。なお、これまで、この問題につき判示した裁判例は見当たらないようである。

（しもむら・としえ）

不動産裁判例の動向

野村豊弘　学習院大学名誉教授、弁護士

現代民事判例研究会財産法部会不動産パート

判例集や雑誌に登載される不動産に関する裁判例は、ますます少なくなっている。以下においては、他の分野との重複に留意しながら、今期の不動産に関する判例を概観する（読者にとっては、同一の判決が複数の分野で取り上げられていることにも利便性があると考えている）。

1　区分所有権

[1] 大阪高判令元・10・3判時2482号25頁は、区分所有建物の管理組合の理事会規則（理事排除条項）が、管理規約による委任の範囲を逸脱しているなどの理由で無効であるとされた事例である。X₁ら（原告・控訴人）は、大型商業ビルである本件ビル（地上16階、地下4階の大型商業ビルで、昭和51年に竣工した）の区分所有者である（区分所有者総数は約330人）。Y₁管理組合（被告・被控訴人）は本件ビルの区分所有者によって構成される管理を行うための団体であるが（区分所有法3条）、法人格はない。また、Y₂株式会社（被告・被控訴人）は、区分所有者集会で選任された管理者である（区分所有法25条以下参照）。X₁らのY₁およびY₂に対する請求は、以下の3点である。第1に、Y₁管理組合の理事会規則における「理事が管理組合に対し、原告又は被告となったときは、その日をもって理事の資格を失い、理事会規則4条1項の任期中は復帰しないものとする」旨の理事排除条項（以下、「本件理事排除条項」という）の無効確認請求である。なお、本件理事排除条項は、平成25年5月に開催された理事会で承認され、理事会規則の一内容となったものである。第2に、本件ビルの特別高圧受変電設備等改修工事（以下、「本件工事」という）の差止め請求である。第3に、本件工事に係る議案を可決した区分所有者集会決議の無効確認請求である。本稿では、第1の請求に焦点を当てて論ずることにする。X₁

らは、本件理事排除条項が無効であることの理由として、次の3つを挙げている。第1に、本件排除条項は、理事である区分所有者の選挙権および被選挙権を制限し、または理事が有する裁判を受ける権利を侵害するものであって、公序良俗に反し無効であるということである。第2に、区分所有者集会の特別決議を経て定められた管理規約（区分所有法31条1項）は、管理組合の一機関である理事会の定める理事会規則の上位規範であって、管理規約の授権を受けた範囲内でのみ、理事の解任を定められるにもかかわらず、管理規約には、役員の被選挙権を有しない区分所有者の条件の加重について理事会規則に授権する旨の規定や一度選任された役員が資格を喪失する旨の規定が存在せず、一度選任された役員の資格を喪失させることを想定していないから、本件理事排除条項は、上位規範である管理規約に反し無効であるということである。第3に、本件理事排除条項を制定した理事会の決議が出席理事の過半数で議事を決する旨を定めた理事会規則（13条1項）に反し無効であるということである。X₁らの主張によれば、委任状による出席者12名の提出した委任状には、「代理による議決の意思表示は『棄権』に限定する」と記載されているから、議長は、これを賛成票として行使できないというものである。すなわち、委任状による出席者12名を含めて29名の出席者のうち、賛成者は11名にすぎないから過半数に達していないということである。これに対して、Y₁らの主張によれば、「棄権」に限定する旨の記載の趣旨は、過去の理事会において、議長の意思一つで自由に議決権を行使できるということではなく、理事会に現に出席した理事の過半数を得た決定に従うことと決定されたことを反映したものであるとしている。すなわち、当日実際に出席した理事17名のうち11名の賛成があったので、過半数の賛成があったことになるということである。

第一審判決（大阪地判平31・4・9）は、本件理事排除条項の無効確認請求について、X₁らの請求を棄却した（なお、本件工事の差止め請求、本件工事に係る区分所有者集会における決議の無効確認請求についても、却下または棄却されている）。その理由は、以下の通りである。

まず、本件理事排除条項が公序良俗に反するかについて、判決は次のように述べている。

「(1) 本件理事排除条項が不当なものであるとの主張について

管理者が特定の区分所有者に対して訴訟を提起できるのは、当該区分所有者において管理費を滞納する等、区分所有者全体の利益に反するような行動をした場合に限られるところ、義務違反者に対する措置は理事会の決議事項とされており（本件理事会規則6条1項9号）、管理者がかかる措置の一環として訴訟を提起するためには、理事会決議に基づかなければならない。また、区分所有法57条ないし59条の規定に基づいて訴訟を提起する場合には、区分所有者集会における決議が必要となることは明らかである。したがって、本件理事排除条項により、管理者が独断で特定の理事を排除できるとは解されない。

また、理事が管理費を滞納し続ければ、理事会の決議によって理事活動が停止されるのみにとどまらず、通常はその支払を求めて訴訟を提起されることになり、本件理事排除条項により資格を喪失することになるから、Xが主張するような不均衡は生じない。

したがって、Xらが主張する事由をもって、本件理事排除条項が不当であるとは認められない。

(2) 区分所有者の理事選挙権が侵害されるとの主張について

本件選挙規則においては、理事の選挙の日から1年以上経過した後に理事が欠けた場合、理事が欠けた理由を問わず、補欠選挙は実施しないと規定されているところ（第25の2第2項）、次回の理事選挙までの最長1年程度の期間に限って理事が欠けた状態が生じるとしても、直ちに区分所有者の理事選挙権を侵害するものとして公序良俗に反するということはできない。また、仮にこれが区分所有者の理事選挙権を侵害するものであるとしても、それは本件選挙規則自体の問題にほかならず、本件理事排除条項によって生じているものではない。よって、このことをもって同条項が公序良俗に反するということはできない。

(3) 理事の裁判を受ける権利が侵害されるとの主張について

裁判を受ける権利とは、国との関係において憲法32条により保証される権利であるから、本件理事排除条項により理事のかかる権利が侵害されるとのXらの主張は、要するに、本件理事排除条項によって、実質的に理事が裁判を受けることができない状況に置かれていることになるから、同条項は公序良俗に反するというものであると解される。

しかしながら、本件理事排除条項は、理事が被告管理組合との間における訴訟の当事者となった場合に、理事の資格を一時喪失することを定めたにすぎず、理事による訴訟提起そのものを妨げるものではない。また、理事の地位にある者は、理事会において理事相互の協議・意見交換を通じて理事会における意思決定を行うべきであり、その結果、管理組合すなわち理事の多数者が適法・有効とする理事会決議がされている以上、なお当該決議ないしその実行に対し、理事として、あるいは区分所有者個人として不服があるからといって、管理組合に対して訴訟を提起することによってその是正を図ることは、理事の地位が管理組合との委任関係に基づくことと背馳する面のあることは否定できない。

したがって、本件理事排除条項には一定の合理性があるというべきであり、本件理事排除条項により理事の被選挙権を失う期間が、その者が管理組合との間の訴訟における当事者である期間に限られていることからすれば、本件理事排除条項が理事の裁判を受ける権利を著しく不当に侵害するということはできない。

よって、上記Xらの主張は採用できない。

(4) 区分所有者の理事選挙における被選挙権が侵害されるとの主張について

理事が、その任期中に区分所有権の譲渡により本件ビルの区分所有者ではなくなる場合や死亡した場合等、一般的に理事の資格を喪失すると考えられる事態を本件管理規約が一切想定していないとは考え難いところ、本件管理規約は、あらかじめ理事となることができない場合を定めているのみである（本件管理規約30条3項）。したがって、本件管理規約は、任期中の理事資格喪失事由については、『理事会について必要な事項』として、理事会の決議によって定められる規則に委任しているものと解され（本件管理規約30条の4）、その理事資格喪失事由として、本件管理規約30条3項が定める『この規約及び集会の決議に著しく違反する行為があると認め

られる区分所有者』と同程度に、理事としての適格性を欠き又は誠実な職務執行が期待できない類型的な事由を定めることも許容されているものと解される。そして、本件理事排除条項の内容が、理事としての適格性を欠き又は誠実な職務執行が期待できない類型的な事由を定めるものとして一定の合理性を有し、公序良俗に反しないことは上記判示のとおりである。

また、理事資格喪失事由を定めたとしても、かかる事由が解消されないうちに、再度理事選挙に立候補できるとすると、理事資格の喪失事由を定めた意義が失われるから、理事会の決議によって、理事資格を喪失した後、一定期間理事になることができない旨の規則を定めることも上記委任の範囲内であると解するのが相当である。そうであるとすれば、本件管理規約によって定められている区分所有者の理事選挙における被選挙権は、本件管理規約の委任を受けた本件理事会規則による制約を受けるのであって、本件理事排除条項によって区分所有者の被選挙権が侵害されるという関係にはない。

したがって、本件理事排除条項によって区分所有者の理事選挙における被選挙権が侵害されるとするXらの主張は採用できない。

(5) 以上によれば、本件理事排除条項が公序良俗に反し無効であるとは認められない」。

次に、本件理事排除条項が本件管理規約に反するかについて、判決は、次のように述べている。

「上記2(4)で判示したとおり、本件理事排除条項は本件管理規約の委任を受けて定められたものであるから、本件管理規約に反しないことは明らかであり、無効であるとは認められない」。

次に、本件理事排除条項を制定した理事会決議の有効性について、判決は、次のように述べている。

「(1) 証拠≪略≫及び弁論の全趣旨によれば、本件理事排除条項は平成25年5月30日に開催された理事会で承認されたこと、当該理事会においては、当時の理事総数34名のうち、実際の出席者が17名、本件理事会規則10条2項により委任状の提出によって出席したものとみなされる者が12名、欠席者が5名であったこと、本件理事排除条項に係る本件理事会規則の改正議案については、実際の出席者のうち議長を除く11名が賛成したこと、上記提出された委任状にはいずれも、本件理事会規則10条2項により議決権を行使する権限を当日の議長に授与する旨、及び代理による議決権の意思表示は棄権に限定する旨記載されていたことが、それぞれ認

められる。

(2) Xらは、上記委任状に議決権の意思表示は棄権に限定する旨の記載があることをもって、上記理事会の出席者合計29名のうち上記議案に賛成した者は11名にとどまるから、出席理事の過半数との決議要件（本件理事会規則13条1項）を満たしていないと主張する。

しかしながら、この『棄権』をXらの主張するように決議の際の母数に加えつつ、賛成票に加算しないことは、これを実質的に反対票と扱うに等しく、委任状提出者の合理的意思に反することが明らかであり、かかる解釈はおよそ採り得ないものというべきである。『棄権』との文言に照らせば、これを賛成票と反対票のいずれにも加算せず、かつ、多数決の母数に加えないものとするのが比較的自然な解釈ではあるが、このように解することは、定足数について定めた本件理事会規則10条2項が、委任状を提出した理事について理事会に出席したものとみなす旨明確に定めていることと必ずしも整合しない。上記本件理事会規則とも整合的に理解すれば、上記『棄権』との文言は、決議要件を具備するか（過半数を充足するか）否かは実際に出席した理事による議決権行使の結果に実質的に委ねるものとし、委任状の提出による議決権の行使はその結果に従って行使されたものとみなす趣旨に解するのが相当である。そうすると、上記理事会においては、実際に出席した理事17名のうち11名の過半数の賛成により決議されており、委任状の提出があった理事12名の議決権もこれに従って行使されたとみるべきであるから、上記議案は、過半数の賛成により有効に決議されたものと認められる。

したがって、本件理事排除条項は、有効な理事会決議によって定められた条項であって、Xらの上記主張は採用できない」。

最後に、以上の小括として、「本件理事排除条項が無効であるとは認められず、Xの被Y₁管理組合に対するその無効確認を求める請求は、理由がない」と結論づけている。

第一審判決に対して、X₁ら7名のうち、X₁ら3名が控訴した。それに対して、大阪高裁は、原判決のうち、本件理事排除条項の無効確認請求を棄却した部分について、それを取消し、X₁らとY₁管理組合との間で、本件理事排除条項（管理組合理事会規則4条2項5号）が無効であることを確認した。その理由は、以下の通りである。

まず、本件理事排除条項が本件管理規約に反する

かについて、以下のように判示している。

「(1) 本件理事排除条項は、平成25年5月30日に開催された理事会で承認され、本件理事会規則の一内容となったものである。

本件管理規約においては、理事は、区分所有者の中から選任するとされ（同30条1項及び2項。したがって、任期中に区分所有者でなくなった場合や死亡した場合に役員資格を喪失する。）、原則として全ての区分所有者に被選挙権が与えられているが、ただ本件管理規約及び集会の決議に著しく違反する行為があると認められる区分所有者について、あらかじめ理事会の決議があった場合は、当該区分所有者を管理組合の役員に選任することができないとされ（以下、これを「本件管理規約上の制限規定」という。同30条3項）、本件管理規約には、本件管理規約が当然に予定している上記のようなことを超えて役員の資格喪失事由を定めることを本件理事会規則に委任する旨の規定は存在しない。例外的に理事の被選挙権が制限されることが定められているにすぎない。

理事の資格制限事由を理事会で決めるには、本件管理規約による明文の委任が必要であると解されるところ、本件管理規約30条の4は、「役員及び理事会について必要な事項」は理事会の決議に基づいて定めると定めているが、これは、本件管理規約の定める趣旨の範囲内で内容又は手続を具体化することを念頭に置いたものであって、本件管理規約に定められていない理事の資格喪失事由を新たに定めることを理事会に委任したものと解することはできず、他に、本件管理規約には、本件管理規約に定められていない理事の資格喪失事由を新たに定めることを理事会に委任した定めは存在しない。

そうすると、本件理事排除条項は、本件管理規約による委任の範囲を逸脱した、無効なものといわざるを得ない。

これに反するYらの主張は採用することができない」。

次に、本件理事排除条項を制定した理事会決議の有効性について、以下のように判示している。

「ア 前記前提事実(3)キ、証拠《略》及び弁論の全趣旨によれば、本件理事排除条項は平成25年5月30日に開催された理事会で承認されたこと、当該理事会においては、当時の理事総数34名のうち、実際の出席者が17名、本件理事会規則10条2項により委任状の提出によって出席したものとみなされる者（以下、単に「委任状提出者」という。）が12名、欠席者が5名であったこと、本件理事排除条項に係る本件理事会規則の改正議案については、実際の出席者のうち議長を除く11名が賛成したこと、上記提出された委任状にはいずれも、本件理事会規則10条2項により議決権を行使する権限を当日の議長に授与する旨、及び代理による議決権の意思表示は棄権に限定する旨記載されていたこと、本件理事会規則10条2項には、理事会に出席できない理事は、あらかじめ委任状により採決時の意思表示を当日の議長に対して委任することができ、この場合には、当該理事は、理事会に出席したものとみなすことが定められていることが認められる。

イ 上記認定事実によれば、上記理事会において、委任状提出者は、理事会に出席したものとみなされ、上記改正議案について「棄権」の意思表示をしたこととなるところ、上記理事会の出席者が29名であり、上記改正議案の賛成者は11名にとどまるのであるから、出席理事の過半数という決議要件（前記前提事実(3)ク）を満たしていないことが明らかである。

これに対し、Yらは、上記委任状に「棄権」に限定する旨記載されているのは、議長は当日の理事会で審議された内容を尊重すべきであるという意見が出た結果、委任状提出者の意思は理事会に現に出席した理事の過半数を得た決定に従うものとされたことを反映したものであると主張する。しかし、「棄権」の委任状による意思表示につきYらの主張するように通常の意味とは異なる扱いをするのであれば、委任状にその旨明記するなどそのことを明確にして誤解が生じないようにする必要があるところ、そのようなことがされていることを認めるに足りる証拠はない。

したがって、Yらの上記主張は採用することができない。

ウ 以上のとおりであるから、上記理事会の決議は決議要件を満たさない無効なものであるから、上記決議により定められた本件理事排除条項は、この点でも無効である」。

（なお、本判決では、本件理事排除条項が公序良俗に反するというX1らの主張については、原審判決の判断を是認していると思われる）。

原審判決と本判決の差異は、第1に、役員の資格喪失の規定に関する管理規約と理事会規則の関係についての判断である。原審判決が本件理事排除条項が管理規約の委任を受けて定められていると判断したのに対して、本判決は、管理規約による委任の範

囲を逸脱していると判断している点である。第2に、理事会における「代理による議決権の意思表示は棄権に限定する旨の記載された委任状の扱いについて、原審判決がその制定趣旨から実際の出席者による多数決に従う趣旨であると判断したのに対して、本判決が本来の通常の「棄権」の意味と異なる扱いをすることが明記されていない以上、理事会における本件理事排除条項の決議では、過半数の要件を満たしていないとしている点である。いずれも、事実認定（規定・委任状の解釈）に関わるものであり、多数決によって組織の運営がなされている場合に、判例において、このような問題がどのように扱われていたか（とくに、定足数・多数決原理における委任状・棄権票の扱い）も参考になると思われるが、先例となるような判決は見当たらないように思われる。いずれにせよ、棄権票の扱いについて、通常の理解（賛成に含めないということから、実際には反対票と等しい扱いになるものと考えられる）と異なる扱いをするのであれば、紛争予防の観点からも理事会の規則で定めておくことが必要であろう。

2　慣習法上の物権

[2] 東京高判令元・10・30 判時 2485 号 12 頁は、平成 16 年以降に地下を 100 メートル以上掘削して新たに湧出させた温泉であり、再生手続における財産評価において温泉権が零円と評価され、温泉権を認める慣習法の証明がないなどの判示の事実関係の下においては、慣習法上の物権である温泉権は成立しないとされた事例である。

事案は、温泉旅館として使用されている土地建物（広島県廿日市市所在）の所有権を取得した Y（被告・被控訴人）と温泉権の譲渡を受けたと主張する X（原告・控訴人）との間における紛争である。本判決は、すでに民事判例 21（2020 年前期）で田中淳子教授による評釈がなされているだけでなく、民事判例 22（2020 年後期）においても、武川幸嗣教授による評釈がなされている[1]。事案の詳細については、それらを参照されたい。第一審判決は、X が温泉権を有しているかどうかについての判断することなく、X は、温泉権について対抗要件としての明認方法を具備していないとして、X の請求を棄却している。これに対して、控訴審である本件判決は、土地所有権とは別の独立した物権として温泉権が成立していないことを理由として、X の控訴を棄却した。その理由として、「現代の高度な掘削技術をもって何十メートルも地下を掘削し、新たに湧出させた温泉については、原則として、慣習法上の温泉権を掘削地の所有権とは別の物権として成立することは、ないと考えられる」と判示している。ただ、他方で、判旨は、「本件各温泉が存在する地域において、温泉に関する権利を土地所有権とは別の独立した権利として認める慣習法があることを認めるに足りる証拠はない」と判示し、必ずしも近代的な温泉権であっても、慣習法上認められる余地があるとしている。このような本判決の論理構成のもとでは、近代的な温泉権と旧慣温泉権との間でどのように異なるのかが明確ではないように思われる。慣習法上の物権として成立しているか否かについて、近代的な温泉権は旧慣温泉権よりも厳格に判断されるということであろうか。そもそも、これまで温泉の利用がなかった地域において、近代的な温泉が開発されるとすれば、慣習法上の物権が成立する余地はないのではないかと考えられる。温泉権の問題は、入会林野の利用や河川における水利権などと同様に慣習と近代的民法との間の調和をどのようにとるのかにあると思われるが、立法的解決も視野に入れる必要があると思われる[2]。

3　不動産登記

[3] 東京地判令2・10・5 金法 2165 号 75 頁は、不動産の所有権移転登記が連件申請の方法により行われ、前件と後件の登記手続を代理する司法書士が異なる場合に、後件の登記手続に関わった司法書士の注意義務違反が否定された事例である。これについては、不法行為の動向 [22] で取り上げられるとともに、加藤新太郎教授による評釈で取り上げられている。

4　不動産売買契約

[4] 京都地判令2・6・17 判時 2481 号 17 頁は、Y 市を事業主体とする土地区画整理事業または非農用地造成事業により造成された土地を購入し、自宅建物を建築するなどした後、台風の影響による降雨によって床上浸水等の被害に遭った X ら（7 名）が、Y に対して損害賠償を請求した事案において、Y から直接土地を買い受けた X_1 ～ X_3 との関係では、Y が、土地を売却する際に、Y が把握していた土地に関する近時の浸水被害状況や今後浸水被害が発生する可能性に関する情報について開示し、説明すべ

き義務を怠ったとしてX₁らの請求を一部認容した事例である。これについては、不法行為の動向[10]・取引の動向[8]で取り上げられている。

[5] 名古屋高判令元・8・30判時2483号30頁は、土地の売買契約において、売主であるXが買主であるYに対して、残代金未払の債務不履行により契約が解除されたとして、違約金の支払を請求し（本訴請求）、これに対して、YがXに対して、約定した確定測量図を交付しないXの債務不履行または瑕疵担保責任により契約が解除されたとして、手付金の返還請求をした（反訴請求）事案において、隣地所有者の立会いを得た上で資格のある者が作成した確定測量図を交付する旨約した土地の売買契約において、一部隣地所有者の署名押印がない確定測量図を交付したことが、約定の義務の履行とは認められないとしたものである。これについては、取引の動向[11]で取り上げられている。

[6] 最三判令3・1・22判時2496号3頁は、不動産業者Aの債権者であるXがAから土地を買い受けていたYに対する売買代金債権を差押え、その支払を求めた取立訴訟において、Yらが債務の履行を怠ったAに対し債務の履行を求めるための訴訟の提起等に係る弁護士報酬その他の費用を負担したことを理由に、相殺の抗弁を主張した事案であるが、原審は、その主張を認め、Xの請求を棄却したが、最高裁は、「土地の売買契約の買主は、上記債務の履行を求めるための訴訟の提起・追行又は保全命令若しくは強制執行の申立てに係る事務を弁護士に委任した場合であっても、売主に対し、これらの事務に係る弁護士報酬を債務不履行に基づく損害賠償として請求することはできない」として、原判決を破棄し、Xの請求の一部を認容した。これについては、取引の動向[7]で取り上げられている。

[7] 大阪地判令3・1・14判時2495号66頁は、Xが中学校および高等学校の新キャンパスを開設するために、Yから購入した土地の土壌に土壌汚染対策法に基づく規制の対象となる物質が基準値を超えて存在していたなどとして、売買契約上の瑕疵担保責任等に基づき、土壌汚染対策工事費など11億円を超える損害賠償をYに請求した事案において、「本件土地に土壌汚染対策法に基づく規制の対象である鉛及び砒素が、同法が定める土壌溶出量基準値を超えて含まれたことは、民法570条の瑕疵に当たる」としたが、掘削工事に要した工事費用は本件土地の瑕疵と相当因果関係のある損害と認められないとして、調査費用など約5,600万円の損害賠償のみが認

めたものである。これについては、取引の動向[12]で取り上げられている。

5　不動産賃貸借契約

[8] 大阪地判平30・12・5金判1624号36頁は、大阪市による特定優良賃貸住宅制度を利用した賃貸住宅の供給事業において、大阪市から補助金・利子補給を得て賃貸住宅を建築し、所有するX株式会社とXからその住宅を賃借し、入居者に転貸するY住宅供給公社との間の賃貸借契約における修繕費の負担をめぐる紛争に関する判決である。すなわち、平成8年に、XとYとの間で賃貸借契約が締結されたが、修繕費負担の扱いは「特定優良賃貸住宅修繕費負担区分表」（平成5年作成）によるとされていたが、それによると、入居者がその負担により退去の際に入居したときの状態に戻すことは原状回復義務の範囲内であるとされ、入居者の退去による修繕のうち自然摩耗や通常の使用による損耗等の修繕費を入居者に負担させるものとされていた。ところが、平成10年に旧建設省が公表した「原状回復をめぐるトラブルとガイドライン」では、原状回復を「賃借人の居住、使用により発生した建物価値の減少のうち、賃借人の故意・過失、善管注意義務違反、村田通常の使用を超えるような使用による損耗・毀損を復旧すること」と定義し、その費用は賃借人負担とするとした上で、いわゆる経年変化、通常の使用による損耗等の修繕費は、賃料に含まれるとしている。そこで、Yは、このガイドラインに沿って、自然損耗や通常の使用による損耗等の修繕費を入居者に負担させない扱いに変更した。そして、YはXとの間で、通常損耗等の修繕費をXの負担とするように協議を重ねたが、合意するに至らなかった。平成17年7月に、Yは、Xに対し、8月以降の退去住戸分について、通常損耗等の修繕費を借上料から差し引くことを通知した。そこで、XがYに対して、差し引かれた賃料の支払を請求し、訴えを提起した。判旨は、「X・Y間では、Yが本件各入居者に対して本件負担区分表に従って本件通常損耗等修繕費の負担を求めるという内容の合意は、本件賃貸借契約の全期間を通じてなお有効であって、Yが、当該合意に反し、本件各入居者に対して本件負担区分表に従って本件通常損耗等修繕費の負担を求めないのであれば、その帰結として、Yにおいて負担することとなるということができる」と判示したが、「もっとも、本件においては、特優賃制度の趣旨等に鑑みて、信義則

上、この帰結を修正すべき事情等があると考えられる」とし、結局、「Ｘは、特優賃制度の担い手である『認定事業者』として、特優賃制度上の一定の制約を受ける以上、本件ガイドラインの趣旨を踏まえた取扱いをすべき立場にあり（略）、Ｙとの間で契約内容について疑義が生じたとき等には誠意をもって協議することを合意していたこと（略）をも考慮すれば、遅くとも平成17年8月1日には、Ｙからの本件ガイドラインに沿って本件通常損耗等修繕費をＸの負担とする旨の変更協議に誠実に応じるべき信義則上の義務があったというべきであるにもかかわらず、これに応じていない（略）。そのようなＸが、本件負担合意が変更されていないことを前提に、本件通常損耗等修繕費がＹ又は本件各入居者の負担ではなくＸの負担であるとして同費用相当額を原告に支払うべき借上料から差し引いたことについて、法律上の原因を欠く、あるいは、当該相殺は無効であるなどと主張して、本件請求として不当利得返還請求又は賃料請求をすることは、Ｘ及びＹの本件賃貸借契約に係る収支状況（略）を踏まえても、信義則に反して許されないというべきである」と判示し、Ｘの請求を棄却した。これについては、取引の動向[13]で取り上げられている。

　[9] 東京地判令3・7・20 金判1629号52頁は、本件貸室の転貸人であるＸが転借人であるＹ₁に対して、賃料不払を理由として契約を解除したとして、その明渡しを請求するとともに、Ｙ₁およびその連帯保証人であるＹ₂に対して、未払賃料、原状回復費用、違約金等の支払を請求したのに対して、Ｙ₁らは転借店舗で営業していた創作和食ダイニング店の利益がコロナウィルス感染症の影響により90％減少しているから、Ｘの使用収益させる債務も90％消滅し、それに応じて賃料債務も90％消滅しているのであるから、当事者間の信頼関係は破壊されていないなどと主張した事案について、「新型コロナウィルス感染症の影響により本件貸室を使用して営む飲食店の利益が減少したとしても、その減

少の割合に応じて、ＸのＹ₁に対する本件貸室を使用収益させる債務が消滅するものと解することはできない。また、新型インフルエンザ等対策特別措置法に基づく緊急事態宣言が出されたことなどをもって、本件貸室が使用不能となったと評価することもできない」と判示し、Ｘの請求を認容した。新型コロナウィルス感染拡大によって、さまざまな法的問題が生じているが、訴訟になる事案も少なくないと思われる。今後も裁判の動向に注目したい。これについては、取引の動向[14]で取り上げられている。

6　建築請負契約

　[10] 最二判令2・9・11 民集74巻6号1693頁は、Ｙから自宅建物の増築工事を請け負ったＸがＹに対して、請負代金および遅延損害金の支払等を請求したところ（本訴）、ＹがＸに対して、増築部分に瑕疵があるなどと主張し、瑕疵修補に代わる損害賠償金および遅延損害金を請求した（反訴）事案において、Ｘが本訴請求に係る請負代金債権を自働債権とし、反訴請求に係る瑕疵修補に代わる損害賠償債権を受働債権とする相殺の意思表示をし、これを反訴請求についての抗弁として主張することを認めたものである。これについては、取引の動向[17]で取り上げられている。

1）　また、本判決の判例研究として、宮崎淳『新・判例解説Watch』No.27（2020年）77頁がある。
2）　川島武宜編『注釈民法(7)』有斐閣（1968年）618頁以下（川島執筆）（川島武宜『川島武宜著作集第9巻慣習法上の権利2』岩波書店（1986年）所収）参照。川島博士は、近代的な温泉権にも、特別法により、物権としての権利を認めるべきであるとしている。

（のむら・とよひろ）

不法行為裁判例の動向

加藤雅之　日本大学教授

現代民事判例研究会財産法部会不法行為パート

1　はじめに

(1)　全体の概観

　今期の対象裁判例から48件を紹介する。注目すべき判決として、建設アスベスト訴訟に関する4件の最高裁判決が挙げられる。前号環境裁判例の動向でもすでに紹介されているが（民事判例23「環境裁判例の動向」[5]〜[8]）、共同不法行為論に関わる点など不法行為法上重要な意義を有する判決であるので、本稿でも改めてとりあげる。このほか最高裁判決は2件あり、[33]は集団予防接種によるB型肝炎ウイルスへの感染について、一度沈静化したものの、新たに別の肝炎が発症した事案について、改正前民法724条後段の期間制限の起算点に関する判断が示されている。また、金融商品取引法に基づく有価証券届出書の虚偽記載に関する証券会社の責任に関する[36]は同法21条2項3号の免責事由について、最高裁として初めての解釈を示すものとして重要である。

　下級審に目を向けると、人格的利益に関して興味深い裁判例がいくつかあり、プライバシーに関する[13]およびロックバンド名について人格的権利としてのパブリシティ権を認めた[18]等は、それぞれの権利の内容を考える上で今後の議論にも影響を与えうると思われる。

　また、責任能力のある未成年者の親について固有の監督義務違反を認めた[5]については、成年年齢の引き下げなど未成年者に関する法制度の改正がなされる中、改めて検討に値しよう。

　国家賠償関係では、国立大学におけるアカデミックハラスメントについて国家賠償法の適用を認めた判決[37]など興味深いものがある他、夫婦別姓や同性婚について注目すべき裁判例がみられる。とりわけ、同性婚訴訟[48]は社会的な反響の大きいも

のである。

(2)　注目すべき判決——建設アスベスト関係最高裁判決

　建設アスベスト訴訟では国の国家賠償法上の責任と石綿含有建材を製造販売した建材メーカーの責任が争点となっていることから、ここで取り上げる。

　[1] 最一判令3・5・17 判タ1768号106頁（民集75巻5号1359頁）（アスベスト神奈川1陣訴訟上告審）は、国について労働安全衛生法（安衛法）に基づく規制権限を行使しなかったことが違法であるとして責任を認めるとともに、民法719条1項後段の類推適用により石綿含有建材を製造販売した建材メーカーの損害賠償責任を認めた。

　国の責任については、規制権限の不行使が国賠法1条1項の違法となるか、および違法となる場合、その始期および終期が問題となった。原審（東京高判平29・10・27判タ1444号137頁）は1981年1月1日以降から2005年3月31日までの期間において規制権限の不行使が違法であるとしていたが、本判決はこれを変更し、始期を1975年10月1日であるとして、これ以降、国には建設現場における石綿粉じん濃度の測定等の調査を行うべきであって、調査を行えば、石綿吹付け作業に従事する者以外の建設作業従事者にも石綿関連疾患にり患する広範かつ重大な危険が生じていることを把握することができたと判示した。さらに、安衛法に基づく規制は物の危険性に着目したものであり、その物を取り扱うことにより危険にさらされる者が労働者に限られないこと等を考慮して、安衛法上の労働者に該当しない一人親方などの個人事業主に対しても規制権限の不行使が違法になる旨を認めた。

　また、本判決では屋内での建設作業に従事した者が、その建設現場に相当回数にわたり到達した建材を製造販売した建材メーカー3社を特定して被告

として訴えを提起した。大工らの疾患について各メーカーの個別の関与の度合いは明らかでなく、また、3社以外にも建材を製造販売したメーカーがあるため、719条1項後の適用が認められるかが争点となった。同規定は択一的競合の場合に適用されるとするのが通説であり、行為者とされる者以外に加害者となり得る者が存在しないことが要件とされる（これに対してかかる要件を否定する見解もある）。本判決は、719条1後段の趣旨を「複数の者がいずれも被害者の損害をそれのみで惹起し得る行為を行い、そのうちのいずれの者の行為によって損害が生じたのかが不明である場合に、被害者の保護を図るため、公益的観点から、因果関係の立証責任を転換」するものであることを認めたうえで、「（被害者によって特定された）複数の行為者のほかに被害者の損害をそれのみで惹起し得る行為をした者が存在する場合にまで、同項後段を適用して上記の複数の行為者のみに損害賠償責任を負わせることとすれば、実際には被害者に損害を加えていない者らのみに損害賠償責任を負わせることとなりかねず、相当ではないというべきである」として、「被害者によって特定された複数の行為者のほかに被害者の損害をそれのみで惹起し得る行為をした者が存在しないことは、民法719条1項後段の適用の要件である」と明言し、本件において719条1項後段の適用を否定した。もっとも、本件においては「被害者保護の見地から」同条1項後段を「類推適用」することにより、大工らの損害の3分の1について連帯責任を認めた。最高裁が719条1後段の趣旨を明らかにするとともに、被害者保護の観点から同条1項後段の類推適用を認めた点は重要である。

719条1後段を適用ないし類推適用するにあたっては、被告が製造販売した建材が建設現場に到達した事実が立証されなければならないところ、この立証手法に関する判断を示したものが [2] 最一判令3・5・17民集75巻6号2303頁（アスベスト東京1陣訴訟上告審）である。特定の建材メーカーの製造・販売した石綿含有建材が特定の建設作業従事者の作業する建設現場に相当回数にわたり到達していたとの事実について、国交省データベースおよび市場シェアを基にした確立計算の手法を用いることによる立証が争点の一つとなっており、原審（東京高判平30・3・14LEX/DB25560269）は、確率計算の手法による建設現場への到達の立証を否定したが、本判決は原審の判断には経験則又は採証法則に反する違法があるとしてこれを破棄した。最高裁は、確率計算を考慮して到達を推認することは可能であるとして原審に差戻した。

[3] 最一判令3・5・17判時2498号52頁（アスベスト京都1陣訴訟上告審）は、屋外での建設作業に従事した者が石綿粉じんにばく露したことにより石綿関連疾患にり患したとして国および建材メーカーの責任を追及した事案であり、請求を一部認容した原審判決（大阪高判平30・8・31判時2404号4頁）を破棄した。本判決においては、国について2001年から2004年9月30日の期間において、屋外建設作業に従事する者に石綿関連疾患にり患する危険が生じていることを認識することができたか否か、建材メーカーについて2001年から2003年12月31日に上記の危険が生じていることを認識することができたか否かが争点となった。最高裁は、屋外建設作業に係る石綿粉じん濃度の測定結果が、屋内作業に係るそれを大きく下回ることなどを根拠に、上記の期間に国が危険を認識できたとはいえず、規制権限を行使しなかったことは違法でないとした。建材メーカーに対しても同様に責任を否定している。

同じく [4] 最一判令3・5・17判時2500号49頁（アスベスト大阪1陣訴訟上告審）も、屋外での建設作業に従事し石綿粉じんにばく露したことにより石綿関連疾患にり患したと主張する者が、建材メーカーらに対して、石綿含有建材に関する警告表示義務の違反があったと主張して不法行為に基づく損害賠償を求めた事案について、建材メーカーの責任を一部認めた原審判決を破棄した。原審（大阪高判平30・9・20判時2404号240頁）は、石綿含有建材の切断作業の際には切断箇所に顔を近付けて作業をすることから、作業場所が屋内か屋外かにより石綿粉じんにばく露する程度の差は大きくないとして、屋内における石綿粉じん濃度の測定結果をもとに、屋外建設作業に従事する者に石綿関連疾患にり患する危険が生じていることを建材メーカーが認識することができたと判断していた。これに対して、本判決は屋外作業においては、自然換気により石綿粉じん濃度が薄められることから、就業時間を通じて屋内の作業場と同程度に高い濃度の石綿粉じんにばく露し続けるということはできないとして、「屋外建設作業に従事する者に石綿関連疾患にり患する危険が生じていることを認識することができたということはできない」とした。

2 不法行為一般

(1) 故意・過失

責任能力のある未成年者による不法行為について、親権者等は責任無能力者の監督義務者の責任（714条）は負わないものの、監督義務者に固有の義務違反が認められ、それとその未成年者の不法行為によって生じた結果との間に相当因果関係が認められるときは、監督義務者につき民法709条に基づく不法行為が成立することを認めるのが判例の立場である（最二判昭49・3・22民集28巻2号347頁）。もっとも、いかなる場合に監督義務者の義務違反が認められるかについては明確でなく、その後の裁判例では親の責任が否定されたものも存在するところ（最二判平18・2・24判時1927号63頁）、[5] 東京高判令2・6・24判タ1484号102頁はリンチ殺人事件の加害者である18歳～17歳の少年3名の不法行為責任および親権者の監督義務違反が争点となった事案である。事件自体が大きく報道されたこともあり、社会的関心も高い問題である。本判決は、主犯格の18歳の未成年者の親について監督義務違反を認め、未成年者との共同不法行為責任を認めた。加害者である未成年者が保護観察処分を受けた後も同人の飲酒や不良交友関係を継続していたことを事実上放任していたなどの事情から、監督義務の違反を認めた上で、同人が第三者の生命身体に危害を加えることが予見可能であると判示した（詳しくは注目裁判例研究2［宮下修一］を参照）。責任能力ある未成年者の親権者等の責任を考える上で参考になる判決である。

故意による不法行為の成否が問題となったものとして、[6] 大阪地堺支判令2・7・30判時2485号41頁がある。あおり運転に殺人罪が適用された刑事事件における損害賠償命令に対する異議申立て後の民事事件に関する本判決では、原告が被告の過失による不法行為の成立を主張しなかったことから、未必の故意による不法行為の成否が問題となったところ、被告に車両の衝突および被害者の死亡結果に対する未必の故意が認められた。判決は、被告が自身の車両を被害者の車両と衝突させることを意図していたと認められるとき、「二輪車であるA車両に被告車両が高速走行中に衝突すれば、A車両もろともAが路上に転倒するなどしてAが死亡に至る危険性が高いことは容易に認識可能であるから」、被害者が死亡するという結果が発生する可能性がある

ことを認識していたと解して、未必の故意を認めている。

このほか過失の判断に関する裁判例として、医療事件に関するものから以下をとりあげておく。

[7] 大阪高判令2・12・17判時2497号23頁〈第一審：大阪地判令2・1・28判時2456号87頁〉は、減胎手術について、担当医師が母体に対する危険防止のために経験上必要とされる最善の注意を尽くす義務に違反し、広く使われていた穿刺針よりも太い穿刺針で多数回の穿刺を行ったとして、医療法人に対する損害賠償請求が認められた。本判決は「母体に対する侵襲を可能な限り抑制する観点から、穿刺針の選択には細心の注意を払うべきであった」として、減胎手術の際にいかなる太さの穿刺針を用いるべきかについての医学的知見が確立しているとはいい難い状況であったとしても医師の責任を認めた点が注目に値する（本判決および原判決については、民事判例22医事8・9でも紹介済み）。同じく医療水準が問題となった事案として、[8] 大阪地判令2・3・13判時2482号45頁では、娩出された胎児が巨大児として出生し右上肢肩肘機能全廃の後遺障害が残った事故について、出産を担当した産婦人科医に、帝王切開をすべき注意義務、帝王切開へと分娩術を変更できるような態勢を構築すべき注意義務があるかが問題となった。本判決は、事件当時、巨大児であるか否かの正確な診断は困難であり、巨大児が全て難産であるとも限らなかったこと等から、巨大児であるか否か（又はその疑いがあるか否か）を基準にして帝王切開を実施するという医療水準はまだ確立していなかったことを理由に医師の過失を否定している。入院患者に対する医療機器を用いた監視・観察について注意義務違反を認めたものとして、[9] 東京地判令2・6・4判時2486号74頁がある。本判決では患者の酸素飽和度や無呼吸等を検知するアラーム設定がオフになっていたために、患者の異変に気づくのが遅れたことが問題となった。事案は、くも膜下出血のため集中治療室に入院した患者について、医療従事者がベッドサイドモニタのアラームが鳴り続けることによる刺激を避けるため、酸素飽和度や無呼吸等のアラーム設定をオフにしてため、その後、高度治療室に転床した際にも転床元の記録が反映され、アラーム設定がオフのままになっていたところ、患者は入院中に低酸素脳症をきたしていわゆる植物状態になり、その後に死亡したというものである。本判決は、アラーム設定の確認義務違反を理由に病院の責任を認めた。医療従事者には、患

者の呼吸状態にも気を配り、それらの急激な悪化があったときには、すぐにそれらを察知する義務があるのにそれに反しているとした。

説明義務違反に関する [10] 京都地判令2・6・17判時2481号17頁は、2013年に発生した近畿地方における台風によって、自宅の床上浸水等の被害を受けた者が福知山市に対して、過去の水害の発生状況、浸水被害に遭う危険性の高さ等に関する説明義務違反等を理由として損害賠償を請求したものである。本件では、市を事業主体とする土地区画整理事業又は非農用地造成事業により造成された土地を購入し、自宅建物を建築するなどした後、台風の影響による降雨によって床上浸水等の被害に遭った原告らが、市に対して建物修補費用等の損害賠償を請求したものであるが、市による十分な説明がなされていたかが問題となった。判決は、原告のうち市から直接土地を買い受けた3名に対してのみ、市の説明義務違反を認め、土地の購入の際、買主が本件各土地等の浸水被害状況等を認識していれば、土地の購入に関する重要な考慮要素となり、本件各土地の購入をしないという選択をする可能性も相当程度あったか、購入するにしても、浸水被害状況等に対応する土地の嵩上げや水害に対応する保険への加入等の相応の浸水被害対策を講じる可能性が高かったというべきであることなどを理由に、市が把握していた土地に関する近時の浸水被害状況や今後浸水被害が発生する可能性に関する情報について開示し、説明すべき義務を怠ったとして、建物補修費用や動産に対する損害について原告らの請求を一部認容した。市はハザードマップを作成して配布していたが、「ハザードマップは、人的被害を防ぐことを目的として作成されたものであるから、同マップに記載された情報を提供することで、本件のような宅地の購入に当たっての意思決定に必要かつ十分な情報を提供したということもできない」と判示して、情報提供として不十分であるとした。

(2) 権利侵害・法律上保護される利益の侵害
(a) 名誉毀損

インターネット上の掲示板における匿名の投稿による名誉毀損の成否に関するものとして、[11] 水戸地判令2・11・4判時2497号73頁がある。インターネット上の掲示板において、町議会議員Xが暴力団とつながりがあるかのような投稿がされたため、Xはサイトの管理者からIPアドレスの開示を受け、特定した経由プロバイダに対する発信者情報

開示を求める別件の訴訟で請求が認容され、同プロバイダは発信者情報としてYの氏名等を開示した。そこで、XはYに対して、慰謝料200万円、発信者情報の取得に要した弁護士費用64万8000円および弁護士費用20万円を請求した。判決は、発信者情報等から投稿がYによるものであるとした上で、一般の読者の普通の注意と読み方を基準とすれば投稿がXの社会的評価を低下させるものであるとして、不法行為の成立を認め、慰謝料100万円、発信者情報の取得に要した弁護士費用32万4000円およびその他弁護士費用13万円の限度で請求を認容した。

雑誌および出版社が運営するウェブサイトでの記事による名誉毀損に関するものとして、[12] 東京地判令2・11・20判タ1485号195頁がある。国家公務員（内閣情報官）であったXを批判的にとりあげた週刊誌等の記事について名誉毀損が成立するとして、Xが損害賠償を求めたほか、謝罪広告の掲載およびインターネット上の記事の削除を求めた事案であり、記事の内容は、Xが政権を脅かす政官界の関係者を威嚇、牽制するという裏の権力を行使しているであるとか、Xには政権に批判的な国民や政治家に対する国家による介入行為である私信検閲、素行調査、言論抑圧を行う志向性があるといった内容であった。判決は、こうした記事について、従来の裁判例で示された一般読者の普通の注意と読み方とを基準とし、意見または論評を表明するものとした上で、3件の記事について、それが前提とした事実を真実であると認めることはできず、また、これが真実であると信ずるにつき相当の理由があると認めることもできないとして請求を一部認容するとともに、名誉を毀損する記事については名誉権に基づくウェブサイトからの削除を求めることができると判示した。

(b) プライバシー

国家賠償事件であるが、マイナンバー（個人番号）制度によるプライバシー侵害の成否が問題となった [13] 東京地判令2・2・25判タ1485号212頁をここでとりあげる。本判決は、結論としてプライバシー権の侵害を否定しており、その根拠としてシステムのセキュリティや情報の保護措置により、個人に関する情報がみだりに収集、利用され、または第三者に開示・公表される具体的な危険が生じているとは認められないことを理由としている。また、本判決は、この前提として、プライバシー権を「個人の私生活上の自由の一つとして、個人に関する情報をみだりに収集若しくは利用され、又は第三者に開

示若しくは公表されない自由を保障するもの」と位置づけ一定の権利性を認めているものの、いわゆる「自己情報コントロール権」については権利性を否定している。プライバシー権の内容に関する一事例として参考になろう。

(c) 自己決定権

別居中の元妻Yが、元夫Xの同意を得ることなく、凍結保存していた受精卵を用いて、融解胚移植の方法により子を出産したことにより、XがYに対して自己決定権侵害に基づく損害賠償を請求した事例について、自己決定権侵害による不法行為の成立を認めたのが、[14] 大阪高判令2・11・27判時2497号33頁である。判決は「個人は、人格権の一内容を構成するものとして、子をもうけるか否か、もうけるとして、いつ、誰との間でもうけるかを自分で決めることのできる権利、すなわち子をもうけることについての自己決定権を有すると解される」として、YがXの意思を確認することなく、無断で同意書に署名をして、本件移植を受けた一連の行為が、Xの自己決定権を侵害する不法行為に当たるというべきであるとして、原審（大阪地判令2・3・12判時2459号3頁。民事判例22不法行為裁判例の動向[11]）と同様にYの責任を肯定した。なお、原審では慰謝料800万円を認めたのに対して、本判決はこれを500万円に減額している。これについては、XがYに対して移植を拒否する意思を表明しておらず、移植手術をしたクリニックに対する問い合わせすらしていないことから、クリニックに問い合わせをしていれば本件移植が行われることはなかった事実を考慮したことによる。

(d) ハラスメント

[15] 横浜地判令2・3・24判時2481号75頁では、総合電機メーカーYに勤務するXが、個人面談において上司Aから現在の業績管理業務とは別の業務への転身を示唆されるなどされたことが、パワハラおよび違法な退職勧奨になるかが問題となった。本判決は、退職勧奨が従業員にとって好ましくないものであるからといって、直ちに違法となるわけではないとしながらも、Xが明確に退職を拒否した後も複数回の面談の場で退職勧奨が行われたこと、各面談における勧奨の態様自体も相当程度執拗であったこと、確たる裏付けがあるとはうかがわれないのに、他の部署による受入れの可能性が低いことをほのめかしたことなどと、Xを困惑させる発言をしたりすることで、退職以外の選択肢についていわば八方塞がりの状況にあるかのような印象を、現実以上に抱かせるものであったとし、また、AはXに対し、単に業務の水準が劣る旨を指摘したにとどまらずその旨の発言を繰り返した上、能力がないのに高額の賃金の支払を受けているなどと、Xの自尊心を殊更傷付け困惑させる言動に及んでいることから、退職勧奨の違法性がみとめられ、慰謝料として20万円が認容された。

同じくパワハラに関するものとして、[16] 宇都宮地判令2・10・21判時2490号79頁は、バス会社の正社員（運転手）であるXが退職強要や人格否定、過少な要求というパワハラを受けたとして、会社および上司らに対して賠償（慰謝料200万円、弁護士費用20万円）を求めた事案である。争点は、Xの乗客に対する威嚇的な発言などを問題視した上司らがXと面会をした際の上司らの対応がパワハラにあたるかという点であった。本判決は、上司らの退職強要については、Xに非難に値する行動が発覚したことを踏まえても、Xの自由な意思決定を促す行為として許される限度を逸脱し、自由な意思決定を困難とするものであると認められるものについて不法行為が成立することを認めた。また、Xの人格を否定するような発言についても、指導との関連性が希薄で、発言内容そのものが原告を侮蔑するものについては、社会通念上許容される業務上の指導を越えて、過重な心理的負担を与えたものとして、不法行為が成立すると認め、慰謝料60万円および弁護士費用6万円の限度で請求を認容した。

セクシャルハラスメントについては、[17] 東京地判令2・3・3判タ1486号166頁が、派遣先の役員である執行役員Y₁および取締役Y₂の派遣労働者Xに対するセクハラによる不法行為の成立を認めた（請求額400万円に対して5万円を認容）。本判決では、セクハラにあたるものとして、体を触るなどの行為のほか、懇親会での「くじ引き」によりXの意思にかかわらず業務と無関係の上司への接待（映画等の行事への参加や贈り物をするなどの内容）を実質的に強制するものとして違法性を認めている（実際にはこうした接待の内容は実現されていなかったと認定されている）。また、本件では派遣先による労働者派遣契約の不更新についても問題となったが、本判決は派遣契約の不更新については不当労働行為意思に基づくものと認められないとして、派遣先の派遣労働者に対する不法行為責任を否定している。

(e) パブリシティ権

いわゆるパブリシティ権も不法行為法上の保護法

益にあたるとされているが、パブリシティ権がいかなる内容の権利であるかについては明確でない。こうした中、[18] 東京高決令2・7・10判時2486号44頁は、ヴィジュアル系ロックバンドとしてグループ名を使用することについて、構成員に人格権に基づくパブリシティ権があるとした。本判決は、音楽事務所とのマネージメント専属契約に基づき、グループ名を使用し活動していたロックバンド構成員に対して、事務所側がそのグループ名の使用を妨害する言動をしているとして、使用妨害禁止を求める仮処分命令の申立てをした事案であり、契約終了後もグループ名を使用する権利を有するかが争点となった。音楽事務所側は、パブリシティ権は財産権であり、専属契約により著作権上の権利などと同様に音楽事務所に帰属すると主張したが、本判決は構成員の実演等の結果としてグループ名に一定の顧客吸引力が生じており、グループ名が集合体としての識別情報となるとともに、その構成員をも想起させ、識別させるものとなっていることが一応認められることを理由に、グループ名に人格的権利に由来するパブリシティ権が認められるとして、グループ名の使用を妨害する行為について差止めを求めることができるとした。

(f) その他の人格的利益

[19] 新潟地判令2・4・9判時2487号75頁は、宗教法人の信者である原告が、法人側から「排斥措置」を受け、約10年間にわたり宗教的活動や他の信者との交流を制限されたことについて、信者としての権利を奪われたなどとして精神的苦痛の賠償を求めたものである。本判決はかかる人格的権利の侵害の有無については判断せず、「排斥措置」の効力は教義、信仰の内容に立ち入ることなくして判断することができないことから「法律上の争訟」に当たらないとして訴えを却下した。

(g) 訴えの提起と不法行為

[20] 東京地判令元・10・1判タ1485号243頁は、刑事告訴および民事訴訟の提起が不法行為を構成するかが問題となった。弁護士Xが所属する法律事務所のブログにおいて、会社AおよびBの事業には実体がないから、資金提供を持ち掛けられてもそれは詐欺話であるなどと名指しで指摘したところ、①Y₁が、Aの代理人弁護士として、捜査機関に原告に対する告訴状を提出した上、損害賠償請求訴訟を提起した行為および②Y₂らが、Bの代理人弁護士として、原告に対する刑事告訴をした行為がいずれも不法行為に該当するとして、Xが損害賠償を請

求した。本判決は、告訴状の提出については、刑法172条を参照して虚偽告訴が不法行為となるとした上で、「虚偽告訴に当たらない場合でも、告訴をしようとする者は、事実関係を十分調査し、証拠を検討して犯罪の嫌疑をかけることを相当とする客観的根拠を確認した上で告訴すべき注意義務を負うから、これを怠った過失がある場合、告訴人は、被告訴人に対し不法行為上の損害賠償責任を負うものと解される」と判示し、代理人である弁護士についても「法律の専門家として当該告訴に主体的に関わり、事実関係を十分調査し、証拠を検討した上で告訴の当否を第一次的に検討する立場にある以上、犯罪の嫌疑をかけることを相当とする客観的根拠を自ら確認した上で告訴状を提出すべき注意義務を負う」とした。また、訴えの提起については、最三判昭63・1・26民集42巻1号1頁を引用して、不法行為が成立しうるという一般論を示した。その上で、いずれについても結論的にYらの注意義務違反を否定している。Xによる投稿行為がAらの社会的評価を低下させるもので、Yらにおいて、同行為が名誉や信用を毀損する行為であると判断することは合理的であったこと、民事訴訟の提起前にA社がY₁に提供した資料には不自然なものではなく、Y₁がこれらの資料から、同社の事業が実体のないものであることや、投資勧誘が詐欺であることを見抜くことは困難であったことが根拠とされた。

(h) 個人情報の保護

大規模な個人情報の流出に関するものとして、[21] 京都地判令3・1・19判タ1488号197頁がある。通信教育事業などを手がけるY₁が保有した2000万人以上の顧客の氏名、住所等の個人情報流出（情報漏えい）事件につき、Y₁および顧客情報システムの開発を受託した関連会社Y₂の各不法行為責任が肯定され、1人1000円の慰謝料等が認められた。本判決は、Y₂に情報を適切に管理する義務の違反を認め、これに違反した過失を認定した。Y₁については、「個人情報提供者から提供を受けた個人情報を適切に管理すべき立場にあり、本件漏えいのリスクを予見できたのに、当該個人情報の利用を認めたY₂に対する適切な監督義務に違反した」と判断した。

3 専門家責任

専門家責任に関する裁判例としては、連件申請の方法により行われた不動産所有権移転登記につい

て、後件の登記手続に関わった司法書士の注意義務違反が否定された事例 [22] 東京地判令 2・10・5 金法 2165 号 75 頁がある（詳しくは注目裁判例研究 1〔加藤新太郎〕）。事案は所有者になりすました者にだまされて、登記申請権限を有しない者から本件土地を購入すると同時にこれを転売する契約を締結した者 X が、それぞれの登記手続を別の司法書士に依頼したところ、自称売主が提示した登記識別情報通知書等が偽造であることが発覚し、上記各登記申請が却下されたというものである。そこで X は、売主が提示した登記識別情報通知書などの偽造を看過した司法書士に対して、司法書士として要求される登記申請書類の調査・確認等義務違反を理由に損害賠償を請求したが、そのうち転売取引（後件）を担当した司法書士の責任が問題となったのが本判決である。判決は、連件申請においては、前件申請に必要な登記申請書類の真否の確認等は、本来的に前件申請の委任を受けた前件担当の責任において実行されるべきものであるとして、前件担当に上記善管注意義務違反が認められる場面であっても、後件担当が当然にこれらの事項の確認をすべき義務を負うことはないのが原則であるとしたうえで、「前件申請の登記申請書類の形式的な確認の過程で一見して明白な偽造の痕跡を発見したり、前件担当が明らかに司法書士としての職責を全うしていないことが疑われる具体的な事情を認識したりしていたなどの特段の事情がある場合」についてのみ責任を負うと判示し、本件においてはかかる特段の事情がないとして責任を否定した。

破産手続における弁護士の責任に関するものとして、[23] 宇都宮地判令 3・5・13 判タ 1489 号 69 頁がある。同判決の事案は、破産会社 A 社に対する求償金債権を有していた X（信用保証協会）が、破産手続において配当を受けられなかったことについて、①破産申立代理人である弁護士 Y₁ は X が代位弁済により破産債権者になった事実を破産裁判所に報告すべき義務を怠り、②破産管財人である弁護士 Y₂ は、Y₁ に対し、X が破産手続開始の決定を知っているか否かを確認すべき義務を怠り、これらの懈怠により、X が本件破産手続に参加していれば得られたはずの配当金相当額の損害が X に生じたと主張したものである。判決は、破産申立代理人弁護士は、債権者の変動等の理由で提出済みの債権者一覧表の一部に誤りが生じたことを知った場合には、知れている破産債権者への開始決定通知が適正かつ迅速に行われる前提を確保するために、訂正した債権者一

覧表を提出する等の方法により、正確な債権者の氏名及び債権の内容等を裁判所に対して報告する義務を負うと認められるとして、Y₁ の義務違反を認め請求を一部認容した（X にも落ち度があるとして過失相殺）。一方、破産管財人については、破産者が提出している債権者一覧表に記載のない新たな債権者の存在がうかがわれた場合であっても、破産者に確認するなどの調査を行い、その結果、新たに存在が確認できた債権者を破産裁判所に報告すべき注意義務を負っているものとは認められないとして責任を否定した。

4 取引的不法行為

[24] 東京地判令元・12・2 判タ 1484 号 213 頁は、占いサイトの鑑定を受けるためのメール送信料として有料ポイントを費消させる行為が社会的相当性を逸脱しているとして、同サイトの運営業者らに不法行為責任を認めた。不安感や恐怖感を煽るなどして被害者の自由な意思決定を阻害する行為が対面ではなく、メールでのやり取りで行われた事案であるが、メールの内容を詳細に分析し、問題となったサイトのサービスは「専ら金銭を支払わせるという不当な目的の下、心理的に正常な判断ができない状態に至らせる不当な手段によって不当に過大な金銭を支払わせているものというほかなく、社会的に相当な範囲を著しく逸脱した違法な行為と言わざるを得ない」と判示した。なお、2 名の原告について、それぞれメールの配信停止や退会手続をとりうることができたとして過失相殺を行っている。

[25] 名古屋高判令元・12・20 判時 2492 号 24 頁は、商品先物取引に際して受託会社の従業員に適合性原則、断定的判断の提供、実質的一任売買の禁止、無意味な反復売買や特定売買等の禁止等の違反があるとして、取引上の損失の賠償が請求された事案について、原告の請求を棄却した原判決を変更して、委託者に対する実質的一任取引禁止違反や無意味な反復取引等禁止違反があると認定して、請求を一部認容した。本判決は取引の経緯や相場の状況を参考に、問題となった勧誘行為が社会的相当性を逸脱する違法なものであると判断した。

[26] 大阪地判令 3・8・24 金判 1628 号 28 頁は、大阪府における小学校の新築工事に係る請負契約の締結に際し、学校法人 A の理事長であった Y₁ 及びその妻 Y₂ が、A には請負契約の報酬を支払う能力および意思もないのに、これがあるかのように装い、

請負人である原告Xを欺罔して上記請負契約を締結させたことが不法行為（詐欺）に当たる旨主張した事案である。Xは、Yには支払能力がないにも関わらず、「工事代金の半分は私学助成金で支払う」等と実際には存在しない私学助成金が支給される旨の虚偽の事実を告げたことなどが詐欺にあたると主張した。本判決は「報酬の支払をより確実にするための方便として請負報酬の半分について私学助成金で支払う旨を告げて資金調達の方法を偽ったもの」としつつ、Aの資力やY₁が小学校の開校準備を進めていた経緯から、不法行為は成立しないとした。本件の事案は、国有地であった本件土地の売買代金が廉価であったことや、当時の首相夫人が本件小学校の名誉校長に就任予定であったことに加え、Aの補助金受給の不正疑惑等も報道されるなど大きな社会問題となったものである。本判決は、小学校の設置許可申請を取り下げたのはこうした報道によって社会問題化したことに起因するなどとして、契約締結当時に支払う能力や意思がないとはいえないと判断している。

5　安全配慮義務

安全配慮義務に関するものとしては、介護老人保健施設における転倒事故に関する [27] 京都地判令元・5・31 判タ 1484 号 227 頁がある。入所者が3回転倒し、頭部骨折等の障害を負い、その後死亡した事案について、最初の転倒については注意義務の違反はないとしつつも、1回目の転倒により第2転倒および第3転倒を予見することができたなどとして、入所利用契約上の付随義務違反に基づく債務不履行を認めた。それぞれの転倒時における予見可能性およびそれに対応した注意義務の認定をしている点において、こうした施設における安全配慮義務違反の判断事例の一つとして参考になろう。

6　監督者責任

714条の監督者責任に関するものではないが、責任能力のある未成年者の不法行為について親の監督者責任を認めたものとして前掲 [5] がある。

7　使用者責任

暴力団が関与した不法行為について使用者責任の成立を認めた裁判例として、[28] 広島高判平31・2・20 判時 2498 号 110 頁〈第一審：広島地判平30・5・30 判時 2388 号 69 頁〉は、性風俗店の経営者らに対する暴力団員からのみかじめ料の要求、襲撃等の不法行為につき、最上位の指定暴力団の会長の使用者責任を肯定した一審判決が控訴審においても維持された。暴力団員による不当な行為の防止等に関する法律（暴対法）31条の2（2008年に新設）は、指定暴力団の代表者等について、その構成員が威力利用資金獲得行為を行うについて他人の生命、身体又は財産を侵害したときは、これによって生じた損害を賠償する責任を負うと規定しており、同条は被害者側の立証の負担を緩和するものと位置づけられている。本判決は暴対法31条の2と民法715条の使用者責任の関係について、立証負担の軽減に加え、責任追及場面および要件が異なることから、暴対法31条の2によって民法715条の適用が排除されることはないとした。暴対法31条の2の趣旨に関しては、[29] 東京地判令元・6・21 判タ 1487 号 245 頁が、暴力団構成員が関与した特殊詐欺について、当該構成員が所属する暴力団の代表者の暴力団対策法31条の2に基づく責任を肯定している。判決は、構成員が関与した詐欺が「威力利用資金獲得行為を行うについてされた行為（威力利用資金獲得行為と関連性を有する行為）であって、それ自体が威力を利用することを必要とするものではない」として、暴力団の威力が被害者らに示されなかった場合であっても、暴対法31条の2の責任が成立することを認めている。

[30] 東京地判令2・8・28 判タ 1486 号 184 頁は、大学の部活動において監督（大学職員）が行ったセクシャルハラスメントについて、大学を設置する学校法人の使用者責任を認めたものであるが、使用者責任の要件である事業執行性の認定にあたり考慮する要素が興味深い。本判決は①監督が法人の雇用する職員であって、部活動の強化のため招へいされ監督として指導に当たっていたものであること、②本件部活動は強化クラブと位置付けられ、大学のホームページ上でその活動が対外的に紹介されるなど大学のイメージアップや入学希望の学生を多く集める上で重要な役割を果たす広報活動の一角を担う活動として大学の事業の一部に位置付けられるものといえること、③セクハラ行為が行われた場所が大学の施設であるといった事情を考慮して、事業執行性を肯定している。本判決の匿名コメントにおいても、大学における部活動・クラブ活動等には多様な活動実態があり得ることから、中学校、高等学校と異な

り、法的に明確な位置づけがなされているものではない点や、大学の本来的な活動が、教育・研究活動にあるとされることとの関係において、当該部活動中のセクハラ行為（不法行為）について、大学の事業執行性が認められるかが問題になり得るとしており、事案によってこれまでの裁判例の判断が分かれるところであるが、本判決も一事例として参考になるものであると考えられる。

8　共同不法行為

　共同不法行為については、冒頭で取り上げた建設アスベストに関する最高裁判決 [1] および [2] が民法719条1項後段の類推適用について重要な判断を示している。
　このほか連続する2件の交通事故について共同不法行為の成否が問題となったものとして、[31] 福岡高判令2・12・8判時2497号38頁〈第一審：福岡地久留米支判令2・6・12判時2497号43頁〉がある。事案は、被害者Aが自転車で車道を通行中、Y_1 の運転する自動車にはねられ転倒し、その8〜9分後に Y_2 の運転する自動車に轢かれて死亡したことにより、Aの相続人Xが、Y_1 および Y_2 に対して連帯して損害賠償の支払を求めたというものである。問題となったのは加害者不明の共同不法行為（719条1項後段）の成否であり、第2事故の前にAが死亡していなければ、同規定の適用ないし類推適用により Y_1 および Y_2 に対して連帯して損害賠償を請求しうる可能性があるため、第2事故の前にAが死亡していないこと（第2事故によりAが死亡した可能性）の立証が問題となった。第一審（福岡地久留米支判令2・6・12）は、鑑定意見等から第2事故当時にAが生存していた可能性を認めることができないとして、共同不法行為の成立を否定した。本判決は、本件は Y_1 に損害全部について責任があるのは明らかであるとして、719条1項後段の本来的な適用場面ではないが、Aが第2事故によって死亡した可能性があると認められる場合は、同条項の被害者保護の趣旨を踏まえて類推適用が認められるとした。そして、Aの第2事故による死亡の可能性は同条項の類推適用の要件となる事実であり、立証責任はXにあると判示し、本件ではこの点が立証されていないことを理由に共同不法行為の成立を否定した。

9　過失相殺

　無症状の既往症による素因減額を認めたものとして、[32] 金沢地判令2・8・31判時2496号70頁がある。自動車同士の交通事故により、原告は腰椎分離症を発症したが、原告には事故前から無症状の腰椎分離症があり、これが有症化したものと認められた。本判決は、腰椎分離症の発症を当該事故と相当因果関係のある後遺障害と認めた一方で、無症状の腰椎分離症は身体的特徴の範疇に留まるものではなく、疾患にあたるとして、民法722条2項を類推適用し30パーセントの素因減額を認めた（このほか肩部の手術についても一部が事故前からの病変に対する治療であるとして同じく3割の減額がされている）。

10　期間制限

　改正前の724条後段の期間制限に関して、後発性の損害による起算点について判断したものとして、[33] 最二判令3・4・26判タ1489号44頁がある。事案は、乳幼児期に集団予防接種等を受けたことによりB型肝炎ウイルスに感染してHBe抗原陰性慢性肝炎を発症したことにより精神的・経済的損害等を被ったと主張して、X_1 および X_2 が国家賠償法1条1項に基づく損害賠償を求めたものである。X_1 は乳幼児期（1959年まで）に集団予防接種等を受けたことによりB型肝炎ウイルス（以下「HBV」という）。に感染して成人後（1987年）にHBe抗原陽性慢性肝炎を発症し鎮静化をみたものの、その後（2007年）にHBe抗原陰性慢性肝炎を発症した。X_2 は、1959年までに受けた集団予防接種等によってHBVに感染し、1991年HBe抗原陽性慢性肝炎を発症し、2000年頃までに鎮静化したが、2004年以降HBe抗原陰性慢性肝炎を発症した。XらはHBe抗原「陰性」慢性肝炎の発症による損害賠償を求めて本件訴訟を提起したのは、HBe抗原陰性慢性肝炎の発症の時点から20年経過前であったが、HBe抗原「陽性」慢性肝炎の発症の時からは20年を経過した後であった。第一審は「陰性」慢性肝炎の発症の時を起算点として請求を認容したが、原審は「陰性」慢性肝炎の病状と「陽性」慢性肝炎の病状が質的に異なるものではなく、「陰性」慢性肝炎の発症によって新たな損害が発生したといえないとして、「陽性」慢性肝炎の発症の時を除斥期間の起算点として請求

を棄却した。これに対して、本判決は「慢性B型肝炎の特質に鑑みると、上告人らがHBe抗原陽性慢性肝炎を発症したことによる損害と、HBe抗原陰性慢性肝炎を発症したことによる損害とは、質的に異なるものであって、HBe抗原陰性慢性肝炎を発症したことによる損害は、HBe抗原陰性慢性肝炎の発症の時に発生したものというべきである」と判示し、「陰性」慢性肝炎の発症時が起算点であることから損害賠償請求権は消滅していないとした。

11　製造物責任

洗顔せっけんの使用によるアレルギー症状の発生に関して2件の裁判例がある。[34] 大阪地判平31・3・29判タ1489号78頁（「茶のしずく石鹸」事件大阪訴訟第一審判決）は、石鹸を販売したY₁、石鹸の製造を担当・販売納品していたY₂、および本件原材料を製造・販売納品していたY₃に対し、損害賠償を請求した事案である。石鹸とその原材料である「グルパール19S」の欠陥の有無が争点となった。製品の欠陥の有無を判断するに当たっては、製品の使用によって生じる被害の内容・程度をまずもって重要な考慮要素とすべきであるのに加え、被害発生の蓋然性、製品の有用性、指示・警告の有無・内容、および法令等への適合性といった種々の事情を考慮した上で、当時の科学技術の水準や消費者らの期待を含む社会通念に照らし、当該製造物が通常有すべき安全性を欠いているか否かをもって決すべきであるとした上で、本件石鹸が重篤な食物アレルギーを引き起こす危険性を有していたことなどから、社会通念上、製造物として通常有すべき安全性を欠いているとし、欠陥を認めた。また、原材料については、完成品が当該原材料の「通常予見される使用形態」に沿って使用され、製造されたか否か、原材料の他に製品事故の要因が存在するかなどが重要な考慮要素となるものとしたうえで、原材料が洗顔用石鹸の原材料として使用された場合、アレルギーの発症などの重篤、重大な事故を引き起こす危険性を備えた製品である点が原材料の設計上の欠陥を基礎づける極めて重要な要素であるなどとして、通常有すべき安全性を欠くものとして欠陥を認めた。同様に [35] 福岡高判令2・6・25判時2498号58頁（原審：福岡地判平30・7・18判時2418号38頁）も洗顔石けんの使用によりアレルギー症状を発症した場合において、石けんに使われていた原材料につき、その効用・有用性を考慮しても、当該

アレルギー被害は、洗顔石けんの原材料によって生じるアレルギー被害として社会通念上許容される限度を超えており、洗顔石けんに配合、添加される原材料として通常有すべき安全性を欠き、製造物責任法2条2項の欠陥があるとしている。

12　金融商品取引法上の損害賠償責任

虚偽記載のある届出書を提出して上場した会社について、主幹事証券会社の金融商品取引法上の責任の免責の可否に関する最高裁判決が、[36] 最三判令2・12・22民集74巻9号2277頁である。本判決の事案の概要は、架空売上げの計上による虚偽記載のある有価証券届出書を提出して東証マザーズに上場された会社（A）の株式を取得した者ら（Xら）が、本件会社と引受契約を締結していた金融商品取引業者のうち主幹事会社Yに対し、上記株式のうち募集または売出しに応じて取得したものにつき金融商品取引法（以下「金商法」という）21条1項4号に基づいて、損害賠償を請求したものである。同条2項3号は「記載が虚偽であり又は欠けていることを知らず、かつ、第193条の2第1項に規定する財務計算に関する書類に係る部分以外の部分については、相当な注意を用いたにもかかわらず知ることができなかったこと」が証明された場合に免責を認めるとしているが、監査証明に係る財務書類に虚偽記載があった場合、虚偽記載の事実について善意であれば足りるのか、無過失までを要するかが争われていた。本件では、記載が虚偽でありYはAの粉飾決算を指摘する投書を受領していたという事実があったことから、疑義の内容等に応じて、監査が信頼性の基礎を欠くものではないことにつき調査確認を行う必要があったかが争点となった。原審（東京高判平30・3・23判時2401号32頁）は、財務計算部分に虚偽記載等があった場合、このことを知らなかったことさえ証明すれば、金商法21条1項4号の損害賠償責任につき、同条2項3号による免責を受けることができると判断し、Yは本件有価証券届出書の虚偽記載の事実を知らなかったと認定して免責を認めた。これに対して、最高裁は、金商法21条2項3号について、「元引受業者が免責を受けるためには、財務計算部分以外の部分に虚偽記載等がある場合には相当な注意を用いたにもかかわらず当該虚偽記載等を知ることができなかったことを証明すべきものとする一方、財務計算部分に虚偽記載等がある場合には当該虚偽記載等について知らなかったこ

とを証明すべきものとする旨規定したものである」と判示し、その根拠として「独立監査人との合理的な役割分担の観点から、元引受契約を締結しようとする金融商品取引業者等が財務計算部分についての独立監査人による監査を信頼して引受審査を行うことを許容したものであり、当該金融商品取引業者等にとって上記監査が信頼し得るものであることを当然の前提とするもの」であることを指摘する。その上で、「引受審査に際して上記監査の信頼性の基礎に重大な疑義を生じさせる情報に接した場合には、当該疑義の内容等に応じて、上記監査が信頼性の基礎を欠くものではないことにつき調査確認を行うことが求められているというべきであって、上記の場合に金融商品取引業者等が上記の調査確認を行うことなく元引受契約を締結したときは、同号による免責の前提を欠くものと解される」と判示し、一定の場合に調査確認義務があることを認めた。本件は投書により「監査の信頼性の基礎に重大な疑義を生じさせる情報に接した場合」であるにも関わらず、引受審査において、本件会社の本件各事業年度の財務諸表についての本件会計士による監査がその信頼性の基礎を欠くものではないことにつき、疑義の内容等に応じて調査確認を行ったとみることはできないというべきとして免責を否定した。

13　国家賠償

国家賠償に関するものとして、冒頭でとりあげた建設アスベスト訴訟に関する最高裁判決の国の責任部分があるほか、以下の裁判例がある。

(1)　国立大学におけるアカデミックハラスメントと加害教員個人の責任

国立大学におけるアカデミックハラスメントに関して、[37] 名古屋地判令2・12・17判時2493号23頁がある。本判決は、国立大学 Y_1 の医学系研究科（大学院）の博士課程に在籍していたXが、指導教員 Y_2 からいわゆるアカデミックハラスメントを含む違法行為を受け、精神的苦痛を被ったと主張して Y_1 および Y_2 に損害賠償を求めた事案について、Y_1 に対する請求が一部認容された（請求額652万円余りに対して11万円についてのみ請求認容）。本判決でXが主張したハラスメントの内容は、①Xと Y_2 とのメールのやり取りにおける Y_2 の不適切な対応、②カンファレンスへの出席の強要、③理由なく論文の共著者からの除外等であったが、本判決は①につ

いては、教育上許容される範囲内のものであり、直接の指導等も含めて、著しく不適切な内容とは認められないとして不法行為の成立を否定し、②についても出席の強要はなく、出席を求めることは不適切ではないとしたが、③については相当の理由がなく共著者から除外したことは「研究者として重要な共著者として名を連ねる機会を一方的に奪ったと言わざるを得ず、指導としての合理的な範囲を超えて、社会的相当性を逸脱した違法行為に該当する」として、この点についてのみ不法行為の成立を認めた。国家賠償1条1項の成否については、国立大学法人が同法1条1項の「公共団体」に該当し、同法人の教職員は同項の「公務員」に該当するとして、Y_1 の国賠法1条1項に基づく責任を認めた。なお、本判決は Y_2 個人の責任については、同法1条1項を形式的に適用して公務員個人の賠償責任を否定しているが、この点については異論もあろう。

(2)　その他の国家賠償法1条関連

[38] 東京地判令2・10・20判タ1486号53頁は、防衛省防衛研究所長が同研究所の公式ホームページにおいて、研究に従事する職員Xが研究不正を行った旨を公表したことにより、Xの名誉が毀損されたほか、これを理由に訓戒処分を受けたことにより、Xは抑うつ状態となって休職したと主張して、国に対し、国家賠償法1条1項に基づき、慰謝料等の損害賠償をもとめたものである。本判決は、問題となった研究不正（報告書における盗用）が、研究不正の要件を充たさないことから、研究所長の注意義務違反を理由に損害賠償および記事の削除を認めた。

福島第一原発事故により避難した住民の損害に関するものとして、[39] 仙台高判令2・9・30判時2484号185頁〈第一審：福島地判平29・10・10判時2356号3頁〉は、原発事故により旧居住地からの避難を余儀なくされた福島県の住民らが、旧居住地の空間線量率を本件事故前の値以下にすること（原状回復請求）および平穏生活権侵害に基づく慰謝料等を求めたものである。本判決は、原状回復請求は却下したが、東京電力に対して原子力損害の賠償に関する法律3条1項に基づく損害賠償責任を認めるとともに、国に対して国家賠償法1条1項に基づく損害賠償責任を認めている。

いわゆる安全保障法制をめぐる問題に関連して、[40] 前橋地判令2・10・1判時2492号69頁は、安全保障法制の整備によって法的利益（平和的生存権、人格権）を侵害されたとする国家賠償請求がさ

れた事案であるが、本判決はそれを侵害する現実的危険がないこととして、請求を棄却している。

刑事施設に関するものとして2件あり、拘置所に勾留中であった刑事被告人が公判期日において手錠及び捕縄を施された状態で入退廷したことについて公判担当裁判官および護送を担当した刑務官の行為が違法であったとして、慰謝料等を求めた事案について [41] 大阪地判令元・5・27判タ1486号230頁はいずれも国家賠償法上違法とはいえないとした。判決は被告人の入退廷時における手錠等の使用に関する刑務官と裁判長の権限の関係については裁判長の法廷警察権が優先するとし、そして裁判長の法廷警察権の行使にあたっては、被告人の「手錠等を施された姿を傍聴人に見られたくないとの利益ないし期待は憲法13条の趣旨に照らして法的保護に値する人格的利益」に配慮する必要があるとする一方、「法廷警察権に基づく裁判長の措置は、それが法廷警察権の目的、範囲を著しく逸脱し、又はその方法が甚だしく不当であるなどの特段の事情のない限り、国賠法1条1項の適用上、違法の評価を受けないものと解される」という最高裁判例を引用し(最大判平元・3・8民集43巻2号89頁)、本件においては違法性がないと判断した。また、刑務官についても、刑務官らの手錠等の使用が違法となるのは、その裁量権の行使に逸脱ないし濫用が認められる場合であるという一般論を示したうえで、本件における裁量権の行使は担当裁判官の権限行使に従った結果であり、裁量権の逸脱ないし濫用の問題は生じる余地はないと判示した。

[42] 広島地判令2・12・8判時2497号52頁では、死刑確定者として拘置所に主要されている者(X₁)の再審請求手続弁護人(X₂・X₃)が、精神科医とともにX₁と面会するに際し、拘置所長が①職員の立会いのない面会を認めず、②面会時間を1時間に制限し、③面会に際しICレコーダーの使用を許可しなかったことの違法性が問題となった。本判決は、死刑確定者には再審請求前の打ち合わせ段階においても、再審請求弁護人と秘密面会をする利益を有するとともに、再審請求弁護人ついても固有の利益として秘密面会の利益を認め、①および②については拘置所長の裁量権の逸脱ないし濫用であり、違法であるとした(慰謝料20万円を認容)。一方、③についてはICレコーダーを使用して面会内容の録音をする行為が刑訴法39条1項による保障を受けるとはいえないとしている。

安全配慮義務に関するものとして、県立高校の寮内におけるいじめ自殺に関する [43] 福岡高判令2・7・14判時2495号36頁は、学級担任および寮の舎監長である教諭らの安全配慮義務違反を認め、自殺についての具体的予見可能性までは認められないとしたが、教諭らのいじめに対する不適切な対処について、遺族の県に対する慰謝料請求が認容された。いじめの加害生徒に対する請求のみを認め、自殺について学校側の責任を否定した一審判決に対して、控訴がなされ、予備的請求として安全配慮義務違反による精神的損害の賠償を求めた。本判決は、寮の環境が生徒間の対立やいじめの遠因となっていたことであるとして、寮の舎監長については、問題となったいじめをけんかであると判断して当事者の話し合いに任せ、スクールカウンセラー等の助言を求めなかったこと、学級担任については、被害生徒から退寮の意向を聞いていたことや、生徒を対象にした調査において「死んでしまいたいと本当に思うときがある」という項目に該当する旨回答していることを認識していたにも関わらず、舎監長や被害生徒の両親に的確に情報提供していなかったことなどが、当時のいじめ対応に関する知見に反するものであって、安全配慮義務に違反するものであり国家賠償法上も違法であるとして、自殺との因果関係は否定したものの、安全配慮義務違反に基づく精神的損害について200万円の限度で賠償を認めた。

このほか、[44] 仙台高判令3・2・10判時2492号55頁は公立高校におけるパワハラによる自殺について、上司(校長および教頭)の安全配慮義務違反を理由とする損害賠償を求めた事案について、第一審(仙台地判令2・7・1判時2465＝2466号52頁。民事判例23不法行為裁判例の動向 [35])の判断を維持し、控訴を棄却している。

また、[45] 大阪地判令3・2・16判時2494号51頁は、公立高校に在籍する女子生徒が、高校の教員らから①頭髪指導として頭髪を黒く染めるよう繰り返し強要され、高校に登校しなくなった後は②生徒名簿から氏名を削除されるなどして精神的苦痛を被ったなどとしてした国家賠償請求した事案である。①の頭髪指導についてはは、染髪を禁じた校則および頭髪指導は高校の裁量の範囲内で適法であるとしたが、②に関して、3年生の名列表に原告の当該生徒の氏名を記載せず教室に席を置かなかった行為についてはこうした措置をとることおよびその理由について十分な説明がないことなどから手段の相当性を欠き違法であると判断して、精神的苦痛に対する30万円を慰謝料として認めた。

(3) 国家賠償法2条関係

[46] 福岡地判令2・9・16判時2485号47頁は1990年から2005年まで北九州市が設置した体育館の設備管理に従事していた者が、2005年に肺がんにり患し、2013年に死亡した事案に関するものである。同人の相続人は、体育館の石綿含有建材から発生した石綿粉じんにばく露したことが死亡の原因であるとして、雇用主であるビルメンテナンス会社に安全配慮義務違反に基づく損害賠償を請求した。本判決は、被告会社には遅くとも1990年5月頃には、安全配慮義務違反の前提となる予見可能性が認められるとして、同月以降安全配慮義務として、石綿粉じんの発生及び飛散の防止並びに粉じん吸入の防止についてその時期に応じて必要な措置を講じ、従業員の生命・健康に重大な障害が生じることを防止する義務が認められるとして、北九州市とともに責任が認められた。

(4) 婚姻制度に関係する問題

最後に婚姻制度に関する2件の裁判例をとりあげる。夫婦別姓については、最大判平27・12・16民集69巻8号2586頁が、夫婦同氏を定める民法750条が憲法14条1項および224に違反しないとの判断を示しているところ、[47] 広島高判令2・9・16判時2486号60頁は平成27年判決以降の社会情勢の変化を考慮しつつも、最高裁と同様の判断を維持している。

本件の原告は、①夫婦同氏制を原則とすることに合理性が認められるだけでは足りず、さらに進んで、夫婦同氏に例外を許容せず、夫婦同氏を一律に強制することの合理性が認められなければならないことや、②夫婦同氏を定める規定は、夫婦同氏を希望する考え方を有するか夫婦別氏を希望する考え方を有するかにより法的な差別的取扱いをするものであるとして憲法14条1項に違反するとの主張をした。本判決は結論的に夫婦同氏制が長く日本社会に定着してきたものであることや、夫婦・親子など家族が社会の基本的な構成要素となっている事情などを理由に原判決同様に請求を棄却している。もっとも、これまでの同種の判決と同様に「女子差別撤廃委員会が我が国に対し本件各規定の改廃を行うよう度々勧告していることは重く受け止めるべきであり、憲法24条2項によって婚姻及び家族に関する法制度の構築を国民から委ねられている国会には、控訴人や控訴人と同様に選択的夫婦別氏制度の導入を切実に求めている人々の声にも謙虚に耳を傾け、選択的夫婦別氏制度の導入等について、現在の社会情勢等を踏まえた真摯な議論を行うことが期待されているものと考える」とし、国会での議論の進展を求めている。

同性婚に関する初めての違憲判決として大きく注目されたのが、[48] 札幌地判令3・3・17判時2487号3頁である。本判決は、同性間の婚姻を認める規定を設けていない民法および戸籍法の規定は憲法に違反するものではないとしたが、これらの規定が、同性愛者に対して、婚姻によって生じる法的効果の一部ですらもこれを享受する法的手段を提供しないとしていることは、立法府の裁量権の範囲を超えたものであって、その限度で憲法14条1項に違反するとした。本判決は、「我が国においては、同性愛者のカップルに対する法的保護に肯定的な国民が増加し、同性愛者と異性愛者との間の区別を解消すべきとする要請が高まりつつあり、諸外国においても性的指向による区別取扱いを解消する要請が高まっている状況があることは考慮すべき事情である一方、同性婚に対する否定的意見や価値観を有する国民が少なからずいることは、同性愛者に対して、婚姻によって生じる法的効果の一部ですらもこれを享受する法的手段を提供しないことを合理的とみるか否かの検討の場面においては、限定的に斟酌すべきものというべきである」として、この問題をめぐる現状について触れたうえで、「異性愛者に対しては婚姻という制度を利用する機会を提供しているにもかかわらず、同性愛者に対しては、婚姻によって生じる法的効果の一部ですらもこれを享受する法的手段を提供しないとしていることは、立法府が広範な立法裁量を有することを前提としても、その裁量権の範囲を超えたものであるといわざるを得ず、本件区別取扱いは、その限度で合理的根拠を欠く差別取扱いに当たると解さざるを得ない」と判示した。結論的には、本件規定を改廃していないことが、国賠法上違法となるものではないとしているが、同性カップルの権利実現をめぐる議論に大きな影響を与えることに異論はないであろう。

(かとう・まさゆき)

家族裁判例の動向

稲垣朋子 三重大学准教授

現代民事判例研究会家族法部会

　今期は、47件の家族裁判例が紹介の対象である。そのうち15件は2021年前期（本誌23号）までに紹介している。今期の裁判例で目を引くのは、夫婦の氏[1][2][3]、同性カップルの婚姻[6]、別居親の面会交流権[19]といった家族法分野での違憲訴訟が多く提起されていることである。最高裁判例としては、上記[3]に加えて、退職金・遺族給付金の受給権者について争った[7]、祖父母による監護者指定の申立ての可否が問題となった[20]、自筆証書遺言の有効性をめぐる[36]がある。その他、親子の分野では元夫の同意なく融解胚移植により子をもうけた元妻の不法行為が問われた事件の高裁判決である[9]が、報道もされ注目を集めた。成年後見では[25][26][27]のように任意後見と法定後見の優先関係が争われる事案が増え、また、遺言に関する裁判例も目立つ。それらは高齢化が進む中で、さらに増加する事案であると思われる。

1　婚姻

(1)　夫婦の氏

　[1] 東京高判令2・2・26判タ1484号110頁は、婚姻により氏を変更し婚姻前の氏を通称使用するX_1・X_2と、氏選択を避けて内縁関係にあるX_3・X_4が、日本人同士の婚姻時に戸籍法で旧氏続称制度が設けられていないことは憲法13条、14条、24条に違反し、立法不作為により精神的苦痛を受けたとして、国家賠償法1条1項により国に対して損害賠償を請求した事案である。原審は請求を棄却し、Xらが控訴したが、本判決も以下の通り合憲であるとして棄却した。①憲法14条違反については、日本人と外国人との婚姻や離婚には民法750条の適用がないため、それらとの取扱いの差異を指摘するXらの主張は比較の対象とならない場面を捉えている。②憲法13条違反については、結婚情報がプライバシー情報か否かは措くとしても、旧氏続称制度の不存在によりXらが結婚情報の公表を強制されたといえず、Xらの主張は前提を欠く。③憲法24条違反については、Xらに不都合が生じていたとしても憲法24条2項に反する程度に至っているとはいえず、旧氏続称制度を含め、夫婦の氏をどう定めるかは子の氏等にも関係し、国会で論ぜられ判断されるべき事柄である。戸籍法の規定を争点とする点で特徴的であったが、令和3年6月24日、上告が棄却された。

　[2] 広島高判令2・9・16判時2486号60頁は、Xが、夫婦の各氏を称する旨を記載した婚姻届が民法750条及び戸籍法74条1号に反して不受理とされたため、これらの規定が憲法14条1項、24条、自由権規約及び女子差別撤廃条約の関連条文に違反し、立法不作為により精神的苦痛を受けたとして、国家賠償法1条1項により国に対して損害賠償を請求した事案である。原審（本誌22号[3]で紹介済み）は請求を棄却し、Xが控訴した。本判決は平成27年大法廷判決を踏襲する形で控訴を棄却した。平成27年大法廷判決後に本件各規定が憲法24条、14条1項に反する状態に至っているというまでの事情の変化があったとはいえないとする。ただし、本判決は、法的な裏付けのない通称使用には限界があるといわざるを得ず、女子差別撤廃委員会からの度々の勧告は重く受け止めるべきであり、国会での真摯な議論が期待されると付言した。最三決令4・3・22裁判所ウェブサイトが上告を棄却している。

　[3] 最大決令3・6・23判タ1488号94頁は、Xら（事実婚当事者）が、夫婦の各氏を称する旨を記載した婚姻届が不受理とされたため、戸籍法122条に基づき市長に対し上記届出の受理を命じることを申し立てた事案である。Xらは、民法750条及び戸籍法74条1号が憲法14条1項、24条、98条2項に違反すると主張した。下級審はXらの主張を退けたが、最高裁も、民法750条が憲法24条に違反しないことは平成27年大法廷判決（以下、同判決とする）の通りであり、民法750条に基づく戸籍法

74 条 1 号が憲法 24 条に違反しないことも同判決の趣旨に照らして明らかであると述べた。そして、同判決以降の女性の有業率の上昇や国民の意識の変化等の諸事情を踏まえても、同判決の判断を変更すべきものとは認められないとして、特別抗告を棄却した（15 名中 11 名が合憲と判断）。ここでもやはり、国会で論ぜられるべき事柄であると付言する。なお、法廷意見は X らの憲法 14 条の信条による差別に当たるとの主張についての実質判断はしていない。そのため、むしろ意見・反対意見に注目する見解が多い（石田剛・法教 493 号 139 頁、倉田玲・法セ 801 号 122 頁、巻美矢紀・法教 493 号 137 頁、二宮周平・戸時 814 号 2 頁等）。令和 3 年 9 月 17 日、再審申立てが棄却された。

(2) 婚姻費用

[4] 大阪高決令 2・2・20 判タ 1484 号 130 頁は、夫が会社を退職し再就職が難しいとして、別居する妻に対して婚姻費用分担金の減額を求めたが、事情変更は認められないとして申立てを却下した。本誌 23 号 [4] で紹介済みである。

(3) 同性カップル

[5] 東京高判令 2・3・4 家判 34 号 69 頁は、同性間の不貞慰謝料請求の事案について、同性カップルの関係を婚姻に準ずる関係であるとした上で、原告に認められる法的保護に値する利益の程度は異性間の事実婚における当該利益と差異がないとして、不法行為が成立するとした。本誌 23 号 [6] で紹介済みである。

[6] 札幌地判令 3・3・17 判時 2487 号 3 頁は、婚姻届を不受理とされた X ら 3 組の同性カップルが、同性婚を認めない民法及び戸籍法の婚姻に関する諸規定が憲法 13 条、14 条 1 項、24 条に違反し、立法不作為により精神的苦痛を受けたとして、国家賠償法 1 条 1 項により国に対して損害賠償を請求した事案であり、各地で同様の訴訟が提起されている。本判決は、憲法 24 条については「制定経緯に加え、同条が『両性』、『夫婦』という異性同士である男女を想起させる文言を用いていることにも照らせば、同条は異性婚について定めたものであり、同性婚について定めるものではない」とし、憲法 13 条については「包括的な人権規定である憲法 13 条によって、同性婚を含む同性間の婚姻及び家族に関する特定の制度を求める権利が保障されていると解するのは困難である」として、X らの主張を退けた。一方、憲法 14 条 1 項については、本件規定が、異性愛者

には婚姻の制度を提供しているにもかかわらず、同性愛者に対しては婚姻によって生じる法的効果の一部ですらも享受する法的手段を提供していないことは、立法裁量の範囲を超えているとして違反を認めた。異性愛者と同性愛者の違いは、人の意思によって選択・変更し得ない性的指向の差異であり、いかなる性的指向を有する者であっても、享有し得る法的利益に差異はない旨明言した意義は大きい。なお、国家賠償法 1 条 1 項の適用については、国会での同性婚の議論は平成 27 年に至るまではみられず、関連する司法判断も示されていないため、民法や戸籍法の諸規定が憲法 14 条 1 項に反する状態に至っていたことを国会において直ちに認識することは容易ではなかったとして、認めなかった。評釈として、加藤丈晴・判時 2487 号 19 頁、渡邉泰彦・法セ増（新判例解説 Watch）29 号 101 頁、毛利透・法教 492 号 127 頁等がある。

(4) 退職金・遺族給付金受給権

[7] 最一判令 3・3・25 民集 75 巻 3 号 913 頁は、X が、母 A の死亡について、中小企業退職金共済法に基づく退職金と、企業年金・厚生年金の各規約に基づく遺族給付金の支払を求めた事案である。上記の共済法及び各規約の規定では、本件退職金等の最先順位の受給権者はいずれも「配偶者」と定められているが、X は、A と C（X の父）は事実上の離婚状態にあったため、C は退職金等の支給を受けるべき配偶者に該当せず、X が次順位の受給権者として受給権を有すると主張した。原々審は A・C は婚姻関係にあったことを理由に X の請求を棄却したが、本決定は原審と同じく「民法上の配偶者は、その婚姻関係が実体を失って形骸化し、かつ、その状態が固定化して近い将来解消される見込みのない場合、すなわち、事実上の離婚状態にある場合には、中小企業退職金共済法 14 条 1 項 1 号にいう配偶者に当たらない」とした（各規約についても同様に判断）。判タ・匿名コメントでは、最一判昭 58・4・14 民集 37 巻 3 号 270 頁でも、死亡した被保険者の重婚的内縁関係を前提としていない一般論の部分において、すでに今回の判断の結論と同様のことが述べられているとの指摘があり、それに沿った判断との見方もできる。一方で、本研究会では、本判決の射程については、遺族の生活保障の意義も考慮して慎重に検討すべきとも指摘された。評釈として、島村暁代・ジュリ 1566 号 166 頁等がある。

2 離婚

[8] 大阪地判令2・3・24判タ1485号207頁は、夫婦の一方が、他方が所有する財産について、協議あるいは審判等によって財産分与請求権の具体的内容が形成される前の段階において、財産分与対象財産であることの確認を求める訴えは、確認の利益を欠き不適法であることは、内縁夫婦間においても異ならないと示した事案である。

3 親子

(1) 実子

[9] 大阪高判令2・11・27判時2497号33頁は、別居中の元妻Yが、元夫Xの同意なく、同意書を偽造して医療機関で融解胚移植によりX・Yの嫡出子となる子を出産したことについて、XがYと医療法人及びその理事長に対して自己決定権侵害に基づき損害賠償を請求した事案である。原審（民事判例22号[7]で紹介済み）は、医療法人及びその理事長に対する損害賠償請求は棄却したが、Yの不法行為の成立は認めた。これに対し、Xが敗訴部分のうちYに関するものを不服として、Yがその敗訴部分を不服として、控訴した。本判決も不法行為の成立を認めたが、慰謝料額については、Yが移植に積極的な姿勢を堅持し時期の見込みもXに告げていたにもかかわらず、XがYに対し移植拒否の意思を表明せず、クリニックに対する問い合わせすらしていなかったことを考慮し、原審から減額された。評釈として、内藤陽・北大法学論集72巻4号275頁、柴田尭史・法セ803号114頁等がある。

[10] 大阪高決令3・3・12判タ1489号67頁は、子と戸籍上の父との親子関係不存在を確認する審判がされたことついて、X（子の血縁上の父と考えられる者）が家事事件手続法279条1項本文に基づき、その審判の利害関係人として異議を申し立てた事案である。本決定は、利害関係人とは、当該審判によって変動する身分関係を前提として、自らの身分関係に変動を生ずる蓋然性のある者も含まれるためXは利害関係人であるとし、原審判を取り消した（本件では、審判確定によって認知請求に基づき親子関係が形成され、養育費の支払義務が形成される蓋然性が認められた）。

(2) 縁組

[11] 横浜家判令2・2・25家判33号103頁は、認知症と診断されていた祖母と孫の養子縁組について、祖母の意思に基づくものとは認められないと判断した。本誌22号[8]で紹介済みである。

[12] 東京高決令元・7・9家判33号67頁は、祖父と養子縁組した孫が死後離縁を申し立てた事案において、法定血族間の道義に反する恣意的で違法なものと認められないとして申立てを許可した。本誌22号[9]で紹介済みである。

[13] 大阪高決令3・3・30判タ1489号64頁は、養親Xが死亡した養子との死後離縁の許可を求めた事案である。本決定は、死後離縁の申立てがXの真意に基づくものと認めた上で、申立てを許可すべきでない社会通念上容認し得ない事情があるかについて、次のように判断した。「Xと亡E夫婦は、亡Eが引き継いできたJ家の財産やHの経営を承継させることを目的として、亡Iと養子縁組したものであるところ、亡Iは、Xと亡Eよりも先に死亡して、その目的を遂げることができなくなったことが認められる。そして、利害関係参加人K（執筆者注：I・F夫婦には子がいなかったため、Fの妹Gの三男K〔当時12歳〕と養子縁組した。もっとも、Kはその後もG及びその夫と同居し養育されていた）は、亡Iの死亡により、Xの代襲相続人の地位を取得したものではあるが、既に、大学を卒業して就労実績もある上、亡I及び亡Eから相当多額の遺産を相続しているものであって、上記代襲相続人の地位を喪失することとなったとしても、生活に困窮するなどの事情はおよそ認められない。その上、XとKとの関係は著しく悪化しており、Kは、Hの代表取締役及び取締役を辞任したことも認められる。」「上記の諸事情に照らせば、本件申立てを許可することにより、GがXの代襲相続人の地位を失うこととなることを踏まえても、本件申立てについて、社会通念上容認し得ない事情があるということはできない。」よって、原審判を取り消し、死後離縁の申立てを許可した。

4 親権・監護

(1) 養育費

[14] 岡山家審令元・6・21家判33号111頁は、養育費支払請求の事案である。B・C夫婦はAの親権者をCに指定して和解離婚した。その際にBは、Aが成年に達する月まで月額25万円を養育費として支払うと定め、Aが大学在学中に留学を希望する場合は費用負担に応じることを約し、また、Cに解決金として3025万円を支払った。平成27年3月、Aは高校を卒業し予備校に通い、海外の大学進学の

ため英会話学校に通った後、平成30年1月には海外の大学（2年課程）に入学している。BはCに対し平成28年10月まで月額25万円の養育費を支払った。平成29年4月、CはBに対して平成28年11月以降の養育費の支払を求め、平成30年2月には上記の海外の大学への進学費用を請求したが、Bは拒否した。そこで、CがBに対し、それら扶養料の支払を申し立てた。本審判では、①離婚当時、Aが成年に達した後の海外の大学進学は想定されておらず、その後に相談もなくBにとって想定外であったこと、②海外の大学進学の必要性が特に大きくないこと、③離婚の際の養育費取り決め額及び解決金の金額が多額であること、④Bは開業医として相当の収入があったが、うつ病と診断され未だ十分に稼働できないことなどを理由として、Cの申立てが却下された。

[15] 東京高決令2・3・4判タ1484号126頁は、未成年者3名の父Xが、母Aに対し、離婚時に合意していた養育費支払義務の免除を求めた事案である。原審はB（Aの現在の夫）が未成年者らと養子縁組した平成27年12月15日以降いずれも免除したところ、A・Bがこれを不服として抗告した。本決定は、Xの養育費支払義務について、「XとAは、未成年者らの親権者をAと定めて離婚したところ、未成年者らは、Aの再婚に伴い、再婚相手であるBと平成27年12月15日に養子縁組をしたのであるから、同縁組により、未成年者らの扶養義務は、第1次的にA・Bにおいて負うべきこととなったというべきである」り、「A・Bが、その資力の点で未成年者らに対し十分に扶養義務を履行できない状況にあるとはいい難い」として免除を相当とした。免除の始期については、Xは「Aの再婚や未成年者らの養子縁組の可能性を認識しながら、養子縁組につき調査、確認をし、より早期に養育費支払義務の免除を求める調停や審判の申立てを行うことなく、3年以上にもわたって720万円にも上る養育費を支払い続けたわけであるから、本件においては、むしろXは、養子縁組の成立時期等について重きを置いていたわけではない」として、原審判を変更し、本件調停申立月の令和元年5月とした。松久和彦会員による本誌本号の評釈を参照されたい。

(2) 面会交流

[16] 仙台高決令元・10・4家判33号59頁は、面会交流の審判前の保全処分の事案である。母A・父Bには子Cがいる。平成28年、Aは食道がんに罹患し、翌年に食道の全摘手術を受けた。この間、

Bは仕事をしながら家事育児を担ったが、躁うつ病により休職した。そして、Bの転職をめぐってA・Bは言い争いになり平成29年8月、BはCを連れて実家に転居した。同年12月、AはBに対し、Cとの面会交流を求めて調停を申し立てた（前件調停）。Aは別居後も、Cと手紙やLINEを介しての交流があった。しかし、平成30年1月、BがAに対し、CとのLINEによる連絡をやめるよう求め、それ以降、中断した（同年5月にBはCに対し、Aが食道がんであることを伝えている）。Aは、平成31年1月には余命が1か月ないし3か月であると知った。調停は一度取り下げられたが、同年4月、AはBに対し面会交流の調停を本案として、毎週1回、日曜日の午前10時から午後2時までの面会交流を求める審判前の保全処分の申立てをした。原審は、CがAに対し拒絶的な姿勢であるのは身近な大人の影響によるもので、この状態を解消するために早期にC自身の体験等を通じてAを理解する機会を設けることが必要であると述べた（本案認容の蓋然性）。また、Aが余命宣告を受けている状況下では保全の必要性も認められるとして、毎月1回、1時間程度の面会交流を仮に認めた（BによるCへの適切な働きかけも必要な旨を付言）。Bが抗告したが、本決定も原審の判断を維持した。本件ではAが余命宣告を受けていることの影響も大きいであろうが、面会交流の審判前の保全処分の事案自体、稀である。

次の[17][18]は、間接交流が命じられた事例である。[17] 大阪高決令元・11・20家判34号87頁では、父Aが、長男C（平成23年生）、二男D（平成27年生）、長女E（平成29年生）の親権者である母Bに対して、C・D・Eらとの面会交流を求めた。原審は、婚姻中にAが激高して包丁を持ち出す等したため監護親のBが恐怖心を抱いており、それがもとで体調が悪くなることもあるため、現時点では直接的交流は相当ではないとし、Bが毎年3月、6月、9月、12月に未成年者3名の写真を合計3枚以上、Aの実家宛に郵送する形の間接的交流にとどめた。これに対してAが即時抗告したが、本審判も、AB間の信頼関係が失われていることや、未成年者らが未だ幼いところ第三者機関を含めた立会いが可能か不明であることなどを踏まえると、継続的な直接的交流を円滑に実施することは期待できないとした。ただし、原審が認めた写真の送付に加えて、年4回程度、Aが未成年者らに対して手紙を送付することを認め、Bはその手紙を未成年者らに交付したり読み聞かせたりするよう命じた。

[18] 奈良家審令2・9・18判時2495号88頁は、

父Xが、長女（小学5年生）、二女（小学3年生）の親権者である母Yに対して、子らとの段階的な面会交流（最初の1か月間は毎週日曜日1人当たり30分の電話による交流、翌月にはそれをテレビ電話によるものとし、翌々月からはテレビ電話に加えて月1回の直接的な面会交流実施）を求めた事案である。本審判は、長女は同居中のXの言動等からXに強い恐怖心を抱いており、二女も、直接の交流には否定的であることから、まずは電話、手紙等による間接交流を実施するのが相当とし、その内容を詳細に定めた。[17][18] のいずれも、確かに直接交流を認めるのは性急であると思われる。近年、このような間接交流を命じる公表裁判例が増えている。

[19] 東京高判令2・8・13判時2485号27頁は、面会交流権の憲法上の権利性をめぐる訴訟である。Xら14名は、別居親の立場にあり（又はあった）者である。Xらは、別居親の面会交流権について、憲法26条、98条2項、14条1項、13条及び24条2項並びに児童の権利条約を根拠に、憲法上保障された権利であるにもかかわらず、国会が立法を怠っているのは違法であるとして、国家賠償法1条1項により国Yに対して損害賠償を請求した。原審は請求を棄却し、Xらが控訴した。本判決も別居親の面会交流権が憲法上保障された権利とはいえないとの立場をとり、Xらの主張を退けた。特に憲法24条2項については、面会交流には民法766条の規定や審判に基づく間接強制が用意され、別居親と子との面会交流が不当に制約されることがないように規定されているから、個人の尊厳と両性の本質的平等の要請に照らして合理性を欠くものとはいえないとした。令和3年7月7日、上告が棄却されたが、近年、離婚後の単独親権や子の連れ去りも含めた子の監護の分野での違憲訴訟が相次いでいることは議論を触発するものであり、注目される。評釈として、井上武史・法と政治（関西学院大学）72巻1号293頁、櫻井智章・法教474号123頁がある。

[20] 最一決令3・3・29民集75巻3号952頁は、未成年者の祖母が自らを監護者に指定することを申し立てた事案である。下級審及び最高裁決定の速報は本誌23号 [10] で紹介済みであり、事案の詳細についてはそちらを参照されたい。最高裁は、「父母以外の第三者は、事実上子を監護してきた者であっても、家庭裁判所に対し、子の監護に関する処分として子の監護をすべき者を定める審判を申し立てることはできないと解するのが相当」として、原々審・原審と異なる判断を示した。最高裁は、未成年者の祖父母による面会交流の申立て（別事件）について

も、同日付の決定で却下した。評釈として、小川恵・法セ800号125頁、生駒俊英・月報司法書士594号47頁、羽生香織・法教489号168頁、本山敦・法の支配203号111頁、山口亮子・ジュリ1564号81頁等がある。

(3) 親権停止

[21] 東京高決令元・6・28判時2491号3頁は、親権者である養父及び実母から殴る、叩く、食事を抜く等の虐待を受け、一時保護の措置がとられている子について、児童相談所長の申立てにより親権停止が申し立てられた事案である。原審判を取り消し、親権を2年間停止した。

(4) 里親委託・施設入所

[22] 名古屋家審令元・5・15判時2497号77頁では、児童福祉法28条1項に基づく児童相談所長による、児童の障害児入所施設への入所又は里親委託の承認申立てが認容された。本誌22号 [18] で紹介済みである。

同じく28条審判を扱った事例として、[23] 大阪家審令2・3・6判タ1485号252頁がある。継父から児童に対する暴力が繰り返され、児童相談所長が児童福祉法28条1項1号、27条1項3号に基づき、児童心理治療施設への入所措置（又は同施設の定員によっては児童養護施設への入所措置）の承認を求めた事案で、「これまでの経過に鑑みれば、母及び継父に対して、児童の特性に応じた適切な監護を期待することは困難である」として申立てを認容した。また、都道府県に対し母及び継父への指導措置を採るよう勧告した。

5 成年後見

[24] 名古屋高判令元・8・8家判34号93頁は、Aの成年後見人C（Aの子）がAの預貯金を横領したことについて、後見監督人のB（司法書士）が調査義務を怠ったためにAに損害が生じたとして、AがBに対し、主位的には不法行為基づき、予備的には債務不履行に基づき損害賠償を請求した事案である。原審はAの請求をいずれも棄却しAが控訴したが、本判決もその結論を維持した。家判・匿名コメントでは、「本件では、主として、後見監督人の後見事務に対する監督の在り方、すなわち、具体的には、預貯金口座の残高や収支に関しての通帳の原本の確認の要否やその点検の方法等が問題となっており、控訴審及び原審のいずれも、当時の名古屋家庭

裁判所における後見監督人の預貯金管理に関する調査監督の実態等を踏まえて、調査義務違反等は認められないとしており、それ自体は、調査監督の手法や行為態様等からその当否を検討したものとして、首肯し得るものである」とされている。過去には、同種の横領の事案で、後見監督人（弁護士）の善管注意義務違反による損害賠償責任を認めた裁判例（大阪地堺支判平25・3・14金判1417号22頁）がある。本判決は、それと状況や結論は異なるが一事例を加えるものである。

[25][26][27]では、任意後見と法定後見の関係が問題となった。[25] 高松高決令元・12・13判タ1485号134頁では、Aの二女がAの後見開始の審判を申し立て、後に保佐開始の審判及び代理権付与の審判の申立てに変更したところ、法定後見の開始に反対したAの孫がAと任意後見契約を締結し、登記がされた。任意後見契約法10条1項にいう「本人の利益のため特に必要があると認めるとき」に当たらないとして原審判を取り消し、保佐開始の審判の申立てを却下したが、本誌23号[15]及び評釈で紹介済みである。

[26] 水戸家審令2・3・9判時2490号44頁は、[25]とは反対に、任意後見契約法10条1項にいう「本人の利益のために特に必要があると認めるとき」に当たるとし、親族間に争いがある中で、中立的な第三者の弁護士を後見人に選任した事案であり、本誌23号[16]で紹介済みである。

[27] 広島高決令2・8・3判時2495号63頁では、Zの妻Xは、広島家裁にZにつき保佐開始及び保佐人に対する代理権付与を申し立てた（後者はその後取下げ）。Zについて保佐が開始され、Z・Xの二女 P_1 が保佐人に選任された（原審判）。これに対し、Zが抗告した。Zは抗告提起後に、Zを本人、Zの実兄 P_2 を任意後見受任者とする任意後見契約を締結し、同契約は登記された。本決定は、Zが激しい躁状態のときに浪費を重ねて経済的不利益を受けるおそれがあるため、民法13条1項各号所定の行為について同意権・取消権による保護が必要であるとして、任意後見契約法10条1項にいう「本人の利益のため特に必要があると認めるとき」に当たると判示した。

6　相続

(1)　廃除

[28] 大阪高決令2・2・27判タ1485号115頁は、廃除基準について、配偶者が推定相続人である場合には、離婚原因である「婚姻を継続しがたい重大な事由」と同程度に評価できる非行があったことが必要であると判示した上で、夫の妻に対する言動が廃除事由に当たるといえないとした。本誌23号[17]で紹介済みである。

(2)　祭祀財産

[29] 東京高決平31・3・19家判33号82頁は、被相続人の祭祀承継者を長男Xとする一方で、被相続人の死後にXか被相続人の妻Yのいずれかが仏具店に依頼して作成したリンなどと位牌は被相続人から承継すべき財産に当たらないとして、YからXへの引渡しを認めなかった。本誌22号[25]で紹介済みである。

7　遺言

[30] 仙台高決令2・6・11家判35号127頁は、負担付「相続させる」旨の遺言（現行法では特定財産承継遺言）の取消しに関する事案である。YとXの父Cは、一切の財産をY（長男）に相続させ、その負担として、X（二男）の生活を援助するものと定めた公正証書遺言を残して死亡した。Xは、民法1027条に基づき、上記の負担付相続に係る遺言の取消しを求める申立てをした。Xは、YはCの死亡後に月額3万円をXに2度送金したのみであり、履行を催告したが、相当の期間が経過しても履行がないと主張した。原審は本件遺言を取り消したため、Yが即時抗告した。本決定も、負担付「相続させる」旨の遺言にも民法1027条の類推適用を認めた点では原審と同様である。一方で、遺言の取消しを認めるのが相当かについては、本件遺言の解釈は必ずしも容易ではない上、Yは今後も一切義務の履行をしないというわけではなく、義務の内容が定まれば履行する意思があること等を考慮し、原審判を取り消し、Xの申立てを却下した。冷水登紀代会員による本誌本号の評釈を参照されたい。

[31] 東京高決令2・6・26判タ1485号109頁は、危急時遺言の確認の申立てについて、遺言者の真意に出たものであるとの心証の程度は確信には至らなくとも一応遺言者の真意に適うと判断される程度で足りるとし、原審判を取り消して遺言を確認した。本誌23号[24]で紹介済みである。

[32][33][34]は遺言書の一体性が問題となった事案である。[32] 東京地判令2・7・13判時2485号36頁とその控訴審 [33] 東京高判令3・4・13金判1623号22頁では、Aは、遺言書本文が封緘

された封筒の裏面に「私がB（妻）より先に死亡した場合の遺言書」と記載する形で自筆証書遺言を作成していた。原審は、Aにより封筒の裏面に文言が記載され、表題表記等もされ封印したものであるとし、封筒と遺言書本文を一体のものとして認めた。控訴審も、封筒記載の文言は本件遺言の「全文」（民法968条1項）に含まれると解するのが相当であると判断した上で、BがAより前に死亡しており停止条件が成就せず、遺言は効力を失ったとした。

[34] 東京地判令2・10・8判時2491号54頁は、亡A作成名義の自筆証書遺言について、長女Xが長男Yに対し、無効確認を求めた事案である。検認時の本件遺言書は、封緘されていない封筒に3枚の便箋が入った状態であった。特に遺言書1枚目の便箋は、紙面の中央付近で縦方向に切り取られて右半分のみが残存した状態で、その右半分に不動産Yに相続させる旨の記載があった。本判決は、「本件遺言書の1枚目の便箋と2・3枚目の便箋との間には、偶然の産物とは解し難い形式面の不統一が多数存在しており、これらの便箋の作成時期には相当な時間的隔たりがあった可能性が高」く、「本件遺言書の1枚目の便箋は、第三者の手によって左半分だけが不自然に切断された可能性が高」いとした。そして、本件遺言書がYにより発見されたのは亡A死亡から約11か月後であることなども踏まえ、本件遺言は無効であると判断した。なお、民法968条1項が規定する各要件が具備されていることの主張立証責任、遺言書に真実の日が記載されていることの主張立証責任についても、従来の判例・学説に従って自筆証書遺言の有効性を主張する者（本件ではY）が負うことも確認されている。

[35] 広島高判令2・9・30判時2496号29頁は、主に遺言能力をめぐる事案である。Aの法定相続人は、子X、Y1、Bであった。Aは、平成9年に土地（以下、本件土地という）をXに相続させる旨の公正証書遺言をし（以下、平成9年遺言という）、平成13年にも本件土地をY1に相続させる旨の公正証書遺言をした（以下、本件遺言という）。そこで、XがY1に対し、遺言能力の欠如等による本件遺言の無効確認を求めるとともに、平成9年遺言により本件土地の所有権を取得したとして、本件土地の持分移転登記を経由していたY1及びY2（Y1の妻）に対し、移転登記を求めた。原審は、本件遺言が作成された当時にAは遺言能力を欠いており、本件遺言は無効であるとしてXの請求を認容した。これに対し、Yらが控訴したが、本判決は、本件遺言が作成された当時、Aが遺言能力を有していたとし、原判

決を取り消した。理由として、①Aは本件遺言が作成された当時、アルツハイマー型認知症の初期症状の様子を呈していたものの、意思を表示できる状態であったこと、②本件遺言の筆跡が平成9年遺言と比較してほぼ同一であり乱れがなかったこと、③本件遺言の内容は複雑ではないこと、④本件土地上にはY1の自宅建物（同人が経営する病院の建物としても使用）が存在しているため、本件遺言をすることについて合理性があることなどが挙げられている。

[36] 最一判令3・1・18判時2498号50頁は、真実遺言が成立した日と相違する日の日付が記載されている自筆証書遺言の有効性が問題となった事案である。亡Aは平成27年4月13日、入院先の病院で自筆証書遺言の全文、同日の日付及び氏名を自署し、退院して9日後の同年5月10日に弁護士の立会いの下、押印した。本件遺言では、Aの財産をAの内縁の妻Y1及びA・Y1間の子Y2、Y3、Y4に遺贈または相続させる等とされていた。平成27年5月13日、Aが死亡した。Xら（Aの妻X1及びA・X1間の子X2、X3、X4）は、遺言書に本件遺言が成立した日と相違する日の日付が記載されている等と主張して、Yらに対し、本件遺言が無効であることの確認を求めた。原々審・原審はXらの請求を認容したため、Yらが上告した。本判決は、必要以上に遺言の方式を厳格に解すると、かえって遺言者の真意の実現を阻害するおそれがあり、本件の事実関係の下では、本件遺言書に真実遺言が成立した日と相違する日の日付が記載されているからといって直ちに遺言が無効となるものではないとし、原審に差し戻した。評釈として、阿部純一・月報司法書士592号51頁、門広乃里子・法セ増（新判例解説Watch）29号97頁、竹治ふみ香・法セ801号123頁、野中伸子・ひろば74巻7号59頁、羽生香織・法教487号154頁等がある。

[37] 最二判令3・4・16判タ1488号121頁は、遺言有効確認の訴えの提起が、前訴結果に矛盾せず信義則に反しないとされた事案であるが、民事訴訟法に関わるものであり、詳細は割愛する。

8　渉外

[38] 東京家判令2・3・23家判34号113頁は、離婚の無効確認の訴えにおいて、離婚及びその方式の準拠法はカリフォルニア州法であるとした上で、同法によれば協議離婚の方式は認められていないことなどから、協議離婚の種別とされた離婚については、離婚意思の欠缺について判断するまでもなくそ

の方式において違法であり無効であると判断した。本誌23号[32]で紹介済みである。

[39] 千葉家松戸支判令2・5・14判タ1484号249頁は、渉外的な親子関係の成立場面で嫡出推定の重複が生じた場合において、民法773条を類推適用して父を定めることを目的とする訴えの適法性を認めた。本誌23[34]で紹介済みである。

[40] 東京家審令2・9・10判時2492号64頁は、夫であるX（日本国籍）が、妻Y（ルーマニア国籍）と自身との間の子として出生届を提出した民法772条の嫡出推定の及ばない子を相手方として、親子関係不存在の確認を求めた事案である。準拠法に関しては、嫡出子の親子関係成立については、反致により夫婦の共通常居所地法である日本法が適用され、非嫡出子の親子関係の成立については、出生当時のXの本国法である日本法が適用されるとした。しかし、認知による場合は、認知当時の子の本国法であるルーマニア法も適用されるとし、その上で、嫡出親子関係も非嫡出親子関係も存在しないとして、Xとの間には親子関係が存在しないとの合意に相当する審判をした。

[41]～[43]は養子縁組に関するものである。[41] 静岡家浜松支審令2・1・14判時2496号82頁は、ウクライナでの代理懐胎（日本人夫婦であるXらの体外受精による胚を移植）により出生した子について、Xらが特別養子縁組の許可を申し立てた事案である。本件審判は、養子となるべき未成年者はウクライナ国籍及び日本国籍を有するが、日本を常居所としているため、法の適用に関する通則法38条1項により日本法が本国法となり、同法31条1項により特別養子縁組の成立については日本法が適用されると示した。そして、代理母のウクライナ国内の公的手続における同意に特別養子縁組の同意が含まれ、その他の成立要件にも欠くところはないとして特別養子縁組の成立を認めた。神戸家姫路支審平20・12・26家月61巻10号72頁もホストマザー型の代理懐胎により出生した子と依頼者夫婦との特別養子縁組を認めたが、国内で行われた代理懐胎の事例であった。

[42] 東京家審令2・4・17家判33号98頁は、夫X（日本国籍）と妻Y（フィリピン国籍）が、Yと申立外男性との間の非嫡出子である未成年者（フィリピン国籍）との養子縁組の許可を求めた事案である。日本の裁判所に国際裁判管轄を認め、準拠法を確定した上で、X・Yと未成年者の間でそれぞれ適用される法の養子縁組の要件について判断し、申立てを許可した。

[43] 東京家審令2・9・7判時2488＝2489号167頁は、夫X（カナダ国籍）と妻Y（日本国籍）らが、児童相談所に託された第三者の子である未成年者（日本国籍）をX・Yらの特別養子とすることを求めた事案である。準拠法としては、Xとの関係ではカナダ法上のXのドミサイルが日本にあるとして隠れた反致により日本法が適用されるとし、Yとの関係についても日本法が適用されるとした上で、特別養子縁組の要件（令和元年改正前）を満たしているとして、申立てを認容した。

次の[44][45][46]はハーグ条約に関する事例であるが、いずれも紹介済みである。[44] 大阪高決令元・10・16判タ1486号31頁は、ハーグ条約実施法に基づき、父が母に対し、子をその常居所地国であるスリランカに返還するよう求めた事案において、子の常居所地国は日本であるとして抗告を棄却した。本誌23号[27]で紹介済みである。

[45] 東京高決令2・1・21判時2482号7頁は、ハーグ条約実施法に基づき、父が母に対して子をその常居所地国である米国に返還するよう求めた事案において、同法28条1項4号（重大な危険）の返還拒否事由があると認めて子の返還申立てを却下した原決定を取り消し、同返還拒否事由を認めることはできないとして子の返還を命じた。本誌23号[29]で紹介済みである。

[46] 東京高決令2・6・12判時2482号17頁は、ハーグ条約実施法に基づき、母が父に対して子をその常居所地国である米国に返還するよう求めた事案において、子の常居所地国を米国であるとした上で、同法28条1項4号（重大な危険）の返還拒否事由は認められないとして、抗告を棄却した。本誌23号[28]で紹介済みである。

9　その他

[47] 東京高決令2・11・30判タ1486号28頁は、X（弁護士）が不在者の失踪宣告を求めた事案である。民法30条1項の規定する利害関係人については、不在者財産管理人の請求権者におけるそれよりも制限的に解すべきであり、不在者に対する債権者となる可能性があるにとどまるXは民法30条1項にいう利害関係人に当たらないとして、抗告を棄却した。

（2022年2月20日脱稿）
（いながき・ともこ）

環境裁判例の動向

大塚　直　早稲田大学教授
及川敬貴　横浜国立大学教授
環境判例研究会

　本稿では、民集74巻8号〜75巻3号、判時2481号〜2498号、判タ1484号〜1489号、判例自治473号〜478号、及び、2021年後期に裁判所のウェブサイトに掲載された、環境分野の裁判例（前号までに紹介したものを除く）を紹介する（一部、LEX/DBのみに掲載されたものも取り上げる）。1〜4は大塚が、5〜7は及川が担当した。

1　公害・生活妨害

(1)　騒音・振動

　[1] 宮崎地判令3・6・28LEX/DB25571681（自衛隊機飛行差止（行政差止）請求事件）（一部棄却、一部却下）は、航空自衛隊が使用している新田原飛行場（本件飛行場）の周辺に居住し又は居住していた原告らが、自衛隊機が発する騒音等によって、睡眠妨害等による身体的被害や精神的苦痛を被っているとして、被告に対し、本件飛行場において、午後5時から翌日午前8時までの間に行われる自衛隊機の運航の禁止等を行政事件訴訟法37条の4等に基づいて求めた事件に関する。本件差止請求の当否の判断枠組みについては、最一判平24・2・9民集66巻2号183頁（第4次厚木訴訟最高裁判決）に従い、同法同条5項の差止の要件である、行政庁がその処分をすることがその裁量権の範囲を超え又はその濫用となると認められるときに当たるか否かについては、同権限の行使が、防衛大臣の裁量権の行使としてされることを前提として、それが社会通念に照らし著しく妥当性を欠くものと認められるか否かという観点から審査を行うのが相当であり、その検討に当たっては、①当該飛行場における自衛隊機の運航の目的等に照らした公共性や公益性の有無及び程度、②上記の自衛隊機の運航による騒音により周辺住民に生ずる被害の性質及び程度、③当該被害を軽減するための措置の有無や内容等を総合考慮すべきであるとする。そして、本件飛行場及び本件飛行場における自衛隊機の運航については、高度の公共性や公益性が認められ、他方、原告らは一定の睡眠妨害を受けていると認められ、その騒音被害は軽視することができないが、被告により、住宅防音工事の助成等が実施されているところ、これらの被害軽減措置は、騒音被害を一定程度緩和するものとして一定程度評価でき、本件飛行場において、将来にわたり自衛隊機の運航が行われることが、社会通念に照らし著しく妥当性を欠くものと認めることは困難であるといわざるを得ないとした。

　[2] 宮崎地判令3・6・28LEX/DB25571680（損害賠償請求事件）（一部認容、一部棄却、一部却下）は、[1]の関連判決である。航空自衛隊が使用している本件飛行場の周辺に居住し又は居住していた原告らが、自衛隊機が発する騒音等によって、睡眠妨害等による身体的被害や精神的苦痛を被っているとして、損害賠償を求めた事件に関する。本判決は、国家賠償法2条1項の営造物の設置又は管理の瑕疵に関して、最大判昭56・12・16民集35巻10号1369頁（大阪国際空港最高裁判決）の判断枠組を用いつつ、原告らは、原告らの大多数の睡眠時間が含まれると考えられる午後9時から翌日午前7時までの時間帯において、月に数回程度は70dB以上の航空機騒音に暴露していると認められ、複数の原告が、スクランブル発進により目を覚ました経験があることなどを訴えていることに照らせば、上記時間帯において本件飛行場から生ずる航空機騒音によって、原告らは睡眠中の覚醒などの睡眠妨害を被っていると認めることができるとした。

(2)　土壌汚染

　[3] 前橋地判令2・8・5判例自治473号71頁（産業廃棄物撤去請求等を怠る事実の違法確認請求事件）（一部却下、一部認容）は、渋川市の市道に、訴外A社が排出した六価クロム及びふっ素が含有されている鉄鋼スラグを含む砕石を敷砂利とする整備がされ

ていたことに関し、渋川市民である原告が、渋川市長がA社に対して鉄鋼スラグの撤去請求をすることを怠る事実が違法であることの確認を求めた住民訴訟に関する。所有権に基づく妨害排除請求権は、その所有権を侵害し、又は侵害するおそれのある物の所有権を有する者に限らず、現に存する侵害状態を作出した者もその排除の義務を負うと解すべきところ、A社の排出した本件スラグが本件市道上に存在し、本件市道の所有権が侵害されていることからすると、A社は妨害排除請求権の相手方になるとし、そのうえで、被告渋川市長がA社に対して本件スラグの撤去請求権を行使しないことを正当化する事実は認められないのであるから、被告がA社に対し、本件スラグの撤去請求権を行使していないことは違法であるとして原告の請求を認容した。

[4] 大阪地判令3・1・14判時2495号66頁（一部認容）（控訴）は、中学及び高校の新キャンパス開設を目的として購入した土地の土壌に土壌汚染対策法に基づく規制の対象物質が基準値を超えて存在していたことを理由とする瑕疵担保責任等に基づき、土壌汚染対策工事費（11億円を超える）などの損害賠償を請求した事件に関する。売買の目的土地の土壌に基準値を超える鉛及び砒素が含まれていたことは「隠れた瑕疵」に当たるが、原告の請求した掘削工事に要した工事費用等の賠償ではなく、調査費用等約5600万円の損害賠償のみを命じた。土壌汚染対策法の改正に先立つ中央環境審議会の答申は、汚染の状況や、健康被害が生ずるおそれの有無に着目して、区域を分類し、必要な対策を明確化すべきであるとの見解を示していた。本件土地の周辺に飲用井戸の存在は認められず、本件土地につき地下水の摂取による健康被害が生ずるおそれはなかったから、Xが本件土地の土壌汚染対策として掘削除去をしたことは、同法の改正の趣旨に適合せず、平成20年当時、一般的に、掘削除去に比べて、舗装や封じ込めの方法が低廉なコストで施工可能であったとして、Xが掘削除去以外の方法の有無や、掘削除去以外の方法を選択した場合に要する費用との比較調査をしなかった以上、掘削工事に要した工事費用と瑕疵との間に相当因果関係は認められないというものである。掘削除去費用全部を瑕疵担保責任等に基づく損害賠償として認めなかった点が重要である。土壌汚染対策法の2009年改正を踏まえた判断である。舗装や封じ込めを行うとしたらかかった費用の賠償は認めることも考えられよう。

2　化学物質・有害物質

[5] 福岡地判令2・9・16判時2485号47頁（石綿粉じんばく露損害賠償請求事件。一部認容、一部棄却）は、北九州市立総合体育館の設備の管理業務に従事していた者が、肺がんにり患し、肺炎により死亡したところ、相続人が、同体育館の石綿含有建材から発生した石綿粉じんにばく露しじん肺及び肺がんにり患して死亡したと主張し、北九州市に対して国賠法1条1項又は2条1項、従業員を雇用していたビルメンテナンス会社に対して民法415条又は709条に基づき損害賠償を請求した事件に関する。本判決は、国賠法2条1項の営造物の設置又は管理の瑕疵について民法717条1項の土地工作物責任に関する最二判平25・7・12判時2200号63頁を引用した上で、被告北九州市が本件体育館の所有者または管理者として営造物責任を負うか否かは、同体育館の壁面に石綿含有吹付け材が露出していることをもって、当該建築物が通常有すべき安全性を欠くと評価されるようになった時点からであるとし、その時点を遅くとも平成2年5月頃であるとした。また、ビルメンテナンス会社については民法709条に基づく安全配慮義務に係る予見可能性について、生命健康に関わることから、安全性に疑念を抱かせる程度の抽象的な危惧であれば足りるとし、上記時点までには、吹付けロックウールが使用されている建築物の保守・管理等を依頼されたビルメンテナンス業者には、そこで作業に従事する従業員の安全性に疑念を抱かせる程度の危険性を認識することは十分可能であったとする。判例時報のコラムによれば、建物の管理業務をしていた者が石綿粉じんにばく露したことについて、石綿が使用された建物を保有管理する自治体や、雇主であるビルメンテナンス業の運営会社の責任を認めた最初の判決である。

[6] 名古屋高判令3・9・16LEX/DB25590943（三井金属神岡鉱山じん肺損害賠償請求控訴事件。一部棄却、一部変更）（原審：岐阜地判令2・3・25）は、一審被告らが所有管理する鉱山において、一審被告ら又はその下請会社との間の雇用契約に基づいて稼働した作業員又はその遺族が、一審被告らの安全配慮義務違反により作業員がじん肺に罹患したと主張して、一審被告らに対し、債務不履行に基づく損害賠償（包括一律請求）として損害金等の連帯での支払を求めた事件に関する。原審は、一審原告らの請求の一部を認容し、これに対して双方が控訴を提起した。本件における事情を総合すると、一審被告ら

が各時期に講じたじん肺罹患防止のための措置は不十分なものであったといえるから、一審被告らには、安全配慮義務違反があったと認められるとする。包括一括請求については、「一審原告等に生じた損害の額は、管理区分に応じて評価するのを基本とし、法定合併症に罹患し、あるいはじん肺死した場合の損害は管理区分相当のじん肺に罹患しているだけの場合とは質的に異なるといえるから、これを別途損害額に反映させるのが相当である」として、原判決の認容額を変更した。一審被告の連帯責任に関しては、719条1項後段が適用ないし類推適用されている。

3　廃棄物

[7] 福井地判令3・3・29LEX/DB25569150（事務管理費用償還等請求事件）（一部認容、一部棄却）は、福井県敦賀市内に訴外キンキクリーンが設置した廃棄物の最終処分場に多量の廃棄物が処分され、その周辺の河川に汚染水が流入するなどの生活環境保全上の支障ないしそのおそれが生じたとして、同処分場をその区域内に有する地方公共団体である原告・敦賀市が、廃棄物処理業者への委託により一般廃棄物を同処分場に処分した被告一部事務組合らに代わって上記支障等を除去するための工事等を行い、そのための費用の支出を余儀なくされたと主張して、被告らに対し、①事務管理に基づく有益費償還請求権、②不当利得返還請求権、③国家賠償法1条1項、民法715条1項及び同法709条に基づく損害賠償請求権に基づき、それぞれ損害賠償金等の支払を求めた事件に関する。本件廃棄物の排出自治体である被告らは、本件処分場における一般廃棄物の処理によって生じる生活環境の保全上支障又はそのおそれを除去するために必要な工事及び付随事務を行う義務を負うと認められ、事務管理の成立を認める。そして、上記排出自治体の義務の相互の関係は、不真正連帯債務に準ずるものと解するのが相当であるが、原告においても、本件各処分場について生活環境保全上必要な措置を講ずる義務を負うものと認められ、上記の排出自治体とは不真正連帯債務に準ずる関係にあり、原告の負担割合は、全体の7割を下らないというべきであるところ、原告の請求は、被告らに対し、原告負担部分を超える部分について有益費償還請求する限度で理由があるとして、請求を一部認容した。基本的には、福井地判平29・9・27判タ1452号192頁と同様の考えに立つものであるが、原告の負担割合については、原告及び被告ら

の権限、義務、原告と訴外キンキクリーンの公害防止協定などから総合判断として導き出している点に特色がある。

4　原子力施設

(1)　原状回復等請求

[8] 福島地郡山支判令3・7・30判時2499号13頁（原状回復等請求事件）（一部認容、一部棄却、一部却下）は、平成23年3月11日当時、自身ないし被相続人が福島県双葉郡浪江町津島地区に生活の本拠があったと主張する原告らが、同日発生した、東日本大震災に伴い生じた津波による福島第1原発の事故（本件事故）により、津島地区が放射線で汚染されたうえ、精神的損害を被ったとして、①被告らに対し、平穏に生活する権利、不動産所有権若しくは入会的な利用権又は不法行為に基づく妨害排除請求権（妨害予防請求権）に基づき津島地区全域の放射線量を毎時0.046μSvに至るまで低下させる義務があることの確認、及び②放射線量を毎時0.23μSvに至るまで低下させることを求めるとともに、③被告国に対しては国賠法1条1項に基づき、被告東京電力ホールディングス株式会社に対しては、主位的に民法709条、予備的に原子力損害の賠償に関する法律3条1項に基づき、各金員ないしその遅延損害金の支払を求めた事件に関する。本判決は、①については、証拠上明らかでないとして訴えを棄却し、②については、請求の特定を欠くとして却下し、③については、請求を一部認容した。①については、被告国は、福島第1原発事故により放出された放射性物質を支配内に置いている者とはいえず、被告東電は、その管理の及ばない不動産や居住地に飛散した放射性物質を支配し、これを除去し得る権限を有しているとみることはできないから、津島地区内に不動産所有権を有する者及び同地区内に居住している者に、不動産所有権及び平穏生活権に基づき、被告らに対する妨害排除請求権ないし妨害予防請求権があると認めることはできず、被告らに、同地区全域について、放射線量を毎時0.046μSvに至るまで低下させる義務があることの確認の訴えは、認めることができないとした。②の給付請求については、原告らが排除を求める放射線の発生源が、津島地区内のどの場所に所在するのか、それが、請求権を生じさせる範囲であるのか特定されているとはいえず、被告らがいかなる場所において作為をすべきかを合理的な範囲に限定することができないから、請求の特定を欠き、不適法であるとした。

(2) 差止請求

[9] 水戸地判令3・4・15LEX/DB25569622（日本原子力発電株式会社・東海第二発電所の運転差止請求事件）（棄却）は、埼玉県に居住する原告が、被告（株）日本原子力発電に対し、被告が茨城県東海村内に設置する東海第二発電所の耐震設計のために策定した基準地震動は、その手法が科学的に誤っているため異様に低く策定されており、本件発電所から250km圏内に居住する原告は、その原子炉の運転により、人格権を侵害される具体的危険があるとして、人格権に基づく妨害予防請求として、本件発電所の原子炉の運転差止めを求めた事件に関する。

基準地震動策定に回帰式やレシピを用いることは不合理ではなく、これらを用いて行われた被告の基準地震動に係る原子力規制委員会の適合性判断に看過し難い過誤、欠落があるということはできないとした。また、原告が前提とする本件発電所の解放基盤表面で設定した基準地震動の地震波が表層地盤を通過して原子炉建屋に至る過程で増幅するとの点には誤りがあり、上記原告の主張について原告の人格権侵害の具体的危険があるとは認められないとした。地震波が地盤の構成や構造によって異なることから、地域的な特性を十分調査する必要があるとしつつ、本件発電所における東日本大震災の鉛直アレイ観測記録によれば、サイト特性による増幅傾向はみられないとしており、この点が決め手になったものとも考えられる。

[10] 広島地決令3・11・4LEX/DB25591208（四国電力伊方原発3号炉運転差止仮処分命令申立事件）（却下）は、債権者らにおいて、債務者・四国電力株式会社が設置、運転している発電用原子炉施設である伊方発電所3号炉及びその附属施設は、特に地震に対する安全性を欠いており、それに起因する重大な事故が上記運転中に発生し、これにより大量の放射性物質が放出されて、債権者らの生命、身体、生活の平穏等の重大な法益に対する侵害が生ずる具体的危険があるとして、債務者に対し、人格権に基づく妨害予防請求権としての本件原子炉の運転差止請求権を被保全権利として、本件原子炉の運転の差止めを命ずる仮処分命令を申し立てた事件に関する。債権者らの被保全権利はいずれも認められないなどとして、本件申立てをいずれも却下した。本件において、当該具体的危険があることが当然に推定されるなどとし、債権者らの主張、疎明責任を債務者に転換することは相当でないとしたうえで、本件原子炉が特に地震に対する安全性を欠いており、それに起因する重大な事故がその運転中に発生し、こ

れによって大量の放射性物質が放出されて、債権者らの生命、身体等が侵害される具体的危険があることが疎明されているとはいえないとする。なお、「年超過確率」について債権者らが主張する基準地震動を上回る5事例については、裁判所は応接できていないと思われる。

特に注目されるのは次の2つの点である。

第1は、「本件申請における債務者による……具体的危険をめぐる評価が合理性を有することについて債務者に主張、疎明責任を負わせ、それが遂げられているかを裁判所が審査するということは、結局のところ、原子力規制委員会による多方面にわたる極めて高度な最新の科学的、専門技術的知見に基づく総合的判断の過程を、そのような知見を持ち合わせていない裁判所が事後にやり直すことと実質的には等しいことになる。しかし、そのような司法審査のありようは……相当でないといわねばならない」とする点である。

第2は、「債務者は、本件原子炉施設の安全性に関する資料をいかに多数保持していようとも、また、本件原子炉施設の安全性に対する地元の理解を得るための働きかけを重ねたとしても、原子力規制委員会による許可処分を得られない限り、本件原子炉施設を運転することは事実上できない立場にあることに変わりはない。したがって、処分行政庁である原子力規制委員会が関与しない手続である民事保全事件において、債権者らと債務者との間のいわゆる『証拠の偏在』なるものや、地元に対する働きかけの態様を強調することに決定的な意義を見出し難い。また、仮に本件原子炉が地震に起因して損傷し、放射性物質が放出された場合に想定される被害が甚大だからといって、債務者が策定した基準地震動Ssを少なくとも上回る地震動を本件発電所の解放基盤表面にもたらす規模の地震が発生する具体的危険が高いという論理的関係にあるとも考え難い」とする点である。

第1点に関しては、筆者は、被告の活動のリスクが社会通念上無視しうるリスクであること（不合理なリスクがないこと）について被告に証明させるべきであると考えるが、さらに私見とは異なるが、最近の裁判例のように、被告の活動が行政基準に適合しており、かつ、行政基準に不合理な過誤がないことの判断をするだけであれば（例えば、名古屋高金沢支判平30・7・4判時2413=2414号71頁）、「裁判所が事後にやり直すことと実質的には等しいこと」にならないのは明白であろう。第1点の指摘は、原発に関する民事差止訴訟自体を否定することになりか

ねない。

第2点については、裁判所は危険性が合理的な範囲に留まることを被告に主張、疎明させることを求めれば足りるのであり、「証拠の偏在」は証明の在り方に反映される事情にすぎず、それ自体が具体的危険が高いことと論理的関係にあるわけではなく、またその必要もない。

この決定のような考え方が是認されると、今後、裁判所は、「具体的危険性に関する疎明がない」という一言で債権者の申請を簡単に決着させることになろう。この種の事件に関する裁判官の労苦は十分理解できるものの、本決定は、大規模事故を引き起こす可能性のある原発事故に関する裁判所の使命を忘れ、裁判所が原発の民事差止訴訟に対する拒絶の意思を打ち出した感がある。

なお、上記の議論とは別に、本件において、債務者は、債権者らが上訴権を行使しない選択をしたことに対し、仮処分命令の決定が（後に取消されるべき決定であったとしても）即時に効力が発生することを奇貨として、自己の主張、疎明を認めてくれる決定を求めて、何度も申立てを繰り返すものであり、裁判所の訴訟経済を害し、債務者を不当に長く不安定な立場におくと主張する。仮に事実であるとすれば、裁判所等に過大な負担を与えているかもしれず、司法政策としては検討されるべき点であろう。

(3) 損害賠償請求

[11] 東京高判令3・1・21LEX/DB25571648（東京電力福島第1原発群馬訴訟第二審判決。一審前橋地判平29・3・17）（一部棄却、一部変更）は、一審原告らが、東日本大震災に伴う津波により、一審被告東電が設置し運営する福島第1原発（本件原発）から放射性物質が放出される事故が発生したことにつき、一審被告東電は、本件原発の敷地高を超える津波の発生等を予見しながら、本件原発の安全対策を怠り、また、経済産業大臣は、一審被告東電に対して平成24年法律第47号による改正前の電気事業法に基づく規制権限を行使すべきであったにもかかわらずこれを行使しなかった結果、本件事故が発生したと主張し、一審被告東電に対し、主位的に民法709条に基づき、予備的に原賠法3条1項に基づき、一審被告国に対し、国家賠償法1条1項に基づき、精神的苦痛に対する損害賠償として、一人当たり慰謝料1000万円及び弁護士費用100万円の連帯支払を求めた事件に関する。原審が、一審原告らの一部について請求を一部認容し、その余の請求をいずれも棄却したため、一審原告ら及び一審被告らは、そ

れぞれ敗訴部分を不服として控訴したものである。

本判決は、一審原告らの一審被告国に対する請求及び一審被告東電に対する主位的請求は棄却し、一審被告東電に対する予備的請求は一部認容し、原判決を一部変更した。最も注目されるのは、国賠を認めなかった点であろう。

本判決は、経済産業大臣の本件原発に係る津波に関する予見可能性について、同大臣が技術基準適合命令を発するには、本件原発の原子力施設等が「津波により損傷を受けるおそれ」又は「津波により原子炉の安全性を損なうおそれ」（省令62号4条1項）があるという規制権限不行使の要件を満たされていることが前提となるが、技術基準の適合性の判断における同大臣の科学的、専門技術的な裁量に鑑みれば、同大臣の同命令を発すべき作為義務を認めるには、平成14年の「長期評価」の知見が同大臣に上記要件の充足を判断させるに足りるだけの科学的、専門技術的見地からの合理性を有する知見であることを要するとする。そして、長期評価については、当時から現在に至るまで相当数の地震学者から異なる見解が示され、また、地震地体構造論に基づく異論があり、また、原子炉施設の津波に対する安全性評価技術の体系化についての検討を目的として、平成11年に原子力土木委員会に津波評価部会が設置されそこでは平成14年に津波評価技術を取りまとめていたが、そこでは本件原発の津波は O.P+5.4m ないし5.7m とされていたこと、地震本部地震調査委員会が平成15年に公表した文書では、長期評価の三陸沖北部から房総沖の海溝寄りのプレート間大地震についての発生領域・発生確率の評価の信頼度をいずれもC（やや低い）としていたこと、平成20年度の調査結果から、長期評価の見解が科学的コンセンサスを得られていなかったとする地震学者の意見書があることなどから、長期評価の知見が上記の科学的、専門技術的見地からの合理性を有する知見であったと認めることは困難であるとする。

同命令の発出により本件事故の発生を回避できた可能性に関しては、防潮堤等の設置については、平成20年試算津波と本件津波との、規模や態様における相違、建屋等の水密化措置については、本件事故発生前における水密化措置は、局所的・部分的なもので、タービン建屋等全体について水密化する技術的知見は存在していなかったことから、回避可能性も否定する。

予見可能性については、何をもって「合理性を有する知見」と捉えるかが問題であり、原発事故の規模の大きさに鑑みて予防・警戒原則に則った判断が

必要である。回避可能性については、規模や態様の相違があってもどの程度回避できたか、水密化措置については当時の技術的知見を当然の前提にするのでなく、「長期評価」に基づき技術的知見の開発が必要でなかったかを検討する必要があると思われる。

[12] 札幌地判令3・5・13LEX/DB25571695（損害賠償請求事件）（棄却）は、原告が、上記の東電の福島第1原発における放射性物質等放出事故の災害復旧作業に従事した際の放射線被ばくが原因となり、膀胱がん、胃がん及びS状結腸がんを発症したと主張して、①被告東京電力に対し、原賠法3条1項に基づき、②被告東京電力より工事を受注した企業体を構成する被告大成建設及び一次下請業者である被告山崎建設に対し、安全配慮義務違反による債務不履行、共同不法行為又は使用者責任に基づき、損害賠償を求めた事件に関する。原告の外部被ばく実効線量は56.41mSvであり、内部被ばく実効線量は、原告に有利にみても0.01mSvであり、その相対リスクは喫煙や大量飲酒はもとより、野菜不足に比してもさらに小さなものに留まることなどを指摘し、放射線の被ばくと上記疾病の発症との間に因果関係があると認めることはできないとして、原告の請求をいずれも棄却した。②の上記災害復旧作業の元請業者及び一次下請業者に対する、安全配慮義務違反による債務不履行、共同不法行為又は使用者責任に基づく損害賠償請求については、原告の請求は原子力損害についての賠償を求めるものであるから、原賠法4条1項により、上記各業者は損害賠償責任を負わないとした。

[13] 新潟地判令3・6・2LEX/DB25590308（損害賠償請求事件。一部認容、一部棄却）は、上記の福島第1原発の放射性物質外部放出事故により、居住地から自身若しくは家族が新潟県へ避難を余儀なくされ、精神的苦痛を被ったと主張する者又はその相続人である原告らが、被告らに対し、被告東電については主位的には民法709条等に基づき、予備的には原賠法3条1項に基づき、被告国については国家賠償法1条1項に基づき、それぞれ損害賠償義務を負うとして、連帯して、慰謝料及び弁護士費用の支払を求めた事件に関する。裁判所は、民法の不法行為に関する規定の適用はなく、原賠法3条1項によってのみ損害賠償の請求をすることができるから、原告らの被告東電に対する民法709条等に基づく主位的請求は理由がないとして棄却した。また、国に対する請求について、経済産業大臣が省令62号4条1項に反することを理由とした技術基準適合

命令を発しなかったことに関して、「長期評価」の見解について、平成21年6月ないし7月時点でも、具体的な科学的根拠が示されていたとは言い難いし、同時点から長期評価の見解に基づく対策を実施したとしても、本件事故発生時までにそれらの対策が完成していたとは認められず、結果回避可能性があったとは認められないから、同時点においても、同大臣の規制権限不行使が、許容される限度を逸脱して著しく合理性を欠くとはいえないとした。また、非常用電源設備及び附属施設が省令62号33条4項にいう「独立性」に反することを理由とした技術基準適合命令を発しなかったことに関しては、津波を含む自然現象は「共通要因」に含まれておらず、当該「独立性」によって非常用電源設備等の位置的分散や系統の一部の水密化等が求められていたとは言えないとした。さらに、本件事故後の被告国の対応に違法があったとは認められないとし、本件事故後の被告国の対応に関する原告らの主張はいずれも理由がないとして棄却した。被告東電に対する予備的請求については、原告らの請求を一部認容した。

[14] 高松高判令3・9・29LEX/DB25591107（損害賠償、損害賠償各請求控訴事件、同附帯控訴事件）（一部棄却、一部変更）（一審松山地判平31・3・26）は、上記の福島第1原発事故により愛媛県への避難を余儀なくされた一審原告らが、一審被告東電及び国に対して損害賠償請求をしたものである。国に対しては、経済産業大臣が本件事故前に電気事業法40条に基づく技術基準適合命令を発するという規制権限を行使すべき義務を負っていたにもかかわらず、その行使を怠った違法があるなどと主張して、国賠法1条1項に基づき賠償請求した。原審は、東電及び国の責任を認め、一部認容。本判決は、同大臣の規制権限不行使の違法を認めるに当たり、長期評価の見解が公表された平成14年7月末から遅くとも1年後には、長期評価の見解に依拠して津波のシミュレーション結果を得て、技術基準適合命令を発することができた、そして、その後7年6か月程度の期間があれば、福島第1原発を技術基準に適合させるための措置を講じることが可能であったから、同大臣の規制権限不行使と本件事故との間には、因果関係があるとした。長期評価の見解については、相応の科学的信頼性を有するとし、その科学的信頼性において、土木学会原子力土木委員会津波評価部会が公表した「津波評価技術」より優位とは言えないまでも、同等という前提でこれを参照する必要があるとする。なお、旧避難指示解除準備区域に居住していた第一審原告らの損害について、包括的生活利益

としての平穏生活権の侵害に基づく慰謝料額としては、避難慰謝料として、①強制的な避難を余儀なくされたことについて各200万円、②避難生活の継続を余儀なくされたことについて、平成23年3月から平成30年3月の間、月額12万円、さらに、③故郷喪失慰謝料として各100万円を認めた。

(4) 行政訴訟

[15] 佐賀地判令3・3・12LEX/DB25569721（玄海原子力発電所3号機、4号機運転停止命令義務付け請求事件）（一部棄却、一部却下）は、原子力規制委員会（処分行政庁）が核原料物質、核燃料物質及び原子炉の規制に関する法律43条の3の8第1項本文に基づいて、被告参加人・九州電力に対してした玄海原子力発電所3号機及び4号機に係る発電用原子炉設置変更許可処分について、原告らが、本件各原子炉施設は同法43条の3の6第1項4号にいう原子力規制委員会規則である設置許可基準規則のうち設置許可基準規則4条3項（基準地震動関係等）、6条1項（火山の影響に係る部分）、37条2項、51条及び55条（重大事故等の拡大の防止等の施設）に適合しておらず、同法43条の3の6第1項4号の基準に適合していないため、同法43条の3の8第2項、43条の3の6第1項に反し違法であるとして、国を被告として、その取消しを求めた事件に関する。

原告適格に関しては、本件各号機から100kmの範囲内の地域に居住する者に認められるとした。基準地震動に関しては、短期間に繰り返し地震が起こることを想定した規定はないが、耐震設計において概ね弾性範囲の設計や安全の余裕が求められているとした。火山に関する「基本的な考え方について」に関しては、巨大噴火のような極めて低頻度で不確実な巨大災害の危険性にどのように対応するかという問題は、日本国民全体に関わる問題であり、そのような事象について、現在の科学によって正確に予測することができないが、国としての対応を決定しなければならないのであれば、データを収集し、専門的知見を集め、当該事象についてのリスク評価をした上で、国民のために最も合理的かつ効果的な最善の判断をするほかないとした。行政において、手続的適正にも配慮しながら、最適と判断される基準を政策的に決定すべきであるとし、わが国では、巨大噴火を想定した法規制や防災対策は行われておらず、原子炉規制に係る法体系でも、巨大噴火の発生を想定していないことから、「基本的な考え方について」のとおり、リスク評価・管理を伴う火山影響

評価を行うことは、炉規制法の趣旨に反して不合理なものでないとする。

こうして、本判決は、原子力規制委員会の審査及び判断の過程に不合理な点があるとは認められず、原告らのその余の主張立証を踏まえても、本件処分が違法であるとは認められないなどとした。なお、原告らの主張する避難計画に関する事項は、当該許可処分の許可の基準に掲げられておらず、その再検討の必要性は、本件処分の違法事由となり得るものではないとして、原告らのうち一部の訴えを却下し、その余の原告らの請求をいずれも棄却した。

[16] 東京地判令3・7・12LEX/DB25571704（南相馬避難解除取消等請求事件）（第1事件、第2事件）（一部棄却、一部却下）は、上記の東京電力福島第1原発の放射性物質放出事故に関して、福島県南相馬市の合計142地点152世帯の住居についてされた特定避難勧奨地点の設定が平成26年12月24日に解除されたことについて、①本件事故当時、特定避難勧奨地点に設定された住居に居住していた原告ら（合計366名）が、主位的に、本件解除の取消しを求め、予備的に、指定原告の住居が特定避難勧奨地点に設定されている地位にあることの確認を求め、②原告ら（合計442名）が、本件解除により精神的損害を被ったと主張して、国家賠償を求めた事件に関する。本判決は、本件解除は、これによって、直接国民の権利義務を形成し、又はその範囲を確定することが法律上認められているものということはできないのであって、行政処分に当たらないなどとして、本件訴えのうち、①の部分を却下し、②の請求を棄却した。

①の主位的請求に関しては、同解除は、同設定と同様に対応方針（原災本部）に基づき現地対策本部によって事実上実施されたものにすぎないといえ、同設定を受けた住民に解除後1年間の積算線量が20mSvを下回ることが確実であることが確認された旨の情報提供をするものであり、帰還を強制するものであったとは認められないことから、抗告訴訟の対象である処分に当たらないとする。①の予備的請求に関しては、特定避難勧奨地点の設定は、当該住居に居住し続けた場合に、当該住居又はその近傍の空間線量率が比較的高いことから、生活形態によっては本件事故後1年間の積算線量が20mSvを超える可能性が否定できないとされた住居等について、当該住民にその旨の情報提供等をする措置であって、設定を受けた住民の権利又は法律関係に直ちに影響を及ぼすものとはいえないことからすると、原告の住居が特定避難勧奨地点に設定されていることについて、確認の利益を認めることはできず、

本件確認の訴えは不適法であるとする。

5　景観・まちづくり

[17] 東京地判令元・5・30判タ1485号159頁は、Y（被告・独立行政法人日本高速道路保有・債務返済機構）が、練馬区長に対して、関越自動車道高架下施設整備事業に係る道路占用許可処分をしたところ、Xら（原告ら・近隣住民）が、同処分が違法であるとして、主位的に占用許可処分の取消しを求め、予備的に、その変更処分の取消しを求めるとともに、国家賠償法1条1項に基づき損害賠償を求めた事案である。

本判決は、小田急事件最判（最大判平17・12・7民集59巻10号2645頁）が示した判断枠組みに沿って、原告適格の有無について検討し、その居住地と本件高架下区間との位置関係（本件高架下区間の高架橋の高さの1.3～2.6倍程度の距離の範囲内に居住していること）等に照らし、Xら（全8名）のうち6名の原告適格を認めた。しかし、本件処分の適法性については、Xらが主張する違法事由は、Xらの法律上の利益に関係のない違法であるから主張できない（行訴法10条1項）などとして、Xらの主張を退け、国家賠償請求についても、本件各処分が違法であることを前提とするものであり理由がないとしている。

[18] 福岡高那覇支判令元・7・16判例自治474号82頁は、次のような事案である。土地区画整理事業の施行者であるY（一審被告、那覇市）は、亡Aに対し、従前地の換地として本件換地を定める旨の換地処分（以下「本件処分」）を行った。これに対して、Xら（一審原告ら、控訴人亡Aの相続人ら）が、本件処分について、土地区画整理法（以下、法）89条1項（照応原則）等に反する違法があるとして、その取消しを求めたものである。

原審（那覇地判平30・10・31判例自治474号85頁）は、塀などの位置と境界が一致しない土地が相当数ある中で、本件換地は、唯一、Yによる境界に沿った造成工事が行われないなど他の権利者と比較して著しく不利益・不公平なものであり、照応原則に違反するとした（法103条2項違反も認定）ものの、本件では、処分の取消しにより公の利益に著しい障害を生ずる一方で、Xらが被る損害は重大なものとまではいえないから、本件処分を取り消すことは公共の福祉に適合しない特段の事情があるとして、行訴法31条1項により、Xらの請求を棄却した上で、本件処分が違法であることを宣言していた。本判決

において原判決は維持され、控訴は棄却されている。なお、本判決については、上告がなされたものの、不受理となっている（最二決令2・2・28判例集未登載）。

[19] 京都地判令2・6・17判時2481号17頁は次のような事案である。Xら7名（原告ら）は、Y（被告・福知山市）を事業主体とする土地区画整理事業等により造成された土地（以下、「本件土地」）を購入し、自宅建物を建築して居住していたところ、平成25年台風により床上浸水等の被害に遭った。そこで、過去の水害状況や浸水被害に遭う危険性に係る説明・情報提供がなされるべきであったのに、Yがこれを怠ったとして不法行為ないしは国家賠償法1条1項に基づく損害賠償を求めたものである。

裁判所は、Yが、信義則上の義務として、土地売却の際に、ハザードマップの内容について説明するのみならず、本件土地に関する近時の浸水被害状況や今後浸水被害が発生する可能性に関する情報について開示・説明すべき義務を負っていたとする一方、Yの情報提供義務については法令上の根拠が認められないから、Yの職員等が職務上の法的義務に違背したとはいえないとして、Xらの請求のうち、不法行為に基づく請求を一部認容し、国家賠償法1条1項に基づく請求を棄却した（控訴）。

[20] 最大判令3・2・24判時2488=2489号5頁は次のような事案である。那覇市長Y（被告・控訴人）は、補助参加人A（一般社団法人）に対して、都市公園である松山公園の敷地内に久米至聖廟（本件施設）の設置を許可し、その使用料181万7063円（本件使用料）を全額免除した（本件免除）。これに対して、本件免除が憲法20条1項後段、3項、89条（政教分離規定）に違反しているとして、那覇市住民であるX（原告・被控訴人）が、自治法242条の2第1項3号に基づき、本件使用料の返還不請求が違法であることの確認などを求めた事案である。

那覇地判平30・4・13判例自治454号40頁は、空知太事件最大判（平22・1・20民集64巻1号1頁）に依拠し、宗教的施設であっても、地方公共団体が公園施設による都市公園の占用に係る使用料の全額を免除している状態が、「信教の自由の保障の確保という制度の根本目的との関係で相当とされる限度を超えて憲法89条に違反するか否かを判断するに当たっては、当該公園施設の性格、都市公園の無償提供行為がされるに至った経緯、当該都市公園の無償提供行為の態様、これらに対する一般人の評価等、諸般の事情を考慮し、社会通念に照らして総合的に判断すべき」とした。その上で、個別事情に照らし、

本件免除は、憲法20条3項の禁止する国の機関たる地方公共団体による宗教的活動にも該当し、違憲無効であるとして、Xの請求を認容したものである。

原審（福岡高那覇支判平31・4・18判例自治454号26頁。本誌21号で紹介済み）は第一審判決を維持したものの、那覇市公園条例上及び同条例施行規則に基づき、「Yには、施設の設置許可を受けた者に対して公園使用料の一部免除をするか否かについての裁量が認められている」から、Yが、Aに対し、本件使用料の全額を徴収しないことが直ちにはYの財産管理上の裁量を逸脱・濫用するものとはいえない旨を追加し、具体的な金額を示さずに、Xの請求を一部認容し、その他の請求を棄却していた。

ＸＹ双方が上告したところ、本判決は、(1)本件免除が「相当とされる限度を超えて、政教分離規定に違反するか否か」を判断するに当たっては、下級審判決と同様に、諸般の事情を考慮し、社会通念に照らして総合的に判断すべき（空知太事件最大判の他に、津地鎮祭事件（最大判昭52・7・13民集31巻4号533頁）及び愛媛県玉串料事件（最大判平9・4・2民集51巻4号1673頁）も引用）とし、①施設の宗教性の程度が軽微なものではないこと、②観光資源等としての意義や歴史的価値をもって国公有地の無償提供の必要性を裏付けられないこと、③免除の効果が間接的、付随的なものとはいえないこと、④一般人の目から見て、Yが特定の宗教に対して特別の便益を提供していると評価され得ることを認め、本件免除は、憲法20条3項の禁止する宗教的活動に該当し、憲法20条1項後段、89条に違反するか否かについて判断するまでもなく、本件免除を違憲とした原審の判断は是認できるとした。ただし、(2)本件免除は違憲無効であるから、Yにおいて、本件使用料に係る債権の行使又は不行使についての裁量があるとはいえず、その全額を請求しないことは違法であるとしたものである（反対意見あり）。

[21] 東京高判令3・5・27判例自治477号102頁は、次のような事案である。本件土地の通路部分については、昭和25年に、神奈川県知事による道路指定（建築基準法42条2項）がされていたが、権限移管により、昭和60年に、Y（被控訴人・一審被告・小田原市）があらためて包括的な道路指定処分を行った。これに対し、本件土地を共有するXら（控訴人・一審原告）が、本件土地は、昭和25年の時点において、現に建築物が立ち並んでいる幅員が4m未満1.8m以上の道に該当しない旨主張し、Yがした道路指定処分が存在しないことの確認を求める訴えを提起したところ、原審（横浜地判令2・8・

5判例自治477号106頁）は、Xらの請求を棄却したため、Xらが控訴に及んだものである。

本判決は、当時の航空写真や火災報告書等によれば、複数の建物と複数の所有者の存在が窺われ、さらに、白地図等では右建物の住人たちは、本件通路を通行せずに公道に出られないものと認められるから、本件通路はこれらの者の通行のための通路として存在したというべきであるとして原審の判断を維持し、Xらの請求を棄却した（上告）。

この他、東京地判令2・11・12が判例自治477号70頁に掲載されたが、本誌22号で紹介済みである。

6　自然・文化環境

[22] 広島高判令2・1・22判時2486号5頁は、上関原発関連の住民訴訟である。訴外・中国電力株式会社は、公水法2条1項に基づく埋立免許を受けており、埋立工事に着手した日から3年以内に同工事を竣功しなければならないとの指定（同法13条）を受けていた。しかし反対運動に遭うなどして、工事の竣功ができず、平成24年10月5日、当時の山口県知事（前知事）に対し、同法13条の2第1項に基づき、上記免許に係る設計概要変更・工事竣功期間伸長許可の申請をしたところ、同前知事およびその後任の知事は、中国電力とのやり取りを繰り返して判断を留保し続け（以下、本件判断留保）、平成28年8月3日に許可を出すに至った。これに対して、山口県の住民であるXら（被控訴人ら・一審原告ら）が、標準処理期間内に許可の許否の判断を行わなかったことが違法であるなどとして、Yら（控訴人ら・一審被告ら・前知事の相続人ら）に対し、留保中の期間の人件費等の支出に係る金員の支払などを求めたものである。

原審（山口地判平30・7・11判時2486号14頁）は、「埋立てに関する事項の変更又は期間の伸長の許可申請がなされた場合、公水法の……趣旨に照らし、免許権者は、合理的な期間内に許否の判断を行うべき義務を負う」とし、免許権者が、標準処理期間を越えて「拒否の判断を留保した結果、申請に係る延長期間の末日までに埋立工事が竣功しない蓋然性がある［場合には、その］時期を超過して、申請に対する判断を留保することは、裁量権を逸脱するものとして違法となる」とした。その上で、本件判断留保が違法であり、それに直接関係のある財務会計行為（郵送費）も違法になるとして、その限度でXらの請求を認容したものである。これに対して、Yらがその敗訴部分の取消しを求めて控訴した。

本判決は、工事の竣功等の期間伸張の許可申請があった場合、審査期間についても知事の裁量が及ぶとし、また、内規に過ぎない標準処理期間を徒過しての判断の留保が直ちに裁量権の範囲の逸脱、濫用と評価されるわけではないとした。しかし、標準処理期間が行政手続法に基づく制度であり、その趣旨が「申請者の利益を主に考慮した」ものであることを「特に考慮すべき」とし、申請者が処分の留保につき任意に同意しているものと認められる場合には、特段の事情が認められない限り、当該申請に対する判断の留保は、裁量権の範囲の逸脱、濫用にはならない、と判じた。その上で、中国電力が、本件判断留保につき任意に同意していたものと認め、また、その他に特段の事情も認められないなどとして、原判決中Y敗訴部分を取り消し、Xらの請求を棄却した。なお、本判決については、上告がなされたものの、不受理となっている（最三決令2・10・20判例集未登載）。

期間伸長制度の趣旨は、公水法上の「適法性の確保」であるといえよう。そうであれば、その許可申請に係る判断に当たっては、当初免許付与時における審査の基礎となった前提事情や事実関係に「重大な変化」が生じたかどうかという観点から、「正当ノ事由」の有無が検討されるべきである。しかし本判決は、それ以上に、行政手続法で確保される「申請人の利益」を「特に考慮すべき」とした。公水法2条1項判断は、高度の公益性に係る判断なのだから、本件判断留保の違法性判断に当たっても、「特に考慮」されるべきは、中国電力という一私人の利益よりはむしろ、公水法の上記趣旨ではないか。

[23] 大阪地判令2・6・3判例自治473号77頁は、Y（被告・大阪府知事）の河川整備計画に基づくダム建設事業に対し、Xら（原告ら・大阪府の住民）が、同事業には法で求められる安全性や合理性が欠けているとして、公金の支出等の差止めを求めた住民訴訟である。

裁判所は、次のように判じて、Xらの請求を退けた。(1) ダムの設計等が法令上の技術的基準に適合するか否かは、河川砂防技術基準の内容を考慮して判断すべきものであるところ、本件ダムはその内容に沿った安全性が備わっている。(2) 本件整備計画を定めたYの判断は裁量権の範囲を逸脱・濫用するものではなく、本件事業が治水手段として合理性を欠くものともいえない（控訴）。

[24] 名古屋地判令2・11・5判例自治475号44頁は、名古屋城（文化財保護法上の特別史跡）の天守閣復元事業の是非をめぐる住民訴訟において、住民側の請求が退けられた事例である。詳しくは、本号の越智敏裕評釈を参照されたい。

[25] 最三判令3・7・6裁判所HP（民集75巻7号3422頁）は、辺野古埋立て関連の事案である。普天間飛行場代替施設の設置に関しては、公有水面埋立の承認がされていたが、平成30年ごろまでに、埋立予定水域内に軟弱地盤の存することが明らかになった（以下、この水域を「本件軟弱区域」という）。そのため、沖縄防衛局は、右区域について、当初の設計の概要に含まれていない内容の地盤改良工事を行うことを決定していたものである。そうした状況下で、同防衛局は、埋立事業に係る環境影響評価書に基づく環境保全措置（造礁サンゴ類の移植技術に関する試験研究）を実施する目的で、沖縄県漁業調整規則（以下、本件規則）41条2項に基づき、サンゴの特別採捕許可を求める申請（以下、本件申請）をした。しかし、X（上告人・沖縄県）は、本件申請内容の必要性及び妥当性があるか否かを判断できないなどとして、標準処理期間の経過後も何らの処分もしなかった。Xが応答処分をしないので、Y（被上告人・農林水産大臣）が地方自治法245条の7第1項に基づき許可処分をするよう求める是正の指示をしたところ、この指示が違法であるとして、Xが、国地方係争処理委員会の審査を経た上で、指示の取消を求めて出訴したものである。

本件における争点は、サンゴの移植の必要性や移植計画の妥当性などである。原審（福岡高那覇支判令3・2・3裁判所HP（民集75巻7号3489頁）。本誌23号で紹介済み）は、必要性について、移植しないと埋立てによりサンゴが死滅するので、水産資源の保続培養を図るためにサンゴの移植が必要であるとして、これを認めた。妥当性についても、移植の内容・方法等が、サンゴ類の移植に関する専門的・技術的知見に照らし不合理といえない場合には、本件サンゴ類の避難措置という目的に照らして適切なものであるとして、これを認めている。最高裁は、特別採捕許可に関する沖縄県知事の判断が裁量権の行使としてされたことを前提とした上で、その判断要素の選択や判断過程に合理性を欠くところがないかを検討し、重要な事実の基礎を欠く場合、又は社会通念に照らし著しく妥当性を欠くものと認められる場合に限り、裁量権の範囲の逸脱又はその濫用に当たると認めるのが相当であるとした。そして、是正の指示がなされた時点で、Xにおいて本件申請の内容に必要性を認めることができないと判断したことは、裁量権の範囲の逸脱又はその濫用に当たると判示し、これと同旨の原審の判断は是認することが

できるとして、本件上告を棄却したものである。

本判決には、反対意見が付されており、次の点をめぐって見解が分かれた。すなわち、本件軟弱区域での地盤改良工事に着工するには、設計の概要の変更承認が必須となる（公有水面埋立法13条ノ2、42条）ところ、本件軟弱区域外の護岸造成工事（本件護岸工事）についてはどうなのか、という点である。多数意見は、「変更承認を受けていない段階であっても、当該変更に関する部分に含まれない範囲の工事については、特段の事情のない限り、当初の願書に記載された設計の概要に基づいて適法に実施し得る地位を有しているものと解される」とし、本件申請の対象であるサンゴは、そうした範囲外の工事の予定箇所又はその近辺に生息しており、それらのサンゴが「適法に実施し得る本件護岸工事により死滅するおそれがあった以上、水産資源の保護培養を図るとともに漁業生産力を発展させるという漁業法等の目的を実現するためには、本件さんご類を避難させるべく本件水域外の水域に移植する必要があったというほかはない」とした。また、本件埋立は、公水法4条1項2号の環境保全配慮要件に適合するものとして承認を受けているとして、その妥当性についても肯定し、Xが応答処分をしないことは、「本件護岸工事を事実上停止させ、これを適法に実施し得る沖縄防衛局の地位を侵害するという不合理な結果を招来するものというべきである」としている。

これに対して、宇賀裁判官は、本件申請の適否の判断について、「変更申請が承認される蓋然性は、要考慮事項であり、その点を考慮することなく申請の許否を判断すれば、考慮すべき事項を考慮しなかった考慮不尽となり、裁量権の範囲の逸脱又はその濫用となってしまう」とした上で、Xが、「本件指示の時点において、本件各申請を許可すべきか否か判断できないとしたことは、要考慮事項を考慮するための情報が十分に得られなかったからであり、そのことについて上告人の責に帰すべき事案であるとはいえない」とし、同時点までに許可をしなかったことに違法性はないとした。また、宮崎裁判官は、宇賀裁判官の意見に同調し、本件については、「埋立てが不確定な状況になり、変更承認を受けない限りその埋立てを施行することができないことが明らか」であり、「埋立ての承認自体は無効にもなっておらず、また、取り消されてもいないとしても、その承認においてなされた2号要件適合性の判断は実質的には無意味なものになっている」のだから、形式的に、本件埋立承認が有効に存在していることだけを理由として、「サンゴの採捕が漁業法等の目的

に沿う環境保全措置に該当すると判断することはできない」とした。なお、両裁判官とも、本件変更申請が承認された場合には、特段の事情がない限り、特別採捕許可処分がされるべきことになると考えられるとしている。

[26] 福岡高判令3・10・21裁判所HPは、ダム建設による水没予定地の居住者等からなるXら（控訴人・一審原告）が、同ダム建設工事により、生命・身体の不安に怯えず平穏に生きる権利などが違法に侵害されると主張し、これらの権利に基づく妨害排除又は妨害予防請求として、本件工事の続行の禁止を求めた事案である。

原判決（長崎地佐世保支判令2・3・24判例集未登載。本誌22号で紹介済み）は、本件ダム建設事業を進めることにより、Xらが洪水被害に遭い、その生命、身体の安全が侵害されるおそれがあるとは認められないなどとして、請求を棄却していた。本判決も同様に判じて、Xらの請求を退けている。

[27] 福岡高那覇支判令3・12・15裁判所HPも辺野古関連の事案である。沖縄防衛局は、沖縄県知事から受けていた公有水面埋立ての承認（公水法42条1項）を取り消されたため、本件撤回処分の取消しを求めて行政不服審査法に基づく審査請求を行ったところ、国土交通大臣（裁決行政庁）により同撤回処分を取り消す旨の裁決がなされた。そこで、X（控訴人・沖縄県知事）が、本件裁決の取消しを求めたものである。

原審（那覇地判令2・11・27裁判所HP。本誌22号で紹介済み）は、本件訴えが行訴法3条3項に基づく裁決取消訴訟として適法かどうかについて検討し、法規の適用の適正ないし一般公益の保護を目的として裁決の取消しを求める者は、「法律上の利益を有する者」に当たらないので原告適格が認められないとして、本件訴えを却下していた。本判決も同じ観点からの検討を行い、自治権や（埋立海域に対する）公物管理権をもって、本件裁決の取消訴訟に係る「法律上の利益」を基礎付けることはできないなどとして、原審と同じ結論に至っている。

7 アメニティー・再生エネルギー

[28] 東京高判令3・4・21判例自治478号59頁は、近年紛争が多発しているメガソーラー開発事業関連の事案である。X（被控訴人・一審原告）は、Y（控訴人・一審被告・伊東市）の区域内で太陽光発電設備設置事業（以下「本件事業」）を計画する民間会社であり、Yの普通河川条例（以下「本件条例」）

に基づき、河川敷地の占用許可を求めたが、Y市長は許可を出さなかった。そこで、Xが、この不許可処分は裁量権を逸脱・濫用してなされたものであり、所要の処分理由も示されていないと主張して、その取消しを求めたところ、原審（静岡地判令2・5・22判例自治478号88頁）が請求を認容したため、Yが控訴に及んだものである。

本判決は、占用許可が設権的行為であることなどを踏まえれば、(1) Y市長は申請に対して、本件条例及びこれと趣旨を共通にするものと解される河川法の目的等を勘案した裁量判断として、許可を出さないこともできるとし、さらに、(2) その判断に当たっては、Yの行政手続条例に基づき設けられた審査基準に沿って、占用の公共性や事業の公益性、それに、当該事業に係る行為の法令・条例等への適合性を考慮できるとした。

そして、本判決は、①Xの事業活動に対して再エネ特措法に基づく改善命令が出されたことや、②Yの「美しい景観等と太陽光発電設備設置事業との調和に関する条例」に関する手続をXが適切に行っていないこと、それに③Yの市議会において本件事業への反対決議がなされていること等の事実を認め、本件事業が許認可等を受けてされる事業として、公共性・公益性が高いものといい得るかには問題があり、また、一般社会住民の容認するものであるとも認め難いとして、本件不許可処分に係る裁量の逸脱・濫用は認められないとしたものである。

ただし、本件不許可処分の通知書は、「本件占用は、現時点では社会経済上必要やむを得ないと認められるに至らないことから不許可とする」と記載するのみであり、申請者においてその求めた許可を拒否する基因となった事実関係をその記載自体から知ることができないので、Y市行政手続条例8条1項の定める理由の提示がされていないとして、同処分を取消した（確定）。

本判決の (1) は、最二判平19・12・7民集61巻9号3290頁に倣ったものであろう。この最判は、海岸法に基づく一般公共海岸区域の占用許可について、「海岸管理者は、必ず占用の許可をしなければならないものではなく、海岸法の目的等を勘案した裁量判断として……占用の許可をしないことができる」と判じていた。こうした理解の下であれば、河川法や海岸法に基づく占用許可申請がなされた場合に、「環境の保全」（河川法1条、海岸法1条）を勘案した裁量判断として、許可を出さないこともできそうである。加えて、本判決は、本件河川の管理が自治事務であることや、本件占用許可が設権的行為であることを指摘しているので、(1) のような理解が示されることに違和感は少ない。しかし、(2) で考慮可能とされた事項と①②③などの諸事情が、河川法1条の「環境の保全」と重なるかどうか。この点については疑問符がつけられそうであるが、右の「環境」が河川の「自然的環境」だけではなく「社会的環境」をも含んでいる（本判決は (2) の根拠として、そのように定めた通達等（例：河川敷地占用許可準則）を引用している）と解するならば、かろうじて重なりがあるといえようか。

（おおつか・ただし）

（おいかわ・ひろき）

医事裁判例の動向

小西知世　明治大学准教授

医事判例研究会

1　はじめに

(1)　裁判例の選定について

今期は、①民集 74 巻 8 号〜75 巻 3 号、②判時 2481 号〜2498 号および判タ 1484 号〜1489 号、③金法 2165 号〜2176 号および金判 1619 号〜1630 号、④裁判所 HP および LEX/DB 医療判例検索において裁判年月日を「令和 3 年 7 月 1 日〜令和 4 年 1 月 1 日」として抽出されたものを対象とした。このうち③には医事裁判例といえるものは掲載されていなかった。

(2)　今期の全体的な傾向

今期の特徴としてあげられる最初の点は、関連する裁判例が比較的多く掲載されていたことである。紹介に精粗はあるが本稿でとりあげたものは 29 件。紙幅の都合もあり紹介を諦めたものもあった。29 件の内訳は、医療事故訴訟に位置づけられるもの 17 件、医事裁判例は 12 件である。

今期の医療事故裁判例を損害賠償法の解釈論という観点から見渡した場合、新しい動きを特に感得することはできなかった。過失・注意義務違反に関する争点が多くの判決の帰趨を決しており、そのうち医療水準・診療ガイドラインが重要なポイントを担っていたケースは 4 件であった。

もっとも、看護師等の過失が問われている事案が複数存在し、薬剤師の疑義照会に関するケース [15] や医療事故調査報告書の証拠能力に言及するケース [4] が新たに姿を現したことを惟みると、その限りにおいて事案に多様性が生じてきていることを捕捉することができよう。ここに今期の新たな動向を看取することができるように思われる。

医療水準・診療ガイドラインに関するもの：[1][2][7][8]

看護師等の過失に関するもの：[9][13][14]

老健などの病院外医療に関するもの：[3][14]

分娩に関するもの：[7][16]

2　医療事故訴訟の状況

(1)　検査・診断に関する過失

(a)　検査

検査に関するものとしては [1] 東京地判令 3・7・15LEX/DB25589714 がある。本件は術前検査の目的が争点となった事案である。

被告開設の大学附属病院の医師が腹腔鏡下右腎部分切除術を原告に行うに際し、術前に実施した細菌検査の結果を待ってから施術を行うべき注意義務があったにもかかわらず本件施術を施行したため感染症を発症し長期にわたる治療を必要とすることになったとして、原告は被告に対して債務不履行に基づく慰謝料等の支払を求めた。東京地裁は、本件検査の目的は、術後感染症を発症したとき起炎菌が特定される前に使用する抗菌薬等の参考とすることにあると解し、検査結果を待たねばならない注意義務はないと判断。原告の訴えを退けた。

(b)　診断

[2] 東京高判令 2・12・10 判時 2490 号 11 頁は、心房細動診断の臨床医学における医療水準が争点となった事案であり、原審（横浜地横須賀支判平 30・3・26 判時 2490 号 20 頁）とは異なる結果となったものである。

本件は、被控訴人開設の病院において心房細動に対するカテーテルアブレーション手術を受けていた本件患者がその途中で急性心タンポナーデを発症し、遷延性意識障害の状態となったのち死亡したことから、遺族である控訴人が、被控訴人に対し当該手術が本件患者に適応しないのにこれを実施した過失があるなどと主張し損害賠償請求をした事案である。ここでは手術を実施する際に当該患者に心房細動と診断することができる所見があるのか否か、心

房細動の確定診断に基づいて手術を実施したのか否かという争点が地裁と高裁において結論を左右するものとなった。この点につき、手術当時の心房細動の確定診断方法にスポットライトが当てられ、確定診断のためには「自然に発生した発作時における心電図を記録して心房細動を確認する」ことが必要でありそれが原則であったことから、高裁ではそれを心房細動診断における医療水準であると認定した。かくして、それを実施せず所見のないまま手術を実施した医師の過失を認め被控訴人の責任を認めた逆転判決となった（確定）。

介護老人保健施設に従事する医師の腎機能障害の診断に関する注意義務が争点となったものが [3] 東京地判令3・9・24LEX/DB25600841である。

被告運営の介護老人保健施設に入所していた利用者の娘（原告）が、当該医師に利用者の腎機能障害を的確に診断し腎機能の悪化を防止するなどの注意義務があったのにこれを怠ったため利用者が末期腎不全となり死亡するに至ったと主張し、被告に対し損害賠償を請求したものである。

この事案では、被告施設の①医師の腎機能障害の診断、および②医師の腎機能悪化防止に関する注意義務違反の有無が争点となった。東京地裁は、①に対して、入所の可否を判断するために施設に提出された本件利用者の診療情報提供書から慢性腎臓病を診断することはできないこと、医療水準が規範的に判断されるものであることを踏まえても老健は入所者にリハビリテーションを提供することを目的とする施設であること・長期入所が予定されていないこと・経済的に十分な医療提供に限界があること等から、当時の臨床医学の実践における医療水準に照らし医師が慢性腎臓病と診断する注意義務を負っていたとはいえないとした。②についても、老健の施設特性から腎機能を悪化させないための特定健康診査が施設に課されていると解するのは相当ではないとし原告の訴えを棄却した。

この事案の特徴的なところは、過失判断の際に老健の施設特性につき言及し、それを踏まえた論理展開がなされた点にあろう。

[4] 静岡地判令3・8・31LEX/DB25590764は、研修医の消化管穿孔の診断についての責任が問われた事案である。

本件は、被告開設の病院において診察を受けた本件患者の相続人（原告）が、被告研修医には診察の際に消化管穿孔を疑い直ちに開腹手術等の処置をすべき注意義務があったのに帰宅させたため、本件患者が多臓器不全により死亡するに至ったなどと主張

し、被告研修医に不法行為に基づく損害賠償請求、被告法人に使用者責任と債務不履行に基づく損害賠償請求をした事案である。

本件では被告研修医の過失が認められた。そこで示されたロジックは、最三判平8・1・23民集50巻1号1頁で示された判断枠組を引用したうえで、認定事実に基づき被告研修医に消化管穿孔を積極的に疑い自らあるいは他の医師に依頼するなどして穿孔部への処置等を実施すべき注意義務があったにもかかわらずそれを怠ったというものであった。

この判決では、2つの特徴を看取することができる。1つは、被告研修医の責任の検討において、研修医という要素につき「過失の判断は、診療当時のいわゆる臨床医学の実践における医療水準によるべきであって、被告が研修医であったかどうかはこの点において考慮されるべき事情ではない」との見解が示されたことである。いま1つは、事故調査報告書の証拠能力に関する議論である。この事案では、事故後、被告病院は原告らの同意を得て事故調査の一環として当該患者の病理解剖を実施し、原告らに医療事故調査報告書を提出していた。その事故調査報告書が本件の訴訟資料として原告側から提出され、それを受けて被告側は医療事故調査制度の目的と調査報告書を訴訟資料として用いることに伴う弊害を主張したことにより、本件において訴訟における事故調査報告書の取扱いが付随的な争点として設定された。この点につき静岡地裁は「本件事故調査報告書は形式的証拠力を備えており、本件において、事実認定に用いることが禁止されるべき事情は特にうかがわれない。よって、被告らの主張を採用することはできない」との見解を示した。医療事故調査報告書の証拠能力につき言及した判決は、おそらくこの静岡地裁判決が最初のケースであろう。ここで提起された問題は、詰まるところ、医療事故という事象を契機として生じる方向性が異なる2つの視角——事故防止・安全という視点と事故により損害を与えた者に対する責任という視点——、およびそれぞれの視角に基づき構築された法制度間でどのように調整をはかるのか、というものになるかと思われる。この問題につき十分な議論がなされた形跡を未だ感じることはできない。今後、安全論・責任論ともに議論を伸展させ制度を適正に運用するために、民法領域からのアプローチはもとより民事訴訟法やその他法領域からの議論も必要となることを指摘しておきたい。

(2) 手術・処置・患者管理等に関する過失

(a) 手術

[5] 広島地判令2・12・22判時2493号39頁は、患者遺族が医療事故に基づき損害賠償請求をした本訴と、被告法人が未払診療費等の請求をした反訴がなされた事案である。

本件は、被告運営の病院において胸腔鏡下拡大胸腺摘出術を受け、手術中の大量出血により低酸素脳症を発症し意識が回復することなく死亡した患者の遺族らが原告となり、当該患者の死亡は手術中の医師の過失に起因すると主張し、被告に対し損害賠償請求した事案である。また本件では、当該患者が死亡したため支払われていなかった診療費等全額の支払を被告が求めた反訴もなされた。

この事案では、主に①胸腺静脈の切離部位に関する過失の有無、②損害の有無・額、③損益相殺的調整の成否が争点とされた。広島地裁は、①につき、手術を担当した医師には胸腺静脈を切離するに際して枝分かれした根元から5ミリメートル程度離れた部位を切離すべき注意義務を負っていたにもかかわらず根元を切離した過失があるとし、被告の責任を認めた。②については、診療契約の内容は当該患者が被告に対して本件手術に係る診療費等を支払う旨の合意が当然に含まれていることから、当該診療費については診療行為の内容が当初の契約で予定されていた範囲に属するものである限り被告に対して支払うべきものであり、本件手術中の過失行為があったことにより増加した診療費等についてのみ当該過失行為によって生じた損害と評価すべきとした。③は、本訴請求で肯定された損害で当該患者の逸失利益の相続分うち、受領することが確定している遺族基礎年金を控除することでなされた（控訴）。

[6] 神戸地判令3・9・16LEX/DB25591127は、本件患者である原告が食道静脈瘤に対する内視鏡的静脈瘤結紮術（EVL）を被告が開設する市民病院にて受け、術中に心肺停止となるなどした結果、低酸素脳症により寝たきりの状態になったことから損害賠償を請求した事案である。

結論を分けた争点は、鎮静剤を側管注法で投与したことに対する過失の有無であった。この点につき、神戸地裁は、被告病院の医師らには鎮静剤の投与方法を注意しなければ低酸素血症を招くことを予見し得たにもかかわらずこれを怠る方法で鎮静剤を投与したと認定し、被告の責任を認めた。

(b) 処置

[7] 大阪地判令2・3・13判時2482号45頁は、巨大児の分娩に関する事案である。

本件は、巨大児として出生した原告が、被告開設の病院において分娩時に右上肢肩肘機能全廃の後遺障害を負ったことにつき、担当医師に帝王切開をすべき注意義務違反、帝王切開へと分娩術を変更できるような態勢を構築すべき注意義務違反があったなどと主張し損害賠償請求をした事案である。

大阪地裁は、出生当時、巨大児であるか否かの正確な診断が困難であり巨大児がすべて難産であるとは限らなかったこと、巨大児であるか否かを基準として帝王切開を実施するという医療水準もまだ確立していなかったことなどを論拠として、担当医師に注意義務違反はなかったとし原告の訴えを棄却した（確定）。

[8] 福岡高宮崎支判令3・9・15LEX/DB25590788は、診療ガイドラインに記載された内容と異なった医療行為を実施した医師の過失が争点となった事案であり、原審（宮崎地判平31・3・27日LEX/DB25562913）の結論を覆したものである。

このケースは、急性膵炎を原因として入院していた患者が死亡したことにつき、相続人である家族が病院を運営している法人に損害賠償請求をしたというものである。原審では家族を原告・運営法人を被告とし、当直医の輸液投与の実施義務違反等が争われた。宮崎地裁は原告の主張を認め被告に損害賠償を命じた。これを不服として被告が控訴（原告は附帯控訴）。その際、診療ガイドラインである急性膵炎ガイドラインの性格・位置づけ、および医師の輸液義務等に争点が設定された。

この争点に対し、原審では、診療ガイドラインを「臨床医に実際的な診療指針を提供するもの」＝「当時の一般的な外科医師の医療水準を示すもの」と位置づけ、そこからの逸脱を問題視するというロジックをとっていたが、本審では、急性膵炎ガイドラインは急性膵炎の診療にあたる臨床医に最も標準的な診療方針を提供するものであるが、ガイドラインに沿った医療行為を実施しなかったことが当該患者の個別性等に照らして合理的な理由がある場合には、ガイドラインに沿った医療行為を実施しなかったとしても医師の過失が認められることにはならないとし、本件においては当該医師が急性膵炎ガイドラインに沿った医療行為を実施しなかったことにつき合理的な理由があったとして注意義務違反を認定しなかった。

医師の注意義務の判断に診療ガイドラインが参照される事案が増えてきている。その影響ゆえか、近年、ガイドラインを受け取る側である医師の間には、裁判になったときに不利にならないようガイドライ

ンを遵守しなければならない（あるいは遵守しさえすればいい）という思考様式が、翻ってガイドラインを策定する側には策定することへの懸念・ガイドラインという文言を用いることへの忌避感が、少なからず強まってきている。確かにいずれも判例解釈を超えた向こう側の問題ではあるが、さりとて一顧だにせず等閑に付すことにも疑問が感じられる。なお、本件においては、患者のミトン抑制・看護師の連絡義務違反なども争点となっていたことを付言しておく。

神経精神科における看護師の観察・医師の処置が問われた事案が [9] 大阪地判令2・6・5 判時 2496 号 53 頁である。

被告が開設する病院の神経精神科入院中に死亡した患者の両親（原告）が、看護師らに当該患者の呼吸状態を継続的に管理すべき注意義務違反・異変に気づいて状態を確認すべき注意義務違反、医師らに気管挿管や気道確保をすべき注意義務違反等があったと主張し、被告に対し損害賠償請求をした事案である。当該患者の状態をかんがみ、呼吸状態を常に看視しなければならないほど気道が閉塞しやすい状況にはなかったこと、状態が変化してからも気管挿管や気道確保の必要性が高かったとはいえなかったこと、原告ら主張の注意義務違反が認められる場合であっても原告ら主張の注意義務違反がなかったならば当該患者がその死亡の時点においてなお生存していたであろうことを是認し得る高度の蓋然性が証明されているとはいい難いことから、被告病院の看護師・医師の注意義務違反が認められないとし原告ら請求を棄却した（控訴）。

本誌 22 巻 [9] で紹介された減胎手術に関する高裁判決が、今期、判例誌に掲載された（[10] 大阪高判令2・12・17 判時 2497 号 23 頁。原審は本誌 22 巻 [8] 参照）。なお、本判決は令和3年9月30日に棄却・不受理の最高裁決定が示されている（[11] 最一決令3・9・30LEX/DB25591368・[12] 最一決令3・9・30LEX/DB25591369）。

(c)　患者管理

[13] 東京地判令2・6・4 判時 2486 号 74 頁は、看護師の経過観察上の過失および医療機器メーカー・販売会社の責任が問われた事案である。

本件は、くも膜下出血のために被告開設の大学付属病院に入院していた患者が、SICU から SHCU に転床後、低酸素脳症をきたして植物状態になり死亡したことにつき、遺族である原告らが、医師または看護師に生体情報モニタのアラーム設定を誤りこれを見落した過失などがあった、当該モニタとその管理システムを製造・販売した被告メーカー・販売会社に製造物責任法における仕様設計上の欠陥、指示・警告・説明上の欠陥などがあったと主張し、被告大学病院に対しては債務不履行または不法行為に基づき、被告メーカー・販売会社には製造物責任法または不法行為に基づく損害賠償請求をし、被告病院にのみ責任を認めた事案である。

被告病院に責任を認めることになった争点は、看護師に生体情報モニタのアラーム設定を誤り見落した過失があったか否かという点であった。この点につき、本件病院では1日2回モニタのアラーム設定画面を開いて設定内容を確認するよう求めていたのであるから、急変に備えアラームを医師の指示どおりに設定するとともに設定が維持されているか否かにつき継続的に確認すべき注意義務があったにもかかわらず、本件患者の転床に伴ってアラームがOFF になったことを看過しただけではなく事故発生時まで確認できていなかったとして看護師の過失を認定した。なお、医療機器メーカー・販売会社に対しては、仕様設計上の欠陥および指示・警告・説明上の欠陥のどちらも認めなかった（確定）。

[14] 京都地判令元・5・31 判タ 1484 号 227 頁は、老健での転倒事案である。

この事案は、認知症であった利用者（原告らの父）が被告が開設する介護老人保健施設の認知症患者専門フロアに入所中、施設職員が付添いや近位での見守りを怠ったことによって3回転倒し頭部骨折等の傷害を負い死亡したこと等につき、原告らが損害賠償請求をしたというものである。

京都地裁は、介護士・看護師ら施設職員に、2回目の転倒につき1回目の転倒の態様を鑑みると危険な態様で転倒する可能性があることは十分に予見できたことから、動向を注視し付添い介助すべき義務があったにもかかわらずそれを怠ったと判断した。さらに、短期間に2回も危険な転倒をしている状況からすれば3回目の転倒は重大な結果を生じさせる危険が極めて高く、そのことが十分かつ容易に予想される状況にあったことから付添い介助すべき義務が課せられていたにもかかわらずそれをしなかったとして3回目の転倒についても義務違反を認定し、被告施設側の責任を認めた（控訴）。なお、本件では、認知症の進行が著しく常に介護が必要であると診断され特別養護老人ホームへの入所を申し込んだが順番待ちの状態であったことから本件施設に入所したこと、複数の介護老人保健施設にも申し込んでいたものの心身の状態に不安があるため断られていたとの事実も認定されている。

認知症高齢者のケアの現場が直面している問題の1つが転倒転落である。裁判例上、かつては散見されるだけであったが、平成20年以降、なかんずく令和の時代に入ってからこの問題に関する裁判例が多数出されるに至っている。2025年には認知症高齢者の数が約700万人にもなるという。来る時代を見据え、これから注目しておく必要があろう。

[15] 東京地判令3・9・10LEX/DB25600840は、薬剤師の疑義照会の適切性が問われたケースである。やや詳細に紹介しておこう。

原告は消化器科を受診し本件医師の診察を受け、本件医師は、原告に本件薬剤を含む処方箋を交付。原告は、被告法人開設の薬局を訪れ処方箋とお薬手帳を提出。そのお薬手帳には本件薬剤の禁忌薬が処方されていることが記載されていた。薬局の従業員は、原告に対し当該禁忌薬の服用継続を確認。被告薬剤師は、本件処方箋に従い服薬指導の上で本件薬剤を含め交付した（この時点までは、原告が併用禁忌状況に陥っていることの認識なし）。その後、被告薬剤師が本件調剤に関する情報を電子薬歴に入力したところ薬学監査システムにより併用禁忌である旨のアラート表示が確認されたため、併用禁忌薬を調剤したことに気がついた。そこで処方医に疑義照会をしようとしたが休診日であったため連絡がつかず、原告の携帯電話にも電話をかけたがその時点では応答がなかった。原告は不在着信を見て本件薬局に電話をかけ、被告薬剤師は原告に対して本件調剤につき「飲み合わせの悪い薬があるので、かかりつけ医に相談してから服用するように」と説明した。原告は被告薬剤師の説明を受け本件薬局を訪れ、経緯の説明を求めるとともに代金と引換えに本件薬剤を本件薬局に返還（なお、原告は本件薬剤を服用せず）。この事実を受けて、原告が本件調剤およびその後の被告らの対応は著しく不適切な医療行為であって、これにより原告の適切な医療行為を受ける期待権が侵害されたと主張し、被告薬剤師および被告法人に対して損害賠償を請求したというのが本件である。

東京地裁は、最二判平23・2・25判決を参照しつつ「患者が適切な医療行為を受けることができなかった事案において、仮に適切な医療行為がなされたとしても患者に生じた結果を回避できた高度の蓋然性（医療行為と結果発生との相当因果関係）が認められず、結果を回避できた相当程度の可能性も否定される場合であっても、当該医療行為が著しく不適切なものであるときには、適切な医療行為を受ける期待権の侵害のみを理由とする医師等の不法行為の成否を検討することができる」との判断枠組を示したうえで、本件調剤は医師による処方箋に従ったものであること、被告薬剤師は調剤後すぐに併用禁忌薬を調剤したことに気がつき直ちに処方医への疑義照会を試みた上で原告に複数回にわたり連絡を試みていること、原告は本件薬剤を服用することなく本件薬局に返却したこと等から、被告らが著しく不適切な医療行為を行ったとは認められないとの判断を示した。

民事判例という観点から見た場合、期待権の運用面のほうに目がいくだろうが、本事案で注目すべき点はそこではない。この事案は、薬剤師法24条で規定されている薬剤師の疑義照会をめぐる問題の1つが訴訟上初めて顕在化し争点となったリーディングケースである。院内処方が一般的であった時代に制定された同法24条が、院外処方が一般的となった現在においても十全に機能しうるのか、そのような制度的背景があるなかで薬剤師の法的責任はどこまで求められることになるのか、などについて検討されねばならないだろう（この問題については、十万佐知子「保険薬局における疑義照会の実態調査と法制度の問題点」年報医事法学32号25頁以下を参照されたい）。

(3) 説明義務違反

[16] 広島地判令2・1・31判タ1484号184頁は分娩事故に関する事案である。

本件は、分娩経過中に胎児低酸素・酸血症が持続したことにより低酸素性虚血性脳症となり出生後約8ヶ月で死亡した乳児の両親が原告となり、被告医療法人が運営する産婦人科医院の担当医に、分娩をする際、子宮収縮薬であるオキシトシン投与についての説明義務違反などがあったとして、被告医療法人に対して損害賠償を請求した事案である。

広島地裁は、投与の必要性、手技・方法、効果、主な有害事象などについて説明をした後、患者から投与について同意を得なければ投与をしてはならないにもかかわらず説明を怠るとともに同意を得ることなくオキシトシンを投与した注意義務違反があるとし、医師の過失を認めた。もっとも、原告母親はオキシトシンの危険性等について説明を受けていたとしても使用に同意していた可能性が高いことから、母親には慰謝料等以外の損害が発生したとは認めがたいとし、そしてその慰謝料は自らの意思に基づいてオキシトシンを投与するか否かの選択の機会を奪われたことによる精神的苦痛に基づくものであることを示した（控訴）。

このケースは、説明義務違反により原告の選択の機会が失われたことに対する慰謝料が認められたという点、法律構成が、診療契約上の債務不履行または平成27年法律74号による改正前の医療法68条が準用する一般社団法人及び一般財団法人に関する法律78条に基づく構成であったという点に特徴を看取することができる事案といえよう。

眼科における説明義務違反が問題となった事案が[17] 東京地判令3・4・30判タ1488号177頁である。

被告が運営する医療センターにおいて3回にわたって両眼の白内障手術を受けたものの左目が失明した原告が、担当医には、手術適応の前提となる説明を怠った過失、および術後の眼圧を適切に管理することを怠った過失があり、カルテの改ざんや虚偽説明によって精神的損害を被った等と主張し、損害賠償を請求した事案である。

このケースでは、①カルテ改ざんおよび虚偽説明の有無、②説明義務違反の2点が帰趨を決する争点となった。①につき、東京地裁は「医師は、患者に対して適正な医療を提供するため、診療記録を正確な内容に保つべきであり、意図的に診療記録に作成者の事実認識と異なる加除訂正、追記等をすることは、カルテの改ざんに該当し、患者に対する不法行為を構成する」との見解を示し、また手術記録については「手術中に起きたこと、術中合併症等をありのままに記載するものであり、被告センター眼科においては、記録医が手術中に記録し、術後、手術室において執刀医が必要に応じて追記して作成されていた」との評価を示し、かくして手術記録の記載内容と整合しないカルテの記載内容に改ざんがあったと認定し担当医の責任を認めた。②については、担当医が説明義務を果たしていたならば、原告は3回の手術のうち最初の2回の手術に同意せず、そして2回目の手術が行われなかった場合には失明しなかったと認められることから、説明義務違反と失明の間に因果関係を認めた。なお、カルテ改ざんによる損害は慰謝料として位置づけられた（確定）。

(4) 因果関係・相当程度の可能性

今期、因果関係について本格的に議論が及んでいるケースは[4]であった。ここでは、被告研修医の過失と本件患者の死亡との間の因果関係の有無が争点の1つとされ、静岡地裁は「医師の不作為と患者の死亡との間の因果関係については、経験則に照らして統計資料その他の医学的知見に関するものを含む全証拠を総合的に検討し、医師が注意義務を尽く

して診療行為を行っていたならば患者がその死亡の時点においてなお生存していたであろうことを是認し得る高度の蓋然性が証明されれば、医師の当該不作為と患者の死亡との間の因果関係は肯定されるものと解される」とし、本件においては、被告研修医が注意義務を尽くしていれば、死亡時点でなお生存していたであろうことを是認し得る高度の蓋然性があったと認めた。

3 その他（医事裁判例）の状況

(1) 生殖補助医療関連

[18] 静岡家浜松支審令2・1・14判時2496号82頁は、申立人ら夫婦が、申立人間の体外受精でできた胚を用いた代理出産をウクライナ国で依頼し出生した未成年者との間に特別養子縁組を申立て、認められた事案である（確定）。

不妊治療のための凍結受精卵を配偶者の同意なくして移植し出産した事案の高裁判決が示された（[19] 大阪高判令2・11・27判時2497号33頁（確定）。原審は本誌22巻[7] 参照）。本件については、評釈（大塚智見）で扱われるため詳細はそちらに譲ることにする。

(2) 精神医療関連

精神医療に関するものには、認定された障害等級の齟齬があり再認定を求めた事案である[24] 大阪地判令2・6・3判時2486号31頁（確定）がある。また、医療保護入院の妥当性が争われたものとして、[25] 東京地判令3・7・1LEX/DB25600670、[26] 神戸地判令3・7・1LEX/DB25590673がある。

(3) 薬事関連

今期、要指導医薬品のネット販売規制の合憲性について争われた最高裁判決が民集に掲載された（[27] 最一判令3・3・18民集75巻3号552頁。本件の詳細は本誌23巻[16]、原審については本誌22巻[20]を参照されたい）。また、B型肝炎訴訟九州訴訟に対する最高裁判決は判例誌に掲載された（[28] 最二判令3・4・26判タ1489号44頁。詳細は本誌23巻[17]、原審は21巻[20] を参照）。

(4) 医行為関連

いわゆるタトゥー事件最高裁決定が、今期、判例誌に掲載された（[20] 最二決令2・9・16判時2497号105頁）。

医行為は、近年、このタトゥー事件を軸にさまざ

まな視角から議論がなされており、その状況はもはや百花繚乱の様相を呈している。かような状況は、ともすれば医行為論はタトゥー事件のような場面が主戦場であるとの認識を招きかねない状況にまで至っているように感じられる。

非医療専門職が行う医行為の問題は、90年代以降、主に"在宅医療の場面において在宅療養患者に対し家族やヘルパーなどが実施せざるをえない医行為"や"教育の場面において医療ニーズの高い児童生徒等に対し教員などの非医療専門職が実施せざるをえない医行為"に対して法はどう応えるか、という文脈のなかで議論が積み重ねられていた。そこでは"医師法17条違反の影を法解釈によりどう振り払うか"というところに議論の矛先が向き、しばし医療的ケアという名の衣をまとわせることによって表向きの解決が試みられた（この問題は解決され得たとはいえないまま今も残存している）。かくして、この問題を起点として、常勤の看護師がいないため保育園や学校に通えない——あるいは通園通学先が極めて限定されてしまう——医療的ケアを要する子供への対応の問題が、当該児童生徒の教育を受ける権利に関する問題と綯い交ぜにしつつ必然的に発生するに至った。

この問題が初めて法廷で正面から問われたのが東大和市保育園入園承諾義務付け訴訟（東京地判平18・10・25判時1956号62頁）であり、そしてそのベクトル上に位置づけられる新たな裁判例が今期の[21]横浜地判令2・3・18判時2483号3頁である。

本件は、四肢不自由で24時間人工呼吸器を使用し、経鼻胃管栄養を行い、車いすではなく介助者が押して動かすバギーによって移動している本件児童とその両親が小学校の特別支援学級への就学を求めたが県は認めず養護学校を指定したことから、県の当該処分の取消を求めるとともに市に対し当該児童を就学させるべき小学校を指定するよう求める非申請型の義務付けの訴えを提起した事案である（なお、児童に対する医療的ケアは、基本的に両親が実施している）。この訴えを横浜地裁は棄却。学習の場において本件児童の障害の状態を前提とした安全が確保されねばならないところ、看護師が配置されておらず児童間の衝突事故等も想定される小学校は看護師が配置されている特別支援学校よりも安全確保の面で相応しい場所であるとはいえないとの理由を示した（原告は控訴）。

タトゥー事件が示した判断枠組は、在宅医療や教育の場面での非医療専門職の医行為に対してどのような影響をもたらすのであろうか。検討を要しよう。

（5） 医業類似行為関連

あはき師法附則19条1項の合憲性が問われる事案が今期も続いている。本誌22巻[23]を原審とする高裁判決として[22]大阪高判令3・7・9LEX/DB25571688、同巻[22]を原審とする高裁判決として[23]東京高判令2・12・8LEX/DB25571237が示されている（なお本件については本年2月に最高裁判決が示された模様である）。いずれもほぼ同じ理由により請求が棄却された。詳細については本誌22号を参照されたい。

（6） 労務関連

[29]盛岡地判令2・6・5判時2482号74頁は、診療所長・介護センター副所長などを務めていた医師が過労により精神疾患を発症し自殺したのは公務に起因するものであるとして公務災害の認定を請求したところ処分行政庁が公務外災害としたため、当該医師の妻が原告となり本件処分の取消と公務災害認定の義務づけを盛岡地裁に求めた結果、公務起因性を認め公務災害と認定し処分行政庁の処分を取り消したケースである（確定）。地域医療を1人で支えなければならなくなった医師の過酷な様子が克明に描かれている裁判例である。コロナ禍のもとで厳しい勤務を強いられている医療従事者のことも視野に収めつつ一読されたい。

（こにし・ともよ）

労働裁判例の動向

石井妙子　弁護士

労働判例研究会

はじめに──今期の労働裁判例の概観

今期の裁判例の動向の対象となるのは、2021年7月から12月の間に刊行された民集、判時、判タ、労判、労経速に初掲載された裁判例である（前期以前に掲載済みのものを除く）。なお、裁判例の分類基準は従前のものを踏襲する。

新型コロナウィルスの蔓延が、経営環境に影響を与え、業界や職種によっては大きな打撃を受け、コロナ禍に起因する整理解雇等の裁判例もあった。未曾有のコロナ禍においても、整理解雇の４要素といった判断枠組みは不変と見られるが、もっとも、判例傾向が確認できるのは、もう少し先であろう。

長時間労働の是正が言われて久しく、近年、働き方改革も押し進められているところであるが、相変わらず長時間労働に起因する過労死・過労自殺の裁判例が散見される。労災の不支給処分取消しを求める行政訴訟や、安全配慮義務違反による損害賠償請求を求める民事訴訟のほか、役員に対して会社法429条１項により損害賠償責任を追及するもの、会社法847条の２及び423条により株主代表訴訟を提起するものがある。株主代表訴訟については、労働紛争の解決手段、戦略として目新しいものとして注目される。

1　労働法の形成と展開

該当判例なし。

2　労働関係の特色・労働法の体系・労働条件規制システム

該当判例なし。

3　個別的労働関係法総論

労基法上の労働者性について、[1] 退職金支払請求事件・東京地判令２・３・11判時2486号89頁は、取締役就任後の労働者性が争われた事案であるが、就業規則に、取締役に就任した場合に従業員の地位を失うとの定めがなかったこと、就任時に退職届の提出や退職金の支払がなされていないこと、業務内容の変化がなかったこと等から、労働者性を肯定している。[2] サンフィールド事件・大阪地判令２・９・４労判1251号89頁、[3] 日本代行事件・大阪地判令２・12・11労判1243号51頁は、いずれも個人業務委託について、契約の文言や形式のいかんにかかわらず、実質的な使用従属性の有無を判断すべきであるとし、[2] は、労働者性を肯定し、[3] はこれを否定している。

4　労働者の人権保障（労働憲章）

[4] みずほ証券事件・東京地判令３・２・10労経速2450号９頁は、社内公募による留学後５年以内に退職した場合の留学費用返還の合意につき、労基法16条違反が争われた事案であるが、当該留学制度の実態等に照らし、返還合意は労働者の自由意思を不当に拘束し労働関係の継続を強要するものではないとして、返還請求が全額認容された。

ハラスメントについて、[5] 長崎県ほか（非常勤職員）事件・長崎地判令３・８・25労判1251号５頁は、セクハラであると主張された行為については違法性なしとし、パワハラについて一部行為について違法性を認めた。[6] 海外需要開拓支援機構ほか事件・東京地判令２・３・３判タ1486号166頁は、駅のホーム上で手を払って拒否したにもかかわらず肩に手を回そうとした行為及び懇親会で、監査役と共に映画等に行くことなどが記載されたくじを引かせたことについて、原告の人格権を侵害する違法行為であるとした。[7] 旭川公証人合同役場事件・旭川地判令３・３・30労判1248号62頁は、ほぼ毎日のように多数のメッセージを送信したことについて、業務と無関係なものが多数含まれており、送信時間も勤務時間外、夜間、休日早朝等であり、社会通念上相当

な範囲を逸脱して違法であるとした。

　また、ハラスメント調査に関する裁判例が３件あり、[8]京丹後市事件・京都地判令３・５・27労経速2462号15頁は、幼稚園教諭であるＸに対する園長のパワハラ行為は否定されたものの、Ｘの日記を無断で園長に見せるなどといった調査過程に違法があるとして損害賠償請求を認容した。[9]Ａ大学ハラスメント防止委員会委員長ら事件・札幌地判令３・８・19労判1250号５頁は、大学教授であった原告が、原告にハラスメント行為があったとするハラスメント防止委員会の決定により名誉感情を侵害されたとして争ったものであるが、同委員会の決定について侮辱行為と評価することはできないとした。一方、後記[37]は、パワハラ行為があったという第三者委員会の調査結果を否定して懲戒解雇を無効としている。

5　雇用平等、ワーク・ライフバランス法制

　[10]経済産業省事件・東京高判令３・５・27労経速2463号３頁は、性別適合手術を受けておらず、戸籍上の性別変更をしていない性同一性障害の職員に対し、庁舎内の女性トイレの使用について制限を設けたことについて、裁量権の逸脱又は濫用があったとはいえないとした。なお、一審では、裁量権の逸脱又は濫用があるとして、国賠法上違法であるとされていた（東京地判令元・12・12判タ1479号121頁）。

　[11]巴機械サービス事件・横浜地判令３・３・23労判1243号５頁は、男性は全員総合職、女性は全員一般職である会社において、給与規定上予定されている職種転換制度を整えることなく、一般職から総合職への転換の機会を提供せず、結果としてＸら女性社員２名の職種変更の機会を奪ったことは、雇用機会均等法６条３号（労働者の職種及び雇用形態の変更）及び同法１条の趣旨に違反したものであるとした。過去の裁判例では、問題とされたコース別人事制度について、男女別処遇として均等法違反であるとしたものがあるが（野村證券事件・東京地判平14・２・20労判822号13頁、兼松事件・東京高判平20・１・31労判959号85頁など）、本判決はコース別人事制度自体の違法は認定せず、転換制度が整備されておらず、転換の実績も無いという点で、異動（職種変更等）に関する男女差別であるとしており、新しい判断枠組みであると言える。

6　賃金

　退職金につき、[12]退職金等請求事件・最一判令３・３・25判タ1488号89頁は、民法上の配偶者であっても、婚姻関係が実体を失って形骸化し、かつ、その状態が固定化して近い将来解消される見込みのない場合、すなわち、事実上の離婚状態にある場合には、中小企業退職金共済法14条１項１号にいう配偶者に当たらないとした。

　賃金性が争点となったものとして、[13]GCA事件・東京地判令３・１・20労判1252号53頁は、就業規則（給与規定）の定めなく、降格による不利益緩和措置として支払われた特別手当は、任意的恩給的給付にすぎず、賃金ではないから不支給とすることにつき労働者の同意を要しないとした。

　定額残業代の事案では、[14]KAZ事件・大阪地判令２・11・27労判1248号76頁は、調整手当の上乗せ分について時間外労働の対価であることの合意があったことをもって、上乗せ前の調整手当についても時間外労働の対価であることの合意があったことになるものではないとした。[15]医療法人竹林院事件・松山地宇和島支判令３・１・22判タ1487号213頁は、介護事業者に支払われる介護職員処遇改善加算金を原資とする「介護処遇加算手当」を、時間外勤務割増賃金に充当することは、上記加算金の制度趣旨に反するとし、時間外労働の対価として支払われたとは認めず、さらに割増賃金の計算の基礎に加えて未払額を計算すべきであるとした。

7　労働時間

（1）　管理監督者性

　[16]国・川崎北労基署長（MCOR）事件・東京地判令元・11・７労判1252号83頁は、労災保険の給付額との関係で管理監督者性が争われ、マネージャーについて管理監督者性を否定し、管理監督者であることを前提として給付日額を計算したのは違法であるとした。

　[17]三井住友トラスト・アセットマネジメント事件・東京地判令３・２・17労判1248号42頁は、いわゆるスタッフ管理職について、本件では重要な職務、責任、権限を与えられていないとして労基法上の管理監督者に該当しないとした。

（2）　労働時間性

　前記[17]は、所定始業時刻より早く出社したからといって、当然に労働時間となるものではなく、所定始業時刻前のパソコンのログ記録をもって始業時刻と主張する場合には、始業時刻前の時間が、使用者から義務付けられまたはこれを余儀なくされ、使用者の指揮命令下にある労働時間に該当することについての具体的な主張立証が必要であるとした。

[18] アートコーポレーションほか事件・東京高判令3・3・24労判1250号76頁は、制服を着用することが義務付けられ、朝礼の前に着替えを済ませることになっている場合、その時間及び朝礼の時間以降は、被告会社の指揮命令下に置かれたものと評価することができ、これに要する時間は、それが社会通念上相当と認められる限り、労働基準法上の労働時間に該当するとした。

（3）労働時間管理体制に関する取締役の責任

[19] 肥後銀行事件・熊本地判令3・7・21労経速2464号3頁は、Xの亡夫（肥後銀行の従業員）が、業務に起因して自殺し、同銀行がX及びその子らに対する損害賠償金等を支払うとともに法令遵守が重視される銀行として信用毀損による損害を被ったのは、当時の取締役であったYらが、従業員の労働時間管理体制の構築に係る善管注意義務を懈怠したためであると主張して、旧株主でもあるXが、会社法847条の2及び同法423条1項に基づき、Yらに対し、損害賠償金を肥後銀行に支払うことを求めた株主代表訴訟である。過去、後記[32]のように会社法429条1項に基づく責任追及をした例はいくつかあるが、株主代表訴訟はおそらく初めてのケースである。結論としては、経営判断の原則から善管注意義務違反がないとされたが、紛争類型として目新しいものとして注目される。

8 年次有給休暇

該当判例なし。

9 年少者・妊産婦

該当判例なし。

10 安全衛生・労働災害

（1）アスベスト

[20] 国・建設アスベスト事件・最一判令3・5・17労経速2455号3頁は、建設アスベスト訴訟において、国の規制権限の不行使の違法性を肯定し、安衛法57条などに関する規制権限の不行使が、同法2条2号に定める労働者以外の者（いわゆる一人親方及び個人事業主等）との関係でも、国賠法上違法であるとし、更に、最高裁として初めて民法719条1項後段の類推適用を肯定し、建材メーカーらに寄与度に応じた範囲での連帯責任を肯定した。

（2）じん肺

[21] 国・佐伯労基署長事件・福岡高判令2・9・29判時2497号81頁は、じん肺管理区分3ロの判断を受けていた者が、10年以上療養を続けた後、慢性呼吸不全急性増悪（II型）で死亡したことについて、じん肺及びその合併症により全身状態が悪化し、死亡に至った経過に照らして業務起因性を肯定した。

（3）労災認定に関する行政訴訟
（a）脳・心臓疾患

[22] 国・大阪中央労基署長事件・大阪高判令2・10・1判時2493号49頁は、長時間労働とウィルス性の劇症型心筋炎発症、急性心不全との間に因果関係があるとは認められないと判断し、また控訴審で追加された治療機会喪失により劇症型心筋炎を発症した旨の主張も認められないとして、業務起因性を否定し、業務起因性を認めた原審判決（大阪地判令元・5・15判タ1467号158頁）を取り消した。ちなみに、令和3年9月15日、脳・心臓疾患の労災認定基準が改訂され、対象疾病として「重篤な心不全」が追加された。新基準によれば、本件も業務起因性が認められる余地があると解される。

（b）精神疾患

業務起因性が認められた裁判例は以下のとおりである。[23] 国・一宮労基署長（ティーエヌ製作所）事件〈付原審〉・名古屋高判令3・4・28労判1251号46頁は、勤務先の工場における業務従事中の事故による左眼の負傷等に関して、事故から約2年後に発症した精神障害には事故との間に相当因果関係が認められるとした。[24] 国・福岡中央労基署長事件・福岡地判令3・3・12労経速2450号19頁は、うつ病による自殺につき、長時間労働や上司の嫌がらせによりうつ病を発症したものとして、業務起因性を認めた。[25] 国・大阪中央労基署長（リーヴスホーム）事件・大阪地判令3・3・15労判1249号35頁は、うつ病発症直前3か月間に、1か月当たり100時間以上の時間外労働を行ったことに加え、心理的負荷の程度が「弱」である複数の出来事及び心理的負荷の程度が「中」である2週間以上の連続勤務が重なったことから業務による強い心理的負荷があったと認められるとして、業務起因性を認めた。[26] 国・和歌山労働基準監督署長事件・和歌山地判令3・4・23労経速2458号3頁は、単独で心理的負荷「強」であると認められる出来事があったともいえないが、総合すると、業務に関連して生じた出来事による原告の精神的負荷は強度であると認められるとして業務起因性を認めた。

公務起因性が認められたものとしては、[27] 地

方公務員災害補償基金岩手県支部長事件・盛岡地判令2・6・5判時2482号74頁は、市の診療所所長であった医師の自殺につき、診療業務、患者虐待問題や病床廃止計画への対応による負荷が、総合的に評価すると精神疾患を発症させるほど過重であったとして公務起因性を認めた。[28] 地方公務員災害補償基金愛知県支部長事件・名古屋地判令3・4・19労経速2458号25頁は、発病日までの約3週間で、少なくとも合計123時間45分の時間外勤務を行うことを余儀なくされたこと、その業務も、配置換え直後の長時間にわたる慣れない庶務業務であり、自分を含む職員の時間外勤務時間を月80時間以内に修正するという甚だ不条理な業務を含むものであり、公務とその精神障害との間に相当因果関係を認めることができるとした。

公務起因性を否定したものとして、[29] 地方公務員災害補償基金宮城県支部長事件・東京地判令3・1・20労経速2449号14頁は、地方公務員のうつ病発症につき、時間外勤務の状況や、業務内容に照らして強度の精神的又は肉体的負荷を与える出来事があったということはできないとして公務起因性を否定した。

（4） 安全配慮義務

[30] 伊藤忠商事・シーアイマテックス事件・東京地判令2・2・25労判1242号91頁は、出向社員の海外出張中の交通事故について、出向先について本件では具体的な危険の予見可能性がないとして、安全配慮義務違反を否定し、また、出向元については労働者が出向した場合には、現に労働者に対する指揮命令権の帰属する出向先が、当該労働者に対する安全配慮義務を負うと解すべきであるとして、そもそも安全配慮義務なしとした。[31] 製麺会社A事件・旭川地判令2・8・31労判1247号71頁は、製麺機に左手が巻き込まれて負傷した事案について、製麺機の刃の部分が危険であることを注意喚起するような表示等をしていたとは認められず、また、本件製麺機の危険性を十分に教育したと認めるに足りる証拠はないとして安全配慮義務違反を肯定し、一方、労働者にも過失があったとして過失割合3割とした。[32] 株式会社まつりほか事件・東京地判令3・4・28労判1251号74頁は、長時間労働により心疾患を発症して死亡したとして、会社に対しては安全配慮義務による損害賠償義務、会社の代表取締役であった被告に対しては、善管注意義務違反により会社法429条1項に基づく損害賠償義務があると

した。

11　労働契約の基本原理

[33] ソニー生命保険ほか事件・東京地判令3・3・23労判1244号15頁は、他の社員について社内ルール違反があると報告した原告に関して、秘密録音等をしているかのよう印象づける掲示や、秘密録音をしているという虚偽の事実の伝達をした行為は、原告の名誉を毀損する不法行為に該当するとし、行為者のみならず会社も使用者責任を負うとした。

[34] 学校法人Y事件・東京地判令3・5・17労経速2459号3頁は、業務命令権の濫用が争われたものである。判決は、業務命令の内容については、使用者の合理的な裁量に委ねられているが、業務上の必要性を欠き又は社会通念上著しく合理性を欠く場合、殊更に労働者に対して不利益を課すなどの違法、不当な目的でされた場合には、業務命令権を濫用したものとして無効となるとし、その判断に当たっては、当該業務命令の業務上の必要性の有無及び程度、その動機・目的、当該業務命令が労働者に与える影響の程度等を総合的に考慮して判断すべきであるとしたうえで、本件の、ハラスメント行為を理由とする非常勤講師に対する大学構内への立ち入り禁止命令は、業務命令権の濫用には当たらないとした。

12　雇用保障（労働契約終了の法規制と　　雇用システム）

（1）　解雇
（a）　労働者に帰責性ある場合（懲戒解雇・諭旨解雇等を含む）

[35]PwCあらた有限責任監査法人事件・東京高判令3・7・14労判1250号58頁は、ストーカー行為による諭旨免職処分（説諭し退職届を提出させる。ただし、退職に応じない場合には懲戒解雇とすることができる）を有効とし、Xが退職に応じないまま（Yも懲戒解雇はせず）その後になされた降格処分及びストーカー行為について反省の見られないことや能力不足等を理由としてなされた普通解雇を有効とした。ストーカー行為規制法に基づく警察所長からの警告を受けていた事案であるが、原審（東京地判令2・7・2労判1245号62頁）は諭旨免職処分は重きに失し無効であるとし、業務内容や勤務態度に問題があることは認められるが、すべてを総合考慮したとしても、解雇せざるを得ないほどの重大な事由があると認めることはできないとして普通解雇も無効としていた。

[36] 山崎工業事件・静岡地沼津支判令2・2・25労判1244号94頁は、同僚に対して、その生命、身体が損なわれる危険性が極めて高い行為を行い、今後とも安全に対する意識を高めることが期待できないことを理由になされた普通解雇を有効とした。なお、上記とは別に、以前、原告が負傷した事故については、会社の安全配慮義務違反が肯定された。

[37] 社会福祉法人ファミーユ高知事件・高知地判令3・5・21労経速2459号26頁は、第三者委員会が認定したパワハラ行為に基づく懲戒解雇につき、第三者委員会の調査結果を否定し、懲戒解雇を無効とした。

[38] 地位確認等請求事件・名古屋地判令2・1・21判タ1485号189頁は、期間の定めのない労働契約が成立した後で、「期間の定めあり」とする労働条件通知書に署名押印したとしても、本件では無期労働契約から1年の有期契約への変更を十分に認識したうえで自由な意思に基づいて合意したものと評価することはできないとして変更を認めず、またその後になされた解雇について、問題行動として主張される多くは証拠がなく、当該行動があったと認められるものも重大なものではなく、解雇は解雇権濫用で無効とした。

(b) 整理解雇

[39] 森山事件・福岡地決令3・3・9労経速2454号3頁は、コロナ禍における整理解雇に関する仮処分事件である。コロナ禍においても整理解雇の判断枠組みに変更なく、人員削減の必要性があったことは一応認められるとしつつ、手続の相当性、人選方法の合理性を欠くとして解雇無効とした。

近年、少子化を反映してか、学校法人における人員削減事案が散見されるところ、今期も次の2件がある。[40] 学校法人大乗淑徳学園事件・東京地判令元・5・23判タ1488号161頁は、大学の学部廃止に伴う整理解雇について、所属学部及び職種が限定された雇用の場合も、いわゆる整理解雇の4要素を検討し、解雇無効とした。[41] 学校法人明浄学院事件・大阪地判令2・3・26労判1246号91頁は、原告らの解雇後、13名を新規採用していることなどから、人員削減の必要性に疑問があることに加え、解雇回避努力、人選の合理性が認められず解雇は無効であるとした。

(2) 雇止め

有期契約の更新に際し、新たな労働条件を提示し、労働者の同意が得られずトラブルになることがある。[42] Ｙ社事件・広島高判令2・12・25労経速2462号3頁は、定年後再雇用の更新時に、給与額及び勤務場所につき新しい条件を提示したところ、新条件での合意が得られなかったため更新を拒絶したことについて、客観的に合理的理由があるということはできないとした。本件は、本号の判例研究で検討している(本号126頁参照)。また、[43] 学校法人河合塾(雇止め)事件・東京地判令3・8・5労判1250号13頁は、新たな労働条件に合意できず、更新拒否がなされた場合の判断枠組みとして、従来の労働条件を維持することなく新たに提示した労働条件が合理的であることを基礎付ける理由の有無及び内容、提示条件の不利益の程度、同種の有期契約労働者における更新等の状況、当該労働条件提示に係る具体的な経緯等の諸般の事情を総合考慮し、使用者が提示した当該労働条件の客観的合理性及び社会的相当性を中核として、労働契約法19条に照らして判断すべきであるとし、本件については雇止めが認められるとした。

[44] 高知県公立大学法人事件・高松高判令3・4・2労経速2456号3頁は、3回にわたり当該労働契約を更新した後、プロジェクト途中で雇止めがなされた事案において、雇用継続の合理的期待があり、雇止めに客観的合理的理由と社会的相当性がなく、雇止めは認められず、労働契約法19条により更新したものとみなされるとした。ただし、その後、通算契約期間が5年を超えたことから、同法18条1項の無期転換権利行使により、期間の定めのない労働契約に転換したとの主張については、同条所定の期間内に意思表示がなされていないとしてこれを退けた(原審では無期転換を肯定していた。高知地判令2・3・17労判1234号23頁)。

[45] 学校法人南陵学園事件・和歌山地判令2・12・4労経速2453号14頁は、誘いを受けて前職を退職して有期契約を締結し、契約書に更新する場合がありうるとされていた事案において、更新1回目でも雇用継続の合理的期待ありとし、勤務態度等に照らし、更新拒絶には客観的に合理的な理由を欠き、社会通念上相当であるとは認められないとした。

公務員については、私法上の雇用関係とは法理が異なる。[46] 大阪府・府教委(府立岸和田支援学校)事件・大阪地判令3・3・29労判1247号5頁は、地方公務員の再任用拒否について、公務員の任免には労働契約法19条の類推適用や民法の信義則や権利濫用法理の適用はなく、また本件で再任用の期待するような特別の事情もないとした。

（3） 退職

（a） 退職勧奨

[47] 日立製作所事件・横浜地判令2・3・24判時2481号75頁は、退職勧奨の違法性を認め、慰謝料20万円の支払を認容し、一方、賞与・給与額決定にかかる査定について違法はないとした。退職勧奨時の具体的発言内容等も認定されており、事例として参考になるものである。

（b） 退職の無効

[48] 丙川商店事件・京都地判令3・8・6労判1252号33頁は、休職期間満了により自然退職となっていたか否かが争われた事案である。就業規則の文言上、「業務上の傷病により欠勤し3か月を経過しても治癒しないとき（療養休職）」は退職とする旨規定しているところ、本件は「業務外の傷病」であった。会社は、「業務上」とあるのは明白な誤記であり、正しくは「業務外の」であると主張したが、裁判所は、労働者の身分の喪失にも関わる規定を、文言と正反対の意味に読み替えた上で労働者の不利に適用することは、労働者保護の見地から労働者の権利義務を明確化するために制定される就業規則の性質に照らし、採用し難い解釈であるとし、上記規定による退職の効力を否定した。

[49] 長崎市事件・長崎地判令3・3・9労経速2459号27頁は、統合失調症により意思能力を欠く状態であったとして、退職の意思表示を無効とした。

（4） 退職を契機とするトラブル

[50] グッドウイン事件・東京地判令3・2・4労判1253号117頁は、保険代理店の営業職員の退職に際し、使用者が、退職する者の媒介にかかる保険契約及び保険募集人登録の移管手続を行う義務を負うこと等を定める法令の規定等はなく、入社時の書面や説明に照らしても、退職時に無条件に、移管する手続を行う旨の合意が成立したと認めることはできないとした。

13　労働関係の成立・開始

該当判例なし。

14　就業規則と労働条件設定・変更

[51] 明治機械事件・東京地判令2・9・28判時2493号103頁は、就業規則の最低基準効（労働契約法12条）に関する裁判例である。就業規則に試用期間延長の規定がない場合に、労働者の利益のため更に調査を尽くして職務能力や適格性を見出すことができるかを見極める必要があるなどやむをえない場合等に、調査を尽くす目的から、労働者の同意を得た上で必要最小限度の期間を設定して試用期間を延長しても就業規則の最低基準効に反しないが、本件ではやむを得ない事情があったとも、調査を尽くす目的があったとも認められず、労働者の同意を得たとしても就業規則の最低基準効に反し、延長は無効になると解すべきであるとした。

[52] 東神金商事件・大阪地判令2・10・29労判1245号41頁は、従業員全員の同意を得て退職金制度を廃止した旨の会社主張に対し、不利益の大きさに鑑み、同意の有無については慎重に判断せざるを得ないところ、仮に同意したと見られる行為を行っていたとしても、労働者の自由な意思に基づいてされたものと認めるに足りる合理的な理由が客観的に存在するとはいえず、退職金制度の廃止を同意していたとは認められないとした。

[53] 学校法人梅光学院（給与減額等）事件・山口地下関支判令3・2・2労判1249号5頁は、私立大学法人における、年功序列型の賃金体系を見直した就業規則への変更について、少子化等により、数多くの私立大学が構造的な不況に見舞われる中で、被告の経営状態は厳しいものであるが、極めて危機的な財政状況にあったとはいえず、労働者が不利益を受忍せざるを得ないほどの高度の必要性があったとまでは認め難く、不利益の大きさに照らすと相当性があったとは言い難く変更の合理性は認められないとした。

15　人事

（1）　私傷病休職制度の運用

[54] 日東電工事件・大阪高判令3・7・30労判1253号84頁、[55] 日東電工事件・大阪地判令3・1・27労判1244号40頁は、業務外の事故により頚髄損傷、頚椎骨折の傷害を負って後遺症が残り、休職していた者について、休職期間の満了による雇用契約終了（退職）を有効とした。在宅勤務させるべき義務があったということはできないとしている。

[56] タカゾノテクノロジー事件・大阪地判令2・7・9労判1245号50頁は、欠勤が続いている状況ではなかった上、産業医及び主治医とも、適応傷害により欠勤する必要があるとは考えていなかったのであるから、休職命令は無効であり、休職期間満了による退職も無効であるとした。

[57] 学校法人日通学園（大学准教授）事件・千葉地判令2・3・25労判1243号101頁は、自律神経機能不全症で休職中だった大学の准教授を、事務職員として復職させたことについて、職種限定契約

であり、職種変更命令は無効であるとした。

[58] 東菱薬品工業事件・東京地判令２・３・25 労判 1247 号 76 頁は、軽作業であれば復職可能である旨の診断書の提出にもかかわらず、従事可能な業務について十分な配慮をせず、休職を命じたこと、復職に当たって始末書を提出させたこと、無効な懲戒処分をしたこと等について、不法行為責任ないし安全配慮義務違反による債務不履行責任に基づく損害を賠償義務があるとした。

（２）　配転命令

[59] インテリジェントヘルスケア（仮処分）事件・大阪地決令３・２・12 労判 1246 号 53 頁は、就業規則の変更を問題視する内容のメールを送信した約１か月後に配転命令がなされたことなどを考慮し、配転命令について業務上の必要性を理由として発令されたものと評価することはできないから無効であり、そうすると配転命令に従わなかったことを理由とする解雇も無効であるとした。

[60] F-LINE 事件・東京地判令３・２・17 労経速 2454 号 26 頁は、配転命令の内示を受けた直後から、配転命令を拒否する姿勢を示した上、業務命令に納得できないから従わない旨告げて以降、２か月近くにわたって無断欠勤を続けていることなどから、懲戒解雇も有効とした。

[61] 医療法人社団弘恵会（配転）事件・札幌地判令３・７・16 労判 1250 号 40 頁は、隔離し、監視カメラの設置された環境で孤立させるといった配転命令について、業務上の必要性を欠くものであり、仮に必要性が認められるとしても精神的苦痛を与え、あるいは退職に追い込むといった不当な動機・目的によって行われたものであって無効であるとした。

（３）　執行役員の退任

[62] ハナマルキ事件・東京地判令２・８・28 判時 2487 号 88 頁は、当該企業における執行役員が雇用契約に基づくものであることにつき争いのない事案において、出向役員退任時には、特別待遇も終了し、旧来の労働条件に復することになるとして、賃金減額及びその後の役職定年に伴う賃金減額を有効とした。

（４）　公務員の分限処分

[63] 神戸市事件・神戸地判令３・３・11 労経速 2453 号３頁は、双極性感情（気分）障害、境界性（情緒不安定性）パーソナリティ障害と診断され、窓から飛び下りようとしたり、包丁を持ち出し、「今日は刺しに来た」と言いながら他の職員の傍らに立つといった行為がある職員について、地方公務員法 28 条１項２号及び３号に基づき分限免職処分をしたところ、改善の見込みがあったとして、これを違法としたが、控訴審（神戸市事件・大阪高判令３・11・３・17D1-Law.com 判例体系）は３号（その職に必要な適格性を欠く場合）該当を認め、処分を適法とした。

16　企業組織の変動と労働関係

[64] ヴィディヤコーヒー事件・大阪地判令３・３・26 労判 1245 号 13 頁は、事業譲渡に際して、譲渡先で新たに雇用契約を締結し直したものであり、従来の雇用契約が承継されたものではなく、退職金債務の承継や引き受けはなされていないとした。

17　懲戒

（１）　雇用契約関係

学校法人の事案がいくつかある。[65] 学校法人目白学園事件・東京地判令２・７・16 労判 1248 号 82 頁は、理事らに対し、侮蔑的なあだ名を付けて一方的に批判、揶揄する内容のメールを、多数名に多数回送付し、かつ以前に口頭厳重注意を受けたにもかかわらず繰り返したことから、出勤停止５日間の処分も相当であるとした。[66] 学校法人甲大学事件・東京地判令３・３・18 労経速 2454 号 10 頁は、200 万円余の通勤手当の不正受給等を理由とする懲戒解雇を有効とした。[67] 学校法人國士舘ほか事件・東京地判令２・10・15 労判 1252 号 56 頁は、X_1 について、学生に不信感・不安感を与える内容の発言も、規律違反は重大であるとまではいえず、懲戒解雇は重きに失し無効であり、本件解雇が普通解雇の意思表示を兼ねるとしても、権利の濫用に当たり、無効であり、かつ不法行為も成立するとした。また、X_2 について、指導方法等に問題はあったが、処分歴のないことなどから降等級処分、授業担当外し、専攻主任解任を無効とし、大学に不法行為が成立するとした。

その他、民間企業における事案としては以下のものがある。処分有効としたものとして、[68] みずほ銀行事件・東京高判令３・２・24 労判 1254 号 57 頁、原審 [69] みずほ銀行事件・東京地判令２・１・29 判時 2483 号 99 頁は、行内通達等を無断で多数持ち出し、出版社等に漏えいしたこと等を理由とする懲戒解雇を有効とした。懲戒解雇にともない退職金不支給としたところ、地裁は退職金３割を支払うべきであるとしたが、高裁は全額不支給を認めた。

[70] 近畿中央ヤクルト販売事件・大阪地判令2・5・28労判1244号136頁は、自動販売機内の売上金の着服（窃取）につき、1年以上にわたり繰り返し行われ、被害額100万円を超えること、被害弁償も行われていないことを考慮すれば、懲戒解雇は有効であるとし、身元保証人に対する請求も認容した。

[71]JTB事件・東京地判令3・4・13労経速2457号14頁は、20回、合計12万9012円の経費流用を理由とする懲戒解雇を有効とした。なお、処分に先立ち出勤の停止を命じた期間については賃金を支払うべきであるとした。

　無効としたものは次のとおりである。前記[58]東菱薬品工業事件は、業務外の事由により長期欠勤していた場合に、所定の届出がなくとも、連絡が一切なかったわけではなく、十分とはいえないまでも具体的な説明もなされていたので、無連絡欠勤や指示違反行為があったと言うことはできないとして、降格の懲戒処分は無効であるとした。[72]医療社団法人和栄会・秀栄会事件・さいたま地判令3・1・28労経速2448号13頁は、コロナウィルス感染拡大の状況下、防塵マスク、ゴム手袋を着用した姿で着任の挨拶まわりをしたことは懲戒解雇事由には該当しないとした。手続の相当性を欠くとされたものとして[73]テトラ・コミュニケーションズ事件・東京地判令3・9・7労経速2464号31頁は、弁明の機会を付与せずに行われたけん責処分を無効とし、不法行為も成立するとした（慰謝料10万円）。なお、[74]国（在日米軍基地従業員・出勤停止）事件・那覇地判令3・7・7労判1251号24頁は、国が被告となっているが、公務員関係でなく国に雇用されている事案である。米軍基地に勤務している労働者に対し、基地内における窃盗への関与を理由に7日間の出勤停止処分等が行われたことに対し、制裁措置を課すための事実の基礎を欠くとして無効とした。

（2）　公務員の事案
[75] 堺市（懲戒免職）事件・大阪地判令3・3・29労判1247号33頁は、市の職員が選挙有権者データを無断で持ち帰り利用したこと、これらのデータがインターネット上で閲覧可能な状態となり、個人情報が流出したこと等を理由としてなされた懲戒免職処分及び退職金不支給処分を適法とした。

[76] Ｙ市教育委員会事件・秋田地判令3・7・9労経速2461号24頁は、高校の教員について、受験希望の中学生の保護者（母）に対するセクハラを理由とする懲戒免職処分を適法であるとした。

[77] 国・陸上自衛隊第11旅団長（懲戒免職等）事件・札幌地判令2・11・16労判1244号73頁は、曹長らが支払うべき私的練習費用を公費から支出し、曹長らが支払った金額を、教習所のテレビ等の購入費に流用したことについて、詐欺罪に該当するが、悪質とはいえず、「重大な場合」には該当せず、処分に手続的瑕疵もあることから、懲戒免職処分は違法であるとして取り消した。また、処分の公表について不法行為が成立するとした。

18　非典型雇用（※雇止めについては12参照）

（1）　同一労働同一賃金
　同一労働同一賃金については事例判決の積み上げがなされている状況である。

（a）　労働条件の相違は不合理ではないとした例
[78] 学校法人中央学院事件・最二決令3・1・22労経速2457号37頁は、有期契約の非常勤講師と無期労働契約の専任教員との間に、本俸の額並びに賞与、年度末手当、家族手当及び住宅手当の支給に関して相違があっても不合理ではないとした原審（東京高判令2・6・24労経速2429号17頁）を維持した。

[79] 独立行政法人日本スポーツ振興センター事件・東京地判令3・1・21労経速2449号3頁は、無期社員に支給される地域手当、住居手当が契約社員に支給されないことについて、契約社員には転居を伴う移動がないことから不合理な相違ではないとした。

[80] リクルートスタッフィング事件・大阪地判令3・2・25判時2493号64頁は、派遣会社における派遣労働者と無期の正社員（派遣会社の営業、内勤事務等）の処遇の相違について、通勤手当の不支給は不合理ではないとした。

[81] 科学飼料研究所事件・神戸地姫路支判令3・3・22労判1242号5頁は、無期契約社員と、有期の嘱託社員の間の賞与、昼食手当の相違は不合理であるとまでは言えないとした。なお、無期の「年俸社員」について労働契約法20条（改正前）を類推適用すべきである等の主張は退けられた。

（b）　相違は不合理であるとした例
　前出[18] アートコーポレーションほか事件は、正社員等とアルバイトとの間で通勤手当の支給に関して相違を設けることは労働契約法20条（改正前）にいう不合理と認められるものに当たるとした。

　前出[81] 科学飼料研究所事件は、有期の嘱託社員に家族手当、住宅手当の支給がないことについては不合理であるとした。

（2） 無期転換後の処遇と同一労働同一賃金

　労働契約法18条に基づく無期転換後の処遇は、転換前と同一であったり、転換後も正社員とは相違することが多い。同一労働同一賃金（短時間有期労働者法8条・9条）は、パートや有期社員の処遇格差是正の制度であるため、フルタイムの無期社員には適用されないことになるが、それまで不合理であってはならないとされていたものが、無期転換後は不問となることについて、保護に欠けるのではないかという議論がある。この点について [82] ハマキョウレックス（無期転換）事件・大阪高判令3・7・9労経速2461号18頁は、同法ではなく、労契法7条の問題として扱っている。労契法18条1項に基づき無期転換した後の労働条件に関して、無期転換後も契約社員就業規則を適用したとしても、無期転換後の正社員との労働条件の相違につき、就業の実態に応じた均衡が保たれている限り、労契法7条の合理性の要件を満たしており、仮に、同条に違反すると解された場合であっても、契約社員就業規則の該当部分が原告らに適用されないというにすぎず、同法7条の効力として正社員就業規則が適用されることになるものではないとして、原審（大阪地判令2・11・25判タ1482号212頁）の判断を維持した。もっとも、これに先立つ同一労働同一賃金をめぐる訴訟があり（最二判平30・6・1）、当該訴訟の中で不合理とされた格差については、既に改善していた事案である。

（3） 定年後再雇用

　[83] 京王電鉄ほか1社事件・東京高判令元・10・24労判1244号118頁は、定年後の処遇として、継匠社員制度及び再雇用社員制度の2つの制度があるところ、継匠社員制度による雇用継続を希望したものの、採用条件を満たさないとして認められず、再雇用社員制度に係る雇用契約書を取り交わした者が、高年法の趣旨に適合する継続雇用制度は継匠社員制度のみであり、継匠社員制度に基づく労働契約が成立していると主張して争った事案である。判決は、再雇用社員制度が高年法所定の継続雇用制度に当たり、継匠制度が高年法所定のものとは認められない（解雇・退職事由に該当しないこと以外を要件とすることも可能）とした上で、採用基準、人事評価に合理性があり、継匠社員の契約を締結しなかったことについて違法はないとした。

19　個別労働紛争処理システム

　前記 [59] インテリジェントヘルスケア（仮処分）事件は、労働契約上の権利を有する地位にあることを仮に定める旨の仮処分命令を発令する保全の必要性があるといえるのは、特段の事情がある場合に限られると解するほかないが、本件ではそのような特段の事情は認められないとして、仮の地位を定める仮処分を却下した（賃金仮払は認容）。

20　労働組合

　[84] 谷川電機製作所労組ほか事件・東京高判令3・4・7労判1245号5頁は、法人である労働組合には、一般社団法人法78条が準用され（労働組合法12条の6）、その代表者がその職務を行うにつき不法行為をして他人に損害を与えた場合、代表者も個人として不法行為責任を負うものと解されるところ、この理は、労働組合が法人格を有しない権利能力なき社団である場合についても当てはまるとし、多数派に反対する者を排除する目的で除名処分を行ったことについて執行委員長個人に不法行為が成立するとして慰謝料30万円の支払を命じた。

　ユニオン・ショップ協定の効力について、組合選択の自由の保護の観点から、他組合を結成し、あるいは加入した労働者には及ばないとするのが最高裁判例であるが、組合に加入しないままの者について、同協定の効力が及ぶかは、学説上議論のあるところである。この点について、[85] トヨタ自動車事件・名古屋地岡崎支判令3・2・24労経速2453号32頁は、脱退後、非組合員のままである者について、ユニオン・ショップ協定の効力が及ぶとした。

　前出 [18] アートコーポレーションほか事件は、会社が有効に組合費チェック・オフを行うために、個々の組合員からの委任が必要かという論点について、これを必要とした最高裁判例（最一判平5・3・25集民168号127頁）とは事案を異にするとして、個々の委任は不要であるとした。チェック・オフ協定を締結し、これに加えて、組合の規約に組合費の支払はチェック・オフにより行う旨の規定があり、組合員であるXらは、この規約に従うことを当然に受容しているものと解されることからすれば、特段の事情がない限り、個々の組合員からの委任は不要であるとしている。

　労働組合による使用者側の批判について、[86] 首都圏青年ユニオン執行委員長ほか事件・東京地判令2・11・13労判1246号64頁は、特定社会保険労務士が、労働組合の執行委員長等を被告として、団体交渉における使用者側への威圧的言動や誹謗中傷、SNSにおける批判、雑誌記事などによる名誉毀損を理由とする損害賠償請求をした事案である

が、団体交渉における言動については証拠がなく、SNSによる批判的言論や雑誌記事ついては、Xの社会的評価を低下させるものであるが、もっぱら公益目的によるもので、真実または真実相当性があり、表現も論評の域を逸脱したものとは言えず、正当な組合活動か否かを判断するまでもなく違法性ないし責任が阻却されるとした。

21　団体交渉

該当判例なし。

22　労働協約

該当判例なし。

23　団体行動

[87] オハラ樹脂工業事件・名古屋地決令3・7・5労経速2460号3頁は、労働組合及びその上部団体に対し、会社の所有権、施設管理権等を被保全権利として、労働組合等が本社の敷地内に設置した横断幕及びのぼり旗の撤去を求めた仮処分事件であり、裁判所は被保全権利及び保全の必要性を認め、会社の申立を認容した。

24　不当労働行為

[88] 社会福祉法人佐賀春光園事件・福岡高判令3・5・27労経速2460号9頁、原審佐賀地判令2・10・30同16頁は、労働組合の執行委員長への雇止めは、組合を嫌悪してなされたもので、不利益取扱い（労組法7条1号）かつ支配介入（同3号）の不当労働行為であると認められるから、客観的に合理的な理由を欠き、社会通念上相当であると認められず、労働契約法19条2号に基づき従前と同一の労働条件で更新申込みを承諾したものとみなされ、かつ私法上も違法であると認められるから不法行為も成立するとした。なお、雇止め及び脱退の働きかけに関して、会社の労働組合に対する不法行為も成立するとしている。

[89] 不当労働行為救済命令取消請求事件・東京地判令2・1・30判時2482号57頁は、会社が労働組合に対し、①団交に関する情報の一切を秘密として保持等すること、②団交において録音・撮影を行わないこと、③団交において会社代理人弁護士の議事進行に従うことの3項目のすべてに同意する旨の書面提出を求め、組合がこれに応じないことを理由に、会社が団交に応じなかったことは不当労働行為（労組法7条2号）に該当するとし、会社の対応を不当労働行為とした中労委命令を適法とした。

25　労働市場法総論

該当判例なし。

26　労働市場法各論

該当判例なし。

27　雇用システムの変化と雇用・労働政策の課題

該当判例なし。

28　その他

[90] 千鳥ほか事件・広島高判損害賠償等請求控訴事件同附帯控訴事件・広島高判令3・3・26労判1248号5頁は、技能実習制度に基づく技能実習生である控訴人らが入管法違反罪（資格外活動）により逮捕勾留され、技能実習を継続できなくなったことについて、資格外活動をさせた監理団体であるY_1組合、実習実施機関であるY_2会社及びその代表取締役Y_3に対し、不法行為（Y_2に対しては選択的に債務不履行）による損害賠償を求めた事案であり、裁判所は不法行為に基づく損害賠償請求（逸失利益、慰謝料）を認容した。

（いしい・たえこ）

知財裁判例の動向

城山康文 弁護士

知財判例研究会

1　はじめに

知財判例研究会では、2021年下半期（7月1日～12月31日）に下された知的財産に関する判例であって、原則として最高裁判所ウェブサイトに掲載されたものを概観し、報告する。なお、行政裁判例（審決取消訴訟の裁判例）も、知的財産分野においては重要な意義を有するものであるので、本稿では対象に含めた。

2　著作権

［著作物性　滑り台］

[1] 知財高判令3・12・8（令3（ネ）10044、1部）は、タコの形状を模した滑り台（上部にタコの頭部を模した部分を備え、その中は空洞となっていて、当該部分の下部の踊り場から複数のタコの足が延びており、タコの足は主にスライダーとなっているといった構造）につき、美術の著作物にも建築の著作物にも該当しないとした原判決を維持した。

［著作物性　標章］

[2] 東京地判令3・12・24（令2（ワ）19840、40部）は、原告が商標登録を有する標章について著作物性を否定した。「商品又は営業を表示するものとして文字から構成される標章は、本来的には商品又は営業の出所を文字情報で表示するなど実用目的で使用されるものであるから、それ自体が独立して美術鑑賞の対象となる創作性を備えているような特段の事情がない限り、美術の範囲に属する著作物には該当しないと解するのが相当である。…原告標章は、出所を表示するという実用目的で使用される域を出ないというべきであり、それ自体が独立して美術鑑賞の対象となる創作性を備えているような特段の事情を認めることはできない」。

原告標章

［訴状に関する著作権・著作者人格権］

[3] 東京地判令3・7・16（令3（ワ）4491、40部）は、原告（弁護士）が別件訴訟で作成した訴状を、被告（当該別件訴訟の被告でもある）が、当該別件訴訟の第1回口頭弁論期日の前に、自らのブログで公表したことに関し、著作権（公衆送信権）及び著作者人格権（公表権）の侵害を認め、慰謝料2万円の支払を命じた。裁判所は、裁判における公開の陳述の利用を認める著作権法40条1項は未陳述の訴状には適用されず、また、「時事の事件の報道」による著作物の利用を認める著作権法41条は別件訴訟の不当性を訴える当該ブログには適用されないものとした。

［ビジネスソフトの画面表示に関する著作権侵害の成否］

[4] 東京地判令3・9・17（平30（ワ）28215、40部）は、書店業務管理のためのソフトウェアの表示画面に関し、複製権又は翻案権の侵害を否定した。「原告製品及び被告製品の画面表示は、その表示形式及び表示内容に照らすと、『図形の著作物』（著作権法10条1項6号）に類するものであると解されるが、両製品は、一定の業務フローを実現するため、単一の画面表示で完結することなく、業務の種類に応じて複数の画面を有し、一つの画面から次の画面に遷移することを可能にするなどして、利用者が同一階層又は異なる階層に設けられた複数の表示画面間を移動しつつ作業を行うことが想定されている。このようなビジネスソフトウェアの表示画面の内容や性

質等に照らすと、本件において被告表示画面が原告表示画面の複製又は翻案に該当するかどうかは、①両表示画面の個々の画面を対比してその共通部分及び相違部分を抽出し、②当該共通部分における創作性の有無・程度を踏まえ、被告製品の各表示画面から原告製品の相当する各表示画面の本質的な特徴を感得することができるかどうかを検討した上で、③ソフトウェア全体における表示画面の選択や相互の牽連関係の共通部分やその独自性等も考慮しつつ、被告表示画面に接する者が、その全体として、原告表示画面の表現上の本質的な特徴を直接感得することができるどうかを検討して判断すべきであると解される」。

[ソースコードの共通性と著作権侵害]

[5] 知財高判令3・9・29（令3(ネ)10028、1部）は、スマートフォン用ゲームのプログラムに関する著作権侵害を否定した。「原告ソースコードの記述は、いずれも単純な作業を行うfunction（ローカル変数やテーブルの宣言及びモジュールの呼び出し等）が複数記述されたものであり、ソースコードによって記述される機能が上記のとおりローカル変数やテーブルの宣言及びモジュールの呼び出し等の単純な作業を行うことである以上、表現の選択の幅は狭く、その具体的記述の表現も、定型的なものであり、ありふれたものであると言わざるを得ない。また、個々の記述の順序や組合せについても、ゲームの機能に対応させたにすぎないものであり、ありふれたものである。そうすると、原告ソースコードの具体的記述に控訴人の思想又は感情が創作的に表現され、控訴人の個性が表れていると認めることはできないから、原告ソースコードに係るプログラムは、プログラムの著作物に該当するものと認めることはできない。したがって、被告ソースコードの大部分が原告ソースコードと共通しているとしても、原告ソースコードに係るプログラムの著作物性は認められないから、被告ソースコードの制作は、原告ソースコードに係るプログラム著作権（複製権又は翻案権）の侵害に当たらない」。

[引用]

[6] 知財高判令3・12・22（令3(ネ)10046、3部）は、一審原告が弁護士会に対してなした一審被告（弁護士）に係る懲戒請求に関し、一審被告がそのブログに反論と共に懲戒請求書全文のPDFファイルへのリンクを掲載した行為につき、著作権侵害を理由として一審被告に対し当該ファイルの削除を命じた原判決を取消し、一審原告の請求を全て棄却した。裁判所は、原判決と同じく、懲戒請求書の著作物性を認め、それが未公表であったことを理由に適法引用（著作権法32条）の抗弁を排斥したが、一審原告の請求を権利濫用であると判断した。「一審原告が本件懲戒請求書に関して有する、公衆送信権により保護されるべき財産的利益、公表権により保護されるべき人格的利益はもとよりそれほど大きなものとはいえない上、一審原告自身の行動［注：新聞社への懲戒請求に関する情報提供］により相当程度減少していたこと、…本件リンクを張ることについて、その目的は正当であったこと、…本件リンクによる引用の態様は、…本件懲戒請求に対する反論を公にする方法として相当なものであったことを総合考慮すると、一審原告の一審被告高野に対する公衆送信権及び公表権に基づく権利行使は、権利濫用にあたり許されないものと認めるのが相当である」。

[雑誌投稿の改変による著作者人格権侵害]

[7] 知財高判令3・10・7（令3(ネ)10034、2部）は、月刊誌「文芸春秋」が投稿文をその題号及び文章を変更したうえで掲載・頒布したことに関し、意見の主要な部分に関わるものであって、その主旨を変更するものであったとして、当該月刊誌の出版社による著作者人格権（同一性保持権）の侵害を認め、慰謝料10万円の支払を命じた。

[利用許諾の解除]

[8] 大阪地判令3・10・28（令3(ワ)9699、21部）は、原告（写真家）が著作権を有する写真（本件写真）の被告（貴船神社）への利用許諾（本件利用許諾）に関する。裁判所は、原告が被告に対して解約告知をなした後も被告が本件写真を被告のウェブサイト等に一定期間掲載したことにつき、著作権侵害は成立しないとした。「本件利用許諾は、原告が継続的に被告の協力の下で貴船神社の年中行事等の写真を撮影して被告に提供し、被告において提供を受けた写真をウェブサイトやSNS等に使用して、被告の広報あるいは宣伝に利用する一方で、原告においても前記写真を適宜SNSで利用し、原告の宣伝広告に役立てることを、無期限かつ無償で承諾することを内容とする包括的な合意と解される。…本件利用許諾は、無償であるとはいえ、双方の活動又は事業がその継続を前提として形成されることが予定され、長期間の継続が期待されていたということができ、個別の事情により特定の写真について利用を停止することは別として、本件写真全部について、一方的に利用を直ちに禁止することは、当事者に不測の損害を被らせるものというべきであって、原則として許容されないものというべきである。もっとも、本件利用許諾は、信頼関係を基礎とする継続的

なものであるから、相互に、当初予定されていなかった態様で本件写真が利用されたり、当初予定されていた写真撮影の便宜が提供されないなど、信頼関係を破壊すべき事情が生じた場合には、催告の上解除することができると解される（民法541条）。また、本件利用許諾が、原告が著作権者である本件写真を、期限の定めなく無償で利用させることを内容とするものであることを考慮すると、上記解除することができる場合にはあたらない場合であっても、相手方が不測の損害を被ることのないよう、合理的な期間を設定して本件写真の利用の停止を求めた上で、同期間の経過をもって本件利用許諾を終了させることとする解約告知であれば、許容される余地はあるものと解される。…これらの事情を考慮すると、原告が一方的に解約告知をした場合に、本件利用許諾の終了に至る予告期間としては、原告が削除等を要求した令和元年9月13日から1年3か月後の令和2年12月12日までを要すると認めるのが相当である」。

［海賊版漫画掲載ウェブサイトに関する広告事業者の責任］

[9] 東京地判令3・12・21（令3(ワ)1333、47部）は、インターネット上の漫画閲覧サイト（「本件ウェブサイト」）において漫画（原告の著作物）が無断掲載されて原告の公衆送信権が侵害されたことに関し、本件ウェブサイトに掲載する広告主を募り本件ウェブサイトの管理者に広告掲載料を支払った広告代理店（被告）に対し、運営資金の提供等をすることにより上記公衆送信権侵害を幇助したと認め、損害賠償金1100万円の支払を命じた。「本件ウェブサイトは、その利用者からの支払によりこれを運営するための経費（本件ウェブサイトが使用するサーバ等、その維持管理に必要となる費用や本件ウェブサイトの運営者等の得る報酬等）を賄うことが構造上予定されず、その規模を増大させることにより、本件ウェブサイト上での広告掲載効果を期待する事業主を増加させ、その運営資金源のほとんどを、広告事業主から支払われる広告費による広告料によって賄う仕組みであったことがうかがわれるのであって、当該広告料収入がほとんど唯一のその資金源であったというべきである。このような本件ウェブサイトの運営実態からすると、本件ウェブサイトに広告を出稿しその運営者側に広告料を支払っていた行為は、その構造上、本件ウェブサイトを運営するための上記経費となるほとんど唯一の資金源を提供することによって、原告漫画を含め、本件ウェブサイトに掲載されている漫画の多くを、著作権者の許諾を得ずに

無断で掲載するという本件ウェブサイトの運営者の行為、すなわち、原告漫画の公衆送信権の侵害行為を補助しあるいは容易ならしめる行為（幇助行為）といえる」。なお、損害額の算定にあたっては、被告らの行為により原告の漫画の売上が1％減少したものと認定した。

3　特許権

［発明　人の精神的活動］

[10] 知財高判令3・12・20(令3(行ケ)10052、4部)は、毛髪のカット手法分析方法に関し、自然法則を利用したものではないから「発明」に該当しないとした特許庁審決を維持した。「本願補正発明には、人である分析者が、分析対象者の正面、側面及び背面の写真を見て、分析者の毛髪の知識や経験を踏まえて、自然乾燥ヘアスタイルを分析者の頭の中で推定することを発明特定事項に含むものであり、こうした推定を含む第1のステップは、仮に、分析者の頭の中で行う分析の過程で利用する毛髪の知識や経験に自然法則が含まれているとしても、分析者の頭の中で完結するステップである以上、分析者の精神的活動そのものであって、自然法則を利用したものであるとはいえない」。

［進歩性判断における動機付け］

[11] 知財高判令3・10・6(令2(行ケ)10103、3部)は、「多色ペンライト」の発明に関し、進歩性判断における動機付けについて次の通り論じたうえで進歩性を肯定し、特許無効審決を取り消した。「進歩性の判断においては、請求項に係る発明と主引用発明との間の相違点に対応する副引用発明又は周知の技術事項があり、かつ、主引用発明に副引用発明又は周知の技術事項を適用する動機付けないし示唆の存在が必要であり、そのためには、まず主引用発明と副引用発明又は周知の技術事項との間に技術分野の関連性があることを要するところ、主引用発明と副引用発明又は周知の技術事項の技術分野が完全に一致しておらず、近接しているにとどまる場合には、技術分野の関連性が薄いから、主引用発明に副引用発明又は周知の技術事項を採用することは直ちに容易であるとはいえず、それが容易であるというためには、主引用発明に副引用発明又は周知の技術事項を採用することについて、相応の動機付けが必要であるというべきである。この点、甲1発明と甲2に記載された技術事項は、いずれもLEDを光源として光を放つ器具に関するものである点で共通するものの、甲1発明は筒全体が様々な色で発光するペン

ライトに係るものであるのに対して、甲2に記載された技術事項は、白色光又は可変色光を提供する照明装置に係るものである点で相違するから、近接した技術であるとはいえるとしても、技術分野が完全に一致しているとまではいえない。そのため、甲1発明に甲2に記載された技術事項を採用して新たな発明を想到することが容易であるというためには、甲1発明に甲2に記載された技術事項を採用することについて、相応の動機付けが必要である」。

[進歩性判断における「予測できない顕著な効果」]

[12] 知財高判令3・8・31（令2(行ケ)10004、4部）では、患者を特定の範囲に限定した骨粗しょう症治療剤に係る発明に関し、発明の構成が容易想到であるとしたうえで、進歩性を基礎づける「予測できない顕著な効果」の有無が問題となり、当該効果が認められず進歩性が否定された。裁判所は、当該効果の認定に関し、次のように述べた。「発明の効果が予測できない顕著なものであるかについては、当該発明の特許要件判断の基準日当時、当該発明の構成が奏するものとして当業者が予測することのできなかったものか否か、当該構成から当業者が予測することのできた範囲の効果を超える顕著なものであるか否かという観点から検討する必要がある（最高裁判所平成30年（行ヒ）第69号令和元年8月27日第三小法廷判決・集民262号51頁参照）。もっとも、当該発明の構成のみから予測できない顕著な効果が認められるか否かを判断することは困難であるから、当該発明の構成に近い構成を有するものとして選択された引用発明の奏する効果や技術水準において達成されていた同種の効果を参酌することは許されると解される」。

[明確性要件]

[13] 知財高判令3・11・29（令元(行ケ)10160、1部）は、「天然セルロース質物質の加水分解によって得られるセルロース粉末」との構成要件を含む特許請求の範囲に関し、「天然セルロース質物質を加水分解して得られたセルロース粉末という物の状態を示すことにより、その物の構造又は特性を特定したものと解される。」として、プロダクト・バイ・プロセス（PBP）発明には該当しないとした。

[実施可能要件]

[14] 知財高判令3・12・27（令2(行ケ)10077等、1部）は、双極性障害治療薬に係る発明の実施可能要件に関し、治療効果に係る技術常識の有無が問題となった。「物の発明である医薬用途発明について『その物の使用する行為』としての『実施』をすることができるというためには、当該医薬をその医薬

用途の対象疾患に罹患した患者に対して投与した場合に、著しい副作用又は有害事象の危険が生ずるため投与を避けるべきことが明白であるなどの特段の事由がない限り、明細書の発明の詳細な説明の記載及び特許出願時の技術常識に基づいて、当該医薬が当該対象疾患に対して治療効果を有することを当業者が理解できるものであれば足りるものと解するのが相当である。これを本件についてみるに、本件審決が述べる『双極性障害の患者に抗うつ薬を使用した場合に、躁病エピソードの誘発、軽躁エピソードの誘発、急速交代化の誘発、及び混合状態の悪化等』の『様々な有害事象が生じる危険性』については、本件出願当時、抗うつ薬と気分安定薬とを併用することにより、躁転のリスクコントロールが可能であり、躁転発生時には抗うつ薬の中止又は漸減により対応可能であると考えられていたことに照らすと、上記特段の事由に当たるものと認められない」。

[損害額]

[15] 大阪地判令3・9・16（令元(ワ)9113、26部）は、被告が侵害行為によって得た利益に基づく原告の損害額の推定（特許法102条2項）に関し、原告製品及び被告製品と市場において競合する製品の存在を理由として5％の限度で推定覆滅を認めた。原告は、当該覆滅部分に関して実施料相当額の損害（特許法102条3項）を被ったと主張したが、裁判所は、「被告による各被告製品の販売実績等と直接の関わりを有しないこのような事情に基づく覆滅部分に関しては、同条3項適用の基礎を欠く」として斥けた。

[16] 知財高判令3・8・31（平30(ワ)1130、47部）は、「印刷された再帰反射シート」の発明に係る特許侵害を認め、被告らに対して15.5億円余りの損害賠償を命じた。当該損害額は被告利益に基づき推定されたものであるが（2割は推定覆滅）、損害額算定の過程では、実施料相当額に基づく推定も審理され、原告が被告らに対し訴訟提起前に提案した実施料率が5％であったにもかかわらず、相当実施料率は10％と判断された。

[会社の特許侵害に関する取締役の責任]

[17] 大阪地判令3・9・28（令元(ワ)5444、21部）は、特許侵害製品のメーカー（破産）及び販売会社の取締役らに対し、悪意又は重過失による善管注意義務（会社が特許侵害行為を行わないように注意すべき義務）の違反を認め、会社法429条1項に基づき、損害賠償を命じた。メーカーの取締役は、弁理士による非侵害鑑定書も取得していたが、裁判所は、当該鑑定書に基づいて販売継続の可否の判断がなされたものではないと認定した。販売会社の取締役は、

メーカーの取締役から上記非侵害鑑定書の写しの交付を受けたほか、メーカーの代理人弁護士・弁理士から直接説明も受けていたが、やはり重過失による善管注意義務違反が認められた。

［訴え提起の違法性］

[18] 大阪地判令3・9・6（令2(ワ)3247等、26部）は、原告（反訴被告）による特許侵害訴訟の提起につき、根拠を欠くことを通常人であれば容易に知り得たのに、被告（反訴原告）の営業を妨害することを目的として敢えてなされたものであって不法行為に該当すると判断し、原告に対し、被告の弁護士費用の一部と慰謝料との合計50万円の支払を命じた。原告は、提訴前の段階で、被告から「特許侵害等の法を犯す工法ではありません」などと反論されたこともあるにもかかわらず、被告の使用する工法等が原告の特許権を侵害するものと考える理由に言及したことはなく、また、提訴後の立証活動において、「裁判を提訴するまで、被告の行って居る工法については、知る由は無かった。」と述べていた。

4 意匠権

［創作者］

[19] 東京地判令3・9・1（平30(ワ)38585等、29部）では、入れ歯容器に係る意匠の創作者の認定が問題となった。「『意匠の創作をした者』とは、意匠の創作に実質的に関与した者をいい、具体的には、形状の創造、作出の過程にその意思を直接的に反映し、実質上その形状の形成に参画した者をいうが、主体的意思を欠く補助者や、単に課題を指示ないし示唆に止まる命令者はこれに含まれないものと解するのが相当である。…被告Gは、…単に本件製品のデザインのアイデアを提示したのみならず、その設計に際して、周囲の意見を参酌しつつも、詳細な寸法を書き込んだデッサンを自ら作成し、当該デッサンに基づき、原告に対して本件製品の金型の製作を指示しているから、本件製品により体現された本件意匠の創造、作出には、被告Gの意思が直接的に反映されているというべきである。これに対し、原告は、…被告Gから、入れ歯入れ容器の形状や寸法について指示を受けた上で、これに基づき、製品図面…や金型図面を作成した上、金型を納入したものであるから、原告はいわば補助者としての立場で本件意匠の創造、作出に関与したものにすぎず、上記創造、作出の過程には、原告の意思が直接的に反映されているものとは認め難い」。

5 商標権

［他人の氏名を含む商標］

他人の氏名を含む商標については、その他人の承諾を得ている場合を除き、商標登録を受けることができない（商標法4条1項10号）。[20] 知財高判令3・8・30（令2(行ケ)10126、1部）は、全国展開するドラッグストアがテレビCM等で使用してきた「マツモトキヨシ」の音商標（本願商標）につき、他人の氏名を含む商標には該当しないとして、登録を認めた。「音商標を構成する音と同一の称呼の氏名の者が存在するとしても、取引の実情に照らし、商標登録出願時において、音商標に接した者が、普通は、音商標を構成する音から人の氏名を連想、想起するものと認められないときは、当該音は一般に人の氏名を指し示すものとして認識されるものといえないから、当該音商標は、同号の『他人の氏名』を含む商標に当たるものと認めることはできないというべきである。…本願商標の登録出願当時（出願日平成29年1月30日）、本願商標に接した者が、本願商標の構成中の『マツモトキヨシ』という言語的要素からなる音から、通常、容易に連想、想起するのは、ドラッグストアの店名としての『マツモトキヨシ』、企業名としての株式会社マツモトキヨシ、原告又は原告のグループ会社であって、普通は、『マツモトキヨシ』と読まれる「松本清」、「松本潔」、「松本清司」等の人の氏名を連想、想起するものと認められないから、当該音は一般に人の氏名を指し示すものとして認識されるものとはいえない。したがって、本願商標は、商標法4条1項8号の『他人の氏名』を含む商標に当たるものと認めることはできないというべきである」。

本願商標

［類否］

[21] 知財高判令3・8・19（令3(行ケ)10030等、4部）は、薬剤を指定商品とする登録商標「HIRUDOSOFT」「ヒルドソフト」に関し、先行出願登録商標「Hirudoid」「ヒルドイド」とは非類似とした。また、[22] 知財高判令3・10・6（令3(行ケ)10032、3部）は、化粧品を指定商品とする登録商標「ヒルドプレミアム」に関し、「ヒルドイド」と非類似とした。他方、[23] 知財高判令3・9・21（令3(行ケ)10028等、2部）

は、薬剤を指定商品とする登録商標「HIRUDOMIL D」「ヒルドマイルド」に関し、先行出願登録商標「Hirudoid」「ヒルドイド」と類似するとした。

[24] 知財高判令3・10・6（令3（行ケ）10036、3部）は、「スイーツ」「パーティー」を二段書きにした商標（本件商標）と「スイートパーティー」「SWEET PARTY」を2段書した商標（引用商標）とを非類似と判断した。裁判所は、本件商標からは「スイーツ（甘いもの、ケーキ、菓子など）が提供され、それらを食べるパーティー」という観念を生じるのに対し、引用商標からは「甘美な、快い、愛しい、楽しいパーティー」という観念を生じるものと認定した。

本件商標　　　　　　引用商標
スイーツ　　　　スイートパーティー
パーティー　　　SWEET PARTY

［メルカリにおける検索用♯を付した表示］

[25] 大阪地判令3・9・27（令2（ワ）8061、26部）は、被告がオンラインフリーマーケット「メルカリ」上に開設したサイト（被告サイト）において商品（バッグ）を販売するにあたり、「♯シャルマントサック」なる標章（被告標章1）を表示したことに関し、原告が有する登録商標「シャルマントサック」（指定商品：かばん類等）に係る商標権の侵害を認め、差止を命じた。検索用のハッシュタグを付した被告標章1の表示が商標的使用に該当するかの論点につき、裁判所は次のように論じた。「オンラインフリーマーケットサービスであるメルカリにおける具体的な取引状況をも考慮すると、記号部分『♯』は、商品等に係る情報の検索の便に供する目的で、当該記号に引き続く文字列等に関する情報の所在場所であることを示す記号として理解される。このため、被告サイトにおける被告標章1の表示行為は、メルカリ利用者がメルカリに出品される商品等の中から『シャルマントサック』なる商品名ないしブランド名の商品等に係る情報を検索する便に供することにより、被告サイトへ当該利用者を誘導し、当該サイトに掲載された商品等の販売を促進する目的で行われるものといえる。…また、被告サイトにおける被告標章1の表示は、メルカリ利用者が検索等を通じて被告サイトの閲覧に至った段階で、当該利用者に認識されるものである。そうすると、当該利用者にとって、被告標章1の表示は、それが表示される被告サイト中に『シャルマントサック』なる商品名ないしブランド名の商品等に関する情報が所在することを認識することとなる。これには、『被告サ

イトに掲載されている商品が「シャルマントサック」なる商品名又はブランド名のものである』との認識も当然に含まれ得る。…これらの事情を踏まえると、被告サイトにおける被告標章1の表示は、需要者にとって、出所識別標識及び自他商品識別標識としての機能を果たしているものと見られる。すなわち、被告標章1は、需要者が何人かの業務に係る商品又は役務であることを認識することができる態様による使用すなわち商標的使用がされているものと認められる」。

［指定商品の一部に対する不使用取消審判請求］

[26] 知財高判令3・11・4（令3（行ケ）10061、2部）は、指定商品に「化粧品」を含む登録商標に関し、「化粧品（界面活性剤を使用せず、その代わりに親水性ナノ粒子の物理的作用力を利用した乳化技術を用いて製造した化粧品を除く。）」についてなされた一部不使用取消審判請求を不成立とした審決を維持した。裁判所は、被告（商標権者）が登録商標を使用した実績のある化粧品が「界面活性剤を使用せず、その代わりに親水性ナノ粒子の物理的作用力を利用した乳化技術」（特定乳化技術）を用いて製造した化粧品ではないことの立証責任は被告にあるとしたものの、特定乳化技術を用いて製造したものであるか否かの区分は原告（審判請求人）がしたものであること、当該区分は一般的に用いられるものではないこと等に基づき、被告は「化粧品」についての使用実績を立証すれば足り、それにより特定乳化技術を用いて製造したものではないと推認されるとした。

［不使用取消審判における使用証拠の偽造等に　関する取締役の責任］

[27] 東京地判令3・11・29（令元（ワ）30282、29部）は、商標権者が不使用取消審判において使用実績を示す証拠を事後的に作出して提出し、また当該審判への補助参加人に対し当該商標権に基づく侵害差止仮処分申立てをしたことに関し、商標権者による不法行為の成立とその取締役の重過失による善管注意義務違反を認め、当該取締役に対して損害賠償を命じた。

（しろやま・やすふみ）

民事判例22
2020年後期

現代民事判例研究会編

日本評論社

好評発売中　定価 3,080円（税込）

第1部　最新民事裁判例の動向

取引裁判例の動向　平林美紀　／　担保裁判例の動向　松本恒雄　／　不動産裁判例の動向　堀田親臣

不法行為裁判例の動向　島戸　純　／　家族裁判例の動向　渡邉泰彦

第2部　最新専門領域裁判例の動向

環境裁判例の動向　島村　健・及川敬貴　／　医事裁判例の動向　山口斉昭／

労働裁判例の動向　山中健児　／　知財裁判例の動向　城山康文

第3部　注目裁判例研究

取引1——ポータルサイトのサービス提供契約中の免責条項に対する差止請求の成否（積極）

　　　　（東京高判令2・11・5）　山本　豊

取引2——公営住宅の賃貸保証人に対する履行請求が権利濫用にあたるとされた事例

　　　　（東京高判令元・7・17）　谷江陽介

不動産——登記申請等の委任を受けた司法書士の第三者に対する不法行為責任

　　　　（最二判令2・3・6）　伊藤栄寿

不法行為1——名誉感情侵害事案における同定可能性の位置付け

　　　　（福岡地判令元・9・26）　竹村壮太郎

不法行為2——後遺障害逸失利益についての定期金賠償の可否とその終期

　　　　（最一判令2・7・9）　白石友行

家族1——相続放棄の熟慮期間の起算点（東京高決令元・11・25）　神谷　遊

家族2——夫婦同氏制度の憲法適合性（東京地判令元・10・2）　二宮周平

環　境——東京電力福島原発事故生業訴訟控訴審判決（仙台高判令2・9・30）　大塚　直

医　事——医師法17条にいう「医業」の内容となる医行為の意義——タトゥー事件最高裁決定

　　　　（最二決令2・9・16）　小谷昌子

労　働——アルバイト職員と正職員の労働条件相違と労働契約法20条違反の有無

　　　　——大阪医科薬科大学事件（最三判令2・10・13）　山畑茂之

知　財——置換「可能に構成した」フレーム構造に係る特許権の侵害と付随品への特許法102条2項の適用の可否

　　　　（東京地判令2・9・25）　金子敏哉

今期の裁判例索引

取引|1　納骨壇使用契約の法的性質と永代使用料・永代供養料の返還の可否

大阪地判令2・12・10
平31(ワ) 3629号、永代使用料及び永代供養料返還
請求事件
判時2493号17頁、消費者法ニュース127号193頁（確定）

熊谷士郎　青山学院大学教授
現代民事判例研究会財産法部会取引パート

●──事案の概要

　Xは、平成24年8月20日、宗教法人Yが経営する集合納骨施設A内の納骨檀の使用に係る管理規約（以下「本件管理規約」という）に同意した上で、Yの代理店としてA内の納骨檀使用契約を媒介することを業とする株式会社Bを通じて、Yに対して、A内の納骨檀の使用を申し込む旨の意思表示をした。本件管理規約3条2項は、「加入に際して使用者は永代使用料及び永代供養料の全額を納付しなければならない。但し、納付した金額については一切返還しない。」旨規定していた（以下「本件不返還特約」という）。同月28日、Xは、Yに対し永代使用料及び永代供養料として140万円を一括で支払い、これを受けて、Yは、Xに対し、A5階の特定の納骨壇（以下「本件納骨壇」という）の使用許可証を交付し、本件納骨壇の使用を承諾した（以下、これにより成立した納骨檀使用契約を「本件契約」という）。

　平成30年10月9日、XはYに対し、電子内容証明郵便により、本件契約を解約するとともに、支払済みの永代使用料及び永代供養料の合計140万円を本通知文書の到達後10日以内に返還するよう請求する旨の通知文書を送付し、同月11日、Yに同通知文書が到達した。なお、Xは、上記通知文書がYに到達するまで、Yから本件納骨壇の鍵を受領しておらず、本件納骨壇を使用したこともなかった。

　このような状況のもとで、Xは、Yに対し、本件契約を解約したことにより本件契約に基づく永代使用料及び永代供養料の支払には法律上の原因がなくなったと主張し、民法703条による不当利得返還請求権に基づき、永代使用料及び永代供養料の合計140万円等の支払を求めた（なお、本判決では、平均的損害が存在しないことから、消費者契約法9条1号により、本件不返還特約は全部無効である旨判示さ

れており、この点でも意義を有する。また、本判決は、Xが、選択的に主張したYの債務不履行を理由とした本件契約の解除も否定している。いずれの点についても、紙幅の関係で本稿では取り上げない）。

●──判旨

　一部認容、一部棄却。

　「本件管理規約2条は、Yの代表役員が納骨壇の管理・運営をする旨、同4条9項は、納骨壇の使用者が遺骨又は遺品を収納する度に所定の遺骨預り願いを提出しなければならない旨、同条5項は、納骨された慰霊については管理者であるYの代表役員がその責任において永代にわたって供養する旨、それぞれ定められていることが認められる。／このような本件管理規約の条項及び…略…本件管理規約3条の2項本文の内容に照らすと、本件契約は、YがXから遺骨預り願いの提出を受けた場合に遺骨又は遺品を永代にわたって保管し、その報酬としてXがYに対して永代使用料を支払うこと及び遺骨又は遺品の保管を前提に、YがXのためにその保管する遺骨又は遺品を永代にわたって供養するという役務を提供することをその本質的内容とする契約であると認められる。／そうすると、本件契約の性質は、YがXのために遺骨又は遺品を保管することを約し、その寄託の報酬としてXがYに対し永代使用料を支払うという内容の有償の諾成的寄託契約に、YがXのために永代供養という役務提供を行うことを約するという内容の準委任契約が付随した混合契約であると解するのが相当である」。

　「本件契約の性質を踏まえると、Xは、本件契約について、民法662条に基づき、いつでも遺骨又は遺品の保管に係る諾成的寄託契約部分を解約することができ、かつ、民法651条に基づき、いつでも永代供養に係る準委任契約部分を解約することがで

きる」。

「永代使用料及び永代供養料として支払われた金員のうちには、本件納骨壇を使用し、供養を受けることができる地位を付与され、これによって、宗教的感情を満足させる効果が生じたことに対する対価としての性質を有する部分があるとみるのが相当であり、当該部分については、後に本件契約が解除されても返還義務が生じるものではないと解される。／そして、永代使用料及び永代供養料における、遺骨又は遺品を永代にわたって保管し、供養することに対する報酬の部分と、それを受けることができる地位を取得するための対価としての部分との割合は、前者が本件契約における債務の本質的内容であり、後者がその前提として付随するものであることからすると、7割対3割と見るのが相当である。／したがって、永代使用料及び永代供養料の合計140万円のうちの3割に相当する42万円については、本件契約に付随する地位の付与の対価としての支払として、法律上の原因があると認めるのが相当である」。

「本件契約の性質を有償の諾成的寄託契約に準委任契約が付随した混合契約であると解する以上、本件契約の解約告知により、本件契約に基づく報酬請求権は、当該解約告知までに既にした履行の割合に応じて発生するにとどまり、その余の報酬請求権は発生しないことになる（民法648条3項、665条）ところ、…略…、Xの遺骨又は遺品の保管も永代供養も行っていないことが認められるのであるから、本件契約に基づく報酬請求としての永代使用料及び永代供養料の合計140万円のうちの7割に相当する98万円の支払については、本件契約が解約告知によって終了したことにより、その支払の根拠となる報酬請求権が発生しないことになり、報酬請求権の発生を理由として法律上の原因があるということはできない」。

●──研究[1]

1 本判決の意義

本判決は、本件契約のような納骨壇使用契約について、有償の諾成的寄託契約に準委任契約が付随した混合契約と性質決定した点（後述2）、また、本件契約において支払われた金員のうちには、本件納骨壇の使用や供養を受ける地位が付与され、これによって、宗教的感情を満足させる効果が生じたことに対する対価としての性質を有する部分があるとして、この部分については、本件契約が解除されても返還義務が生じないとした点（後述3）で、従来の関連する裁判例と異なる立場を示している。

2 本件契約の法的性質と解約の可否

本判決と同様ロッカー式の納骨壇使用契約に関わる裁判例として、①東京地判平26・5・27ウェストロー（2014WLJPCA05278001）、②東京地判令元・6・7ウェストロー（2019WLJPCA06078003）、及び本判決後の③大阪高判令3・2・16[2]がある（①②判決は、同一の宗教法人に関する事案であり、③判決は本判決と同じ宗教法人に関する事案である）[3]。

①②判決とも、永代供養契約と納骨壇使用契約を別個の契約として判断しており、永代供養契約については、自己又は配偶者の死後に供養のための読経という事実行為を依頼し、これに対する対価を支払うことを内容とする、準委任（①判決）ないし準委任契約類似の無名契約（②判決）とし、民656条・651条（②判決は類推）による解除を認める。もっとも、納骨壇使用契約については異なる判断をしており、①判決は、本件納骨壇使用契約は、納骨壇につき「期限の定めのない半永久的な利用権を設定することを内容とする契約」であり、一定の法要行事を行うこと等が義務付けられていることから、「その法的性質は、建物賃貸借契約の性質を中心としつつ、準委任契約の性質を併せ有する混合契約である」とし、民617条1項前段の（類推）適用及び借地借家法28条の反対解釈により、納骨壇の使用者は、いつでも解約の申入れをすることができ、解約申入れの日から3か月経過後（民617条1項2号）に同契約は終了する、という。これに対して、②判決は、「本件納骨壇使用契約は、納骨壇を確保した上、焼骨等を収蔵するという事実行為を委託することを中核とする準委任契約類似の無名契約である」とし、民656条・651条の類推適用を認める。

③判決は、納骨壇使用契約の募集行為を本件B及び本件Yの共同不法行為と構成し、代金相当額の損害賠償を認めたものであるが、この中で納骨壇使用契約の法的性質についても言及し、「永代供養を目的とする納骨堂の利用に関する契約は、焼骨の収蔵（すなわち安置）及び供養を納骨堂経営者に委託する準委任型の契約である」という。

以上に対して、本判決は、有償の諾成的寄託契約に準委任契約が付随した混合契約とし、寄託部分については民662条、準委任部分については民651条に基づき解約を認めている。

このような性質決定の違いをどのように理解すべきか。

第一に、①判決と本判決の相違について、本判決が「ビル型納骨檀という特殊な形態」であることを指摘する見解がある[4]。また、本判決と①判決との違いについて、別個の契約（①判決）か一体の契約（本判決）か、及び、納骨檀の使用関係についての規程（管理規程）が存しない（①判決）か存するか（本判決）という観点が契約の解釈に影響を与えた旨の指摘がある[5]。もっとも、同一の宗教法人がかかわる①②判決、及び、本判決と③判決においてそれぞれ異なる性質決定がされていることを考慮すると、これらの観点のみでは、それぞれの判決における性質決定の違いを正当化できない。また、そもそも、本判決と①判決の相違とされる、ビル型納骨堂であること、一体の契約であること[6]、あるいは、管理規定の存在が、どのような形で契約の性質決定に影響するのかについても、必ずしも明らかではないように思われる。

第二に、①判決は「建物賃貸借の性質が中心」としており[7]、この点を強調すると焼骨等に対して一定の役務を提供する義務を想定していないことになるのに対して、それ以外の裁判例は、焼骨等について一定の義務を観念している点で違いがあるようにも思える（「焼骨の収蔵」（②③判決）・「保管」（本判決））。もっとも、①判決も、一定の法要行事を行うこと等から「準委任契約の性質を有する混合契約」とされており、法要行事を行う前提として、焼骨等について一定の義務を観念することも考えられよう。仮にそういえるとすると、焼骨に対する義務の観点だけでは契約の性質決定の違いを説明できないことになる[8]。

これに対して、①判決と②判決の性質決定の違いを、①判決は、シフトアップ（契約締結後より本尊に近い場所に位置する納骨檀への変更が認められること）は「旧納骨檀に着目すれば解約にほかならない」と解するのに対し、②判決は、使用権を確定的に取得することを目的としないことの証左とみているという点に見出す見解がある[9]。そして、この見解は、納骨檀の位置によって申込金額が異なり、本尊に近い場所に位置する納骨檀ほど高額に設定されている場合には[10]、どこの納骨檀を使用するかが当事者にとって重要であり、当該納骨檀の使用権を確定的に取得することを目的としていると評価して、建物賃貸借契約の性質を中心とすると解するほうが適切であるという[11]。このような見解からは、一定の場所での利用が当事者にとって重要であるか否かが、賃貸借か否かの違いを生じさせることになるように思われる。もっとも、一定の場所での確定的な利用の

重要性から、直ちに賃貸借と性質決定すべきとまではいえないのではなかろうか。準委任や寄託においても、当該場所での事務執行や保管が契約内容となるということは十分可能であろう。また、一定の場所での確定的な利用が保証されていないと解したとしても、後述3でみる本判決のように、契約の性質決定とは別のレベルでこのような場所確定の利益を考慮する可能性もあろう。

第三に、「焼骨の収蔵」（②③判決）と「保管」（本判決）とで、どのような違いがあるかも明確ではない。②③判決が、焼骨等について一般に言われる「保管」と異なる義務内容を含むことから、「準委任」の性質を持ち出すのか[12]あるいは、「保管」義務も負うが、他の契約関係（納骨檀の確保・収蔵（②判決）・ないし収蔵・供養[13]（③判決））に吸収されると解しているのか[14]。また、仮に、②③判決で、「保管」義務に包摂できない義務を観念しているとして、本判決で付随的部分とされる永代供養を行うという準委任上の義務としてそれらの義務が含まれていると考えられないか。

第四に、本判決で直接問題とされている解約（解除）の可否という観点からは、期限の定めのない（建物）賃貸借（①判決）、準委任（②判決）、寄託（本判決）のいずれであっても、解約（解除）それ自体を導くことは可能であるが、その態様は若干異なる（賃貸借であれば一定期間の経過が必要とされ、寄託であれば、期限の定めがあると解する場合には、委託者からのみ返還請求可など）。この点が契約の性質決定に影響を与えていることも考えられなくはないが、このような違いが、契約の性質決定を分けるべき本質的な相違とも思えない。

以上からするなら、結局、当該訴訟において当事者が主張した構成のうちから、具体的な紛争解決に資する規範の提示との関係でヨリ適合的な構成が選択されているに過ぎず、裁判所が選択した性質決定にそれを超えた積極的な意義を見いだすことはできない、ということなのかもしれない。

3　地位付与の対価

本判決は、「本件納骨壇を使用し、供養を受けることができる地位を付与され、これによって、宗教的感情を満足させる効果が生じたことに対する対価としての性質」を有する部分があるといい、その割合を3割とする。ここでいう、宗教的感情とは、「契約締結段階で既に特定の場所を独占的に確保でき、その場所を先祖代々の納骨壇として使用することができるという」ことである。このような判示は、前

掲①〜③判決には見られないもので、本判決の大きな特徴といえよう。

本判決のみならず、納骨檀使用契約が問題となった裁判例は、いずれも一定の期間が経過しているものの、実際には納骨檀が使用されることがないケースである。実際には利用していなくとも、一定の期間その納骨檀を使用者のためにキープしておく必要があり、その分を利得から控除するべきであるという判断には一定の合理性があるようにも思われる。①判決及び②判決は、本判決の構成とは異なり、使用期間を100年と仮定して、経過期間がその1割に満たないこと等を考慮して、1割の限度で利得の控除を認めた（もっとも、①②判決の契約の性質決定の違いに基づき、①判決は期間前の解除による清算という観点、②判決は納骨檀確保のための付随的事実行為の履行及び一定期間の納骨檀確保についての公平の観点から判断されている）。

本判決の構成に対しては、いわゆる学納金返還訴訟における入学金に関する判断を想起させるものの、本件契約においては、地位の対価部分が明示的に区別されているわけではなく、また、一定の地位を確保する必要性が高いとは思われず（本件契約と同等の納骨檀がすべて契約済みとなっていたわけではないと認定されている）、入学金と同様の社会的実態があるとはいい難いとの疑問も提起できよう。また、仮に地位付与の対価と構成されうるとしても、3割の対価が相当であるかについても検討の余地があろう[15]。さらにいえば、本件契約の対価が一括してYに交付されており、そこからYが営業上のメリットを受けていると評価できることをも考慮すると、契約内容に明確にその趣旨を定めていない場合に、一定期間納骨檀をキープすることについて対価性を認めたり、その分を利得から控除したりする必要がそもそもあるのかについても、慎重な検討が必要なように思われる。

（くまがい・しろう）

---

1) 本件の評釈として、加島宏・全相協つうしん200号6頁、一木孝之・新判例解説Watch30号87頁がある。
2) 夕陽ヶ丘法律事務所のホームページ（https://yuhigaoka-law.com）から入手可能（2022年5月31日現在）。
3) 墓地使用契約の解約に伴う墓地使用料の返還が問題となった裁判例として④京都地判平19・6・29があり、⑤全天候型納骨堂の使用契約における不返還特約の使用停止を求めた事案（公益社団法人全国消費生活相談員協会）、⑥永代供養墓（霊園内の納骨棚）についての不返還条項に関する申入れ（特定非営利活動法人消費者市民ネットとうほく）があるが、これらは本件で問題となったロッカー式納骨檀とは利用形態が大分異なり、直接参考にならないと思われる。また、①②判決及び本判決・③判決とは異なる宗教法人に関するロッカー式納骨檀と見うる形態のものとして、⑦特定非営利活動法人消費者被害防止ネットワーク東海が行った差止請求に関わる事案があるが判決にまで至っていない。④⑤⑦については、丸山愛博「墓地・納骨堂使用契約の解約トラブル」現代消費者法44号75頁以下（以下、丸山A）、⑥については、同「墓地・納骨堂使用契約の解約トラブル〔補論〕」適格消費者団体特定非営利活動法人消費者市民ネットとうほく編『先端消費者法問題研究〔第2巻〕』（民事法研究会、2021年）80頁以下（以下、丸山B）参照。
4) 加島・前掲注1) 7頁参照。
5) 本件コメント・判時2493号18頁。
6) 契約の個数論に関する議論状況を踏まえると、別個か一体かというよりも、それぞれの部分の関係をいかに解するのかのほうがヨリ重要といえよう。このような観点からすると、本判決は、両者の関係について、永代供養に関する部分を寄託に付随したものと位置付けている点で、一歩立ち入った判断をしていると評価しうる。もっとも、それぞれの部分の解約を異なる規定によって導いていることからもうかがえるように、付随部分と解することの具体的な意義は明確ではない。
7) 本判決において、Xは、本件納骨檀について対価を得てその永代使用を認めるという内容の期間の定めのない動産賃貸借契約に準委任契約が付随した混合契約である旨の主張も行っていた。建物賃貸借とするか動産賃貸借（あるいは他の契約類型）とするかで、第三者への対抗という局面では違いが出てくる可能性がある。
8) 本判決では、保管とは自己の支配内で物の現状を維持することといわれているため、焼骨等の占有がYにあるか否かも争われたが、本判決は、「Yにおいて納骨壇を自由に開扉する権利を有しないことのみをもって、Yが遺骨又は遺品を占有し保管していることを否定することはできない」とし、むしろ「受寄者が寄託者の承諾なく寄託物を使用することができないという寄託契約の性質（民法658条1項）に適合する」という。
9) 丸山B 79頁。
10) 本判決においても、場所によって対価が異なることは前提とされている。
11) 丸山B 80頁。
12) 「無名契約」（②判決）、「型」の契約（③判決）と準委任との関係も明確ではない（②判決は、結局民656条・651条を類推する）。
13) ③判決は、経営者は、「本件納骨堂の経営者は、本件納骨堂を礼拝施設として相応しい良好な状態で長期間にわたり保持し、定期的に供養の祭事を行う義務」（納骨堂保持義務）を負うという。
14) ③判決は、「収蔵場所や焼骨の返還義務を発生させることを本旨としないから、賃借型あるいは寄託型の契約とは本質的に異なる」という。もっとも、この違いだけで、場所利用の対価ないし保管の対価としての側面を否定できるのかは疑問もあろう。
15) 以上について、丸山A 83頁参照。

取引 2

電子商取引において、当該プラットフォームを提供する事業者またはそのグループ会社が販売する商品の売主を判断する際に考慮する事情、および、インターネットバンキングが不正に利用された場合の被害者と売主との間の不当利得の成否

京都地判令3・1・19
平31(ワ)795号、不当利得返還請求事件
金法 2173 号 75 頁（確定）

原田昌和　立教大学教授

現代民事判例研究会財産法部会取引パート

●——事実の概要

　Yは、インターネット等を利用した電子商取引等を目的とする合同会社であり、○○○.co.jp（以下、「本件サイト」）を開設している。顧客Aは、本件サイトにおいて、本件サイト内の取引等で使用可能な前払式証票である○○○ギフト券を1344万5000円相当購入し（以下、Aが購入した分を「本件ギフト券」）、インターネットバンキングを不正に利用してX社のD銀行F支店の預金口座に不正にアクセスしたうえ、確認番号等を入力し、X口座から27回にわたり合計1344万5000円（以下、「本件金員」）を、ペイジー収納サービス（以下、「本件サービス」）を利用したY宛ての購入代金の支払として引き落とす方法により出金させた。

　Xの預金口座から出金された本件金員は、本件サービスに従い、D銀行（収納金融機関）の別段口座、E銀行（幹事金融機関）の別段口座、E銀行のC（収納代行企業）名義の預金口座を経て、Yの預金口座に入金された。

　本件ギフト券については、本件金員がD銀行の別段口座に入金された段階で、D銀行からCに、続いてCからYへと、収納情報が送信され、Aに対して1344万5000円分の本件ギフト券が発行された。本件ギフト券は、発行後2時間ほどの間に、全額、本件サイトにおける商品購入代金等として費消されている。

　Yは、不正アクセス被害の当日および翌日に、警察署から電話で、Xの預金口座から本件サービスを利用して1340万円余りの不正出金があった旨の連絡を受け、送金の停止および返金の可否について問い合わせを受けたが、送金の停止および返金の対応はできないと回答した。なお、本件金員が最終的にYの預金口座に入金されたのは、不正アクセス被害

の2週間ほど後のことである。

　Xは、Yに対し、Yは法律上の原因なく本件金員を利得したと主張して、不当利得の返還を請求した。これに対して、Yは、①ギフト券の売主は、本件サイト上にも売主として表示されているB社であり、ギフト券の購入代金も最終的にはB社に帰属するから、Yには利得がない、②（騙取金による弁済に関する判例法理が本件のような不正アクセス事案にも適用されるとして）Yの悪意重過失の基準時は本件金員がD銀行の別段口座に入金された時点であり、仮にX主張のようにYの預金口座への入金時が基準時となるとしても、上記警察署からの電話連絡の際には、当該不正出金の支払対象となる取引が特定されておらず、本件金員がXの預金口座から不正出金されたものであることを認識できなかった、などの反論をしている。

●——判旨

　請求棄却

　1　Yの利得の有無（ギフト券の売主は誰か）ついて

　「本件サイトの利用規約……には、本件サイト上のギフト券の売買における売主がB社であることを示す規定はなく、また、顧客がギフト券を購入する際の手続の過程で、ギフト券の売主がB社であることが明示される場面も見当たらない」。「本件サイトのギフト券の注文内容確認画面には、商品名や金額、数量の記載の下部に小さな文字で『販売：B』との記載があるが……、同記載のみをもって、ギフト券の売主が本件サイトを開設しているY……ではなくB社であることが顧客に明確に示されているとは認め難い」。さらに、ギフト券注文の際に送信されるメール「の差出人名及び件名に表示される『○○○.co.jp』は、米国のW及びその関連会社（YやB社を

含む。）の商標であると同時に、Yが開設する本件サイトの名称でもあること……、顧客がギフト券を購入すると、Yが開設する本件サイトのアカウントのギフト券残高に購入分の金額が登録されること……、Cにお客様番号を生成させ、顧客の確認番号等が記録される本件システムをCと共有しているのはB社ではなくYであること……などを勘案すれば、本件サイト上でのギフト券購入における売主がB社であるとは認められず、むしろ売主はYであると認めるのが相当である」。加えて、「○○○.co.jp」以外の者が販売する商品と異なり、「B社がYに対してギフト券購入代金の代理受領権を付与する旨を記載した契約書等の書面もないこと……、YからB社に対してギフト券購入代金（本件金員）が現実に引き渡された事実はなく、他の債権債務と併せて精算することにより会計処理されたというにとどまることなどをも併せれば、Yが本件ギフト券の売主であるB社から委託されて購入代金（本件金員）を代理受領したにすぎない旨のYの主張は、採用することができない」。「以上によれば、Yは、Y口座に入金された本件金員を取得し、本件金員相当額を利得したというべきである」。

2　本件金員の取得に係る法律上の原因の有無について

「顧客Aによる本件ギフト券購入代金債務の弁済は、顧客Aがインターネットバンキングを利用してX口座に不正にアクセスし、Xに無断でX口座から出金する……方法により行われたものであることからすれば、社会通念上、Xの損失においてYの利益を図ったものと認めることができ、Xの損失とYの利得との間には不当利得の成立に必要な因果関係があるといえる。そして、ある者の財産的利益が法律上の原因ないし正当な理由を欠く場合に、公平の観念に基づいて、利得者にその利得の返還義務を負わせるという不当利得の制度趣旨に照らせば、Yが、顧客Aから本件ギフト券購入代金の弁済として本件金員を受領するに際し、本件金員がX口座から不正に出金されたものであること（不正事実）につき悪意又は重大な過失がある場合には、Yによる本件金員の取得は、Xに対する関係においては、法律上の原因がなく、不当利得となるものと解するのが相当である（最一判昭49・9・26民集28巻6号1243頁参照）」。その際、「不正事実についてのYの悪意又は重大な過失の有無の基準時は、顧客AのYに対する本件取引に基づく債務（本件ギフト券購入代金債務）が本件サービスを利用した支払（弁済）により消滅した時点、すなわち、収納金融機関であるD銀行がX口座から本件金員を出金してこれをD銀行口座に入金（収納）した時点（D銀行が本件金員を代理受領した時点）と解するのが相当である」。この時点では、Yは、本件金員がX口座から出金されたこと自体を認識し得なかったのであるから、不正事実についてのYの悪意重過失があったとはいえない。

●——研究

1　はじめに

近年、インターネット上のショッピングモールやマッチングサイト等のデジタルプラットフォームが介在する取引の拡大が著しく、近時、「特定デジタルプラットフォームの透明性及び公正性の向上に関する法律」（2020年6月3日公布、2021年2月1日施行）、「取引デジタルプラットフォームを利用する消費者の利益の保護に関する法律」（2021年5月10日公布。以下、「取引DPF法」）といった立法が相次いでいる。本件事案は、デジタルプラットフォームをめぐるトラブルというよりは、インターネットバンキングの不正アクセスに関するトラブルといえるが、デジタルプラットフォームにおいて行われた売買契約の当事者は誰かという問題が扱われているため、そのような観点から、本判決を取り上げたい[1]。なお、インターネットバンキングへの不正アクセスと騙取金による弁済という論点については、紙幅の関係で割愛する。

2　近時の立法と学説、裁判例

デジタルプラットフォームを介した売買契約をめぐるトラブルにはさまざまなものがあり、典型例は、代金を支払ったのに商品が届かない、届いた商品に欠陥があったが販売業者と連絡がとれないといったトラブルである。こうした場面では、取引DPF法において、消費者に、プラットフォーム事業者（以下、「PF事業者」）に対する、販売業者の氏名や住所等の情報に関する開示請求権を認めたり（同5条1項）、消費者が販売業者等と円滑に連絡することができるようにするための措置を講ずる努力義務をPF事業者に課す（同3条1項1号）といった法的規律が設けられているほか、PF事業者に、売主としての（あるいは、販売事業者と連帯して、売主と同様の）売買契約上の責任を課す解釈論も模索されている。

すなわち、デジタルプラットフォームを介した売買契約は、PF事業者と利用者との間のプラットフォーム利用契約、PF事業者と販売業者との間のプラットフォーム利用契約、利用者と販売業者との間の売買契約の三面契約から成り立っており、PF事業者は「場の提供者」にすぎず、利用者に対して

売買契約上の責任を負うことは、原則としてない。これに対して、「電子商取引及び情報商材取引等に関する準則」[2]は、①プラットフォームにおける営業をPF事業者自身による営業であると利用者が誤って判断するのもやむを得ない外観が存在し（外観の存在）、②その外観が存在することについてPF事業者に責任があり（帰責事由）、③利用者が重大な過失なしに販売業者を誤って判断して取引をした（相手方の善意無重過失）場合には、商法14条または会社法9条の類推適用によりPF事業者が責任を負う場合もありうるとしている（同72頁）。

また、学説上は、募集型企画旅行契約において旅行業者が手配義務や旅程管理義務を負うことを参考に、PF事業者が、販売業者との責任分配を（実質的にも形式的にも）明確にしない限り、取引契約についての責任を負うとする見解[3]、利用者が、PF事業者のターゲッティング広告などにより、一定の相手方や商品を選択させられているとみられる状況を根拠に、売主＝PF事業者とする見解[4]、後述の欧州の動向等を参考に、表示の上ではPF事業者が売主または役務提供者となるわけではない旨記載されていたとしても、実態において、PF事業者がその取引を支配しており（対価の決定その他の取引条件等について決定的な影響力を有しており）、買主等としても当該PF事業者を供給者として信頼することに合理性が認められるような場合には、PF事業者が、買主等に対する関係で、販売業者または役務提供事業者としての契約責任を負いうるとする見解[5]、プラットフォーム利用契約の債務の中に、利用者と販売業者の間の契約の履行が適切になされることを組み込む——販売業者の契約の不履行を、プラットフォーム利用契約の「品質」に関する契約不適合ととらえる——ことで、PF事業者に売買契約の履行責任を課そうとする見解[6]などが主張されている。

関連裁判例として、名古屋地判平20・3・28判時2029号89頁は、ヤフーオークションにおいて、出品者に代金を詐取された被害者が、ヤフー社に対して損害賠償請求を行った事件において、同社には、利用者に対して欠陥のないシステムを構築してサービスを提供すべき義務、具体的には、利用者が詐欺等の被害に遭わないように、時宜に応じて、相応の注意喚起の措置をとるべき義務があるとしている（義務違反は否定）。

3　欧州の動向

欧州においては、一定の要件のもとで、PF事業者に売主としての（あるいは売主と同様の）契約上の責任を負わせる裁判例やモデル準則が存在する。

すなわち、EU司法裁判所の判決には、配車システムのUber（PF事業者）について、とくに、Uberが運転手に対して、価格設定や支払プロセス、車両や運転手の質などに関する管理などの面で「決定的な影響力」を及ぼしていることを重視して、Uberが提供するサービスは運輸サービスであるとしたものがあり[7]、この考え方によるならば、運送契約は、注文者と運転手の間ではなく、注文者とUberとの間に成立することになる。

こうした判決等をもとに、ヨーロッパ法協会（ELI）が2020年3月に採択した「オンラインプラットフォームに関するモデル準則」[8]20条は、PF事業者が供給者に対して支配的な影響力を有していると信頼することについて合理的な理由を有する顧客は、供給者と顧客との間の契約に基づいて供給者に対して行使可能な権利及び救済手段をPF事業者に対しても行使することができるとし（1項）、かかる合理的な理由を顧客が有しているか否かの判断に当たって考慮される事情として、①供給者と顧客との間の契約がもっぱらプラットフォーム上で提供されている機能を介して締結されているかどうか、②PF事業者が、供給者と顧客との間の契約が締結されるまで、供給者の本人確認情報または契約内容の詳細を提供しないとされているかどうか、③PF事業者が、顧客の供給者への支払の留保をPF事業者に可能にする決済システムを排他的に使用しているかどうか、④供給者と顧客との間の契約条件が、基本的にPF事業者により決定されているかどうか、⑤顧客が支払わなければならない代金が、PF事業者により決定されているかどうか、⑥マーケティングが、供給者ではなく、PF事業者に力を入れているかどうか、⑦PF事業者が、供給者の行動を監視し、かつ法令の定めを超える自身の基準の遵守を徹底させることを約しているかどうか、という事情を挙げている（2項）[9]。ここでは、EU司法裁判所判決において、PF事業者自身を運輸サービス提供者と評価するために用いられた基準が、契約当事者はあくまで供給者であるとしたうえで、PF事業者が、供給者が負うところの責任と同様の契約責任を負う場合の基準として転用されている[10]。

また、同準則13条は、顧客と供給者の契約が締結される直前に、分かりやすい方法で、契約の相手方はPF事業者ではなく供給者であることを通知しなければならないとし、同準則19条は、この情報提供義務に対する違反があった場合には、顧客は、供給者と顧客の間の契約に基づいて、供給者に対して行使しうる権利および救済手段をPF事業者に対

しても行使できるとする。

4　検討

　本件は、インターネットバンキングの不正アクセス事案において、PF事業者自身が売主であるとされた事例であって、販売業者と利用者の間のトラブルにおいて、PF事業者が販売業者と並んで契約上の責任を負うとされた事例ではない。しかし、このように文脈が異なるとしても、今後の裁判例や立法に際して、PF事業者が売主と扱われるのはどのような場合かを考えるにあたって一定の示唆を与えると思われる。

　本件で被告となったアマゾンについては、自社のオンラインプラットフォーム上で、自らが売主になる商品等と他の事業者が売主になる商品等が、一応の表示はあるものの、混在しているため、誰が契約の相手方なのか、それが契約内容にどのような違いをもたらすのかが顧客にとって明確でないことが従来から指摘されている[11]。また、Amazon.co.jpの利用規約において、「アマゾン」が米国法人のみならず関連会社までもとらえて広く定義されていることから、契約当事者が曖昧である旨の指摘も従来からある[12]。本判決は、このような状況の下に位置付けることが可能だろう。

　Yを売主と認定した事情として、本判決は、①利用規約に、ギフト券の売主がB社であることを示す規定がないこと、②注文内容確認画面で商品名等の下に小さな文字で「販売：B」という記載があるほかは、ギフト券購入手続において、ギフト券の売主がB社であることが明示される場面がないこと、③ギフト券注文の際に送信されるメールの差出人名および件名に表示される「○○○.co.jp」は、米国のW

およびその関連会社（YやB社を含む）の商標であると同時に、Yが開設する本件サイトの名称でもあること、④顧客がギフト券を購入すると、Yが開設する本件サイトのアカウントのギフト券残高に購入分の金額が登録されること、⑤収納代行企業Cにお客様番号を生成させ、顧客の確認番号等が記録される本件システムをCと共有しているのはYであること、⑥B社がYに対してギフト券購入代金の代理受領権を付与する旨を記載した契約書等の書面もないこと、⑦ギフト券購入代金の清算は、他の債権債務と併せて会計処理する扱いだったこと、を挙げている。

　これまでに見たELIモデル準則の規定などと比較すると、①から④は、(a)契約の相手方がYではなくB社であることが分かりやすく明示されていたかどうかに関わり、⑤から⑦は、(b)YがB社に決定的ないし支配的な影響力を——本件ではとくに支払プロセスの面で——有していたかどうかに関わるものと位置付けることもできる。(a)(b)のファクターは、PF事業者を売主と認定するにあたっての重要な判断要素として有用であろう。

　ただ、本件は、YとB社の名称にAmazonという共通の名称が含まれている上に、Y以外の業者が販売者となる場合と違って、注文内容確認画面になるまでB社の名前が現れず、支払プロセスにおいても、B社がYに対してギフト券購入代金の代理受領権を付与した書面はなく、その清算は他の債権債務と併せて会計処理される扱いだったという特殊な事案に関するものであって、プラットフォームを用いた取引におけるPF事業者の責任に広く道を開くものとまで評価するのは難しいだろう。

（はらだ・まさかず）

---

1)　デジタルプラットフォームには、ショッピングモールのほか、マッチングサイトなどもあるが、本稿では、事業者が相手方となる売買契約を主な対象とする。
2)　経済産業省が、電子商取引・情報財取引等に係る市場の予見可能性を高める観点から、民法等の解釈を整理し、公表しているもの（https://www.meti.go.jp/press/2019/12/20191219003/20191219003.html〔最終確認2022年2月16日〕）。
3)　中田邦博「消費者視点からみたデジタルプラットフォーム事業者の法的責任」現代消費者法48号32頁（2020年）。
4)　中田・前掲注3)32頁。
5)　鹿野菜穂子「デジタル・プラットフォームに関する消費者保護ルール（上）(下)——若干の各論的考察」消費者法研究8号18頁（2020年）、同10号35頁以下（2021年）。
6)　齋藤雅弘「日本におけるプラットフォーム運営業者の法的規律の現状と課題——その後の状況の変化を踏まえた補論」消費者法ニュース119号204頁注79)（2019年）。
7)　カライスコス　アントニオス「タクシー利用者とタクシー運転手をつなぐスマートフォン・アプリは、情報社会サービスの域を超えた運輸サービスを提供するものであるとはいえない」判例時報2476号156頁（2021年）、同「オンライン・プラットフォーム事業者のビジネス・モデルの画定と民事責任——欧州連合司法裁判所における近時の判例から」消費者法研究10号89頁以下（2021年）。
8)　翻訳としては、川村尚子「オンライン・プラットフォームに関するELIモデル準則——紹介と翻訳」消費者法研究8号68頁以下（2020年）、ヨーロッパ法協会（翻訳川村尚子）「〔注釈版〕オンラインプラットフォームに関するELIモデル準則」国学院法学58巻3号243頁以下（2020年）を参照。筆者が指導した博士前期課程院生によるリサーチペーパーとして、藤田桃子『オンラインプラットフォーム事業者の法的責任——物品販売のBtoC型及びCtoC型取引からの一考察』（未公表）がある。
9)　これらの要素は、排他的なものではなく、すべてを満たしていなければならないわけでもない。
10)　カライスコス・前掲注7)消費者法研究10号104頁。
11)　齋藤・前掲注6)192頁。
12)　板倉陽一郎「『取引デジタルプラットフォームを利用する消費者の利益保護に関する法律』の概要と企業対応の要点」ビジネス法務2021年8月号121頁注5)。

担保

当事者間のファクタリング契約が債権譲渡担保付きの金銭消費貸借契約であると認められなかった事例

東京地判令2・9・18
平31（ワ）7026号、損害賠償等請求事件、
令元（ワ）26952号、取立金引渡請求反訴事件、
令元（ワ）27042号、損害賠償請求反訴事件
金法2176号68頁

下村信江　近畿大学教授

現代民事判例研究会財産法部会担保パート

●——事実の概要

　X（本訴原告・反訴1被告・反訴2被告）は、運送業等を営む株式会社である。Y$_1$（本訴被告・反訴1原告）及びY$_2$（本訴被告・反訴2原告）は、ファクタリングに関する業務等を目的とする株式会社である。Xは、Y$_1$との間で、Xの売掛債権をY$_1$が買い受ける旨の売掛債権売買契約書及びXがかかる債権の取立金を代理受領して速やかにY$_1$に引き渡す旨の業務委託契約書を作成した（以下、これらにより成立した各契約を「本件Y$_1$契約」という）。本件Y$_1$契約に関し、対抗要件具備のための第三債務者に対する債権譲渡通知書等が作成されたが、その通知はXの申入れにより猶予されており、上記各取引において支払期限前に通知されることはなかった。また、Xは、Y$_2$との間で、Y$_2$がXの債権を買い取る一方、Xがその取立金を代理受領して直ちにY$_2$に引き渡す旨のファクタリング基本契約を締結した。その後、X及びY$_2$は、ファクタリング基本契約に従い個別取引を行った（以下、これらの契約を「本件Y$_2$契約」という）。本件Y$_2$契約に関し、対抗要件具備のための第三債務者に対する債権譲渡通知が作成されたが、その通知は猶予されており、上記各取引においても支払期限前に通知されることはなかった。

　Xは、Yらと締結したファクタリング契約は、Xの売掛債権を担保とした金銭消費貸借契約であり、実質利率が出資法の上限金利を超える等の理由から公序良俗違反により無効か、貸金業法42条1項により無効であり、売却代金が不当利得であるとして返還を求めた。また、Xは、Yらが貸金業法の適用を受けることを前提に、Yらが取引履歴の開示をし

なかったことを不法行為として、損害賠償請求を行った。これに対して、Yらは、ファクタリング契約に基づいてXが回収した取立金をYらに引き渡す義務の履行を怠ったと主張して、取立金の支払を求めた

●——判旨

　本訴請求棄却・反訴請求認容〈控訴〉

　「出資法は、『金銭の貸付け又は金銭の貸借』だけでなく、『手形の割引、売渡担保その他これらに類する方法によってする金銭の交付又は授受』（法7条）もその適用対象とし、貸金業法も、『金銭の貸付け又は金銭の貸借の媒介（手形の割引、売渡担保その他これらに類する方法によってする金銭の交付又は当該方法によってする金銭の授受の媒介を含む。）』（法2条1項）をその適用対象とするところ、債権譲渡契約が担保目的であり、実質的に見て債権譲渡担保付きの金銭消費貸借契約と認められる場合には、これに該当するものというべきである」。

　〈本件Y$_1$契約について〉

　「①X及びY$_1$は、それぞれ独立した事業を行う会社であること、②本件Y$_1$契約は、債権の売買契約の体裁が取られており、債権の譲渡が担保目的でないことが明記されていること、③Y$_1$は、第三債務者に着目した審査基準を元に買取価格を決定していること、④Y$_1$が譲渡債権について第三債務者の無資力リスクを負い、Xに対する償還請求権を有するものではなく、Xとしても債権の買戻しを予定していないことが認められることからすれば、本件Y$_1$契約は、独立した事業者であるX及びY$_1$が、あえて債権の売買契約という法形式を選択しているこ

とに加え、実質的にも、譲渡債権に関する債務不履行リスクが移転していると評価できる。

そして、対抗要件具備についてみても、確かに、本件 Y_1 契約について対抗要件具備が猶予され、Xが取立金を代理受領することとされていたものの、同時に、かかる猶予は Y_1 がいつでも撤回することができるとされ…、実際に債権譲渡通知書の作成等の債権譲渡通知の準備がなされており、 Y_1 の判断において通知可能であったこと…が認められることからすれば、 Y_1 の譲渡債権についての権利行使が制限されていたということもできない。

さらに、本件 Y_1 契約における売買代金は、概ね債権額面の7割から8割程度であるところ…、 Y_1 が第三債務者の無資力リスクを負っているにも関わらず、第三債務者に対する債権譲渡通知を留保する関係上、第三債務者に対する直接の信用調査が困難であることに照らすと、その差額は担保目的であることを推認させるような大幅なものということもできない。

以上の事実を総合すると、本件 Y_1 契約は担保の目的でなされたものとは認められないから、出資法及び貸金業法が適用される契約であるということはできない。そして、その余に公序良俗違反と認めるに足りる的確な証拠はない」。

〈本件 Y_2 契約について〉

「①X及び Y_2 は、それぞれ独立した事業を行う会社であること、②本件 Y_2 契約は、債権の売買契約の体裁が取られており、債権の譲渡が担保目的でないことが明記されていること、③ Y_2 が譲渡債権について第三債務者の無資力リスクを負い、Xに対する償還請求権を有するものではなく、Xとしても債権の買戻しを予定していないこと、④対抗要件具備にかかる猶予は Y_2 がいつでも撤回することができるとされていたこと、⑤ Y_2 は、一応譲渡債権について調査の上、概ね8割程度の買取率としていたことが認められることからすれば、本件 Y_2 契約は、独立した事業者が形式的にも実質的にも債権に関するリスクを債権の売買により移転したものといえ、担保目的でなされたものと認めることはできない。

よって、本件 Y_2 契約が出資法及び貸金業法が適用される契約であるということはできないし、その余に公序良俗違反を認めるに足りる的確な証拠もない」。

●——研究

1　問題の所在

ファクタリングとは「一般には売掛債権等の債権を保有する者が割引料や手数料を負担した上でファクタリング会社にその債権を譲渡し、ファクタリング会社が譲り受けた債権の回収を行うことを主たる要素とする取引」であり「形式的には、債権の譲渡（売買）であるが、とくに割引料等を控除して期限前払いを行うという場合においては、手形割引と類似しており、経済的機能として金融取引の側面がある」とされる[1]。しかし、このようなファクタリングの形式を利用した違法な貸付が行われているとして、金融庁が注意喚起をしており[2]、また、ファクタリング被害の状況と対策が紹介されている[3]。いわゆる給与ファクタリングについては、金融庁が「金融庁における一般的な法令解釈に係る書面照会手続（回答書）」（令和2年3月5日）[4]において、給与ファクタリングのスキームが経済的に貸付け（金銭の交付と返還の約束が行われているもの）と同様の機能を有していると考えられることから、貸金業法2条1項の「手形の割引、売渡担保その他これらに類する方法」に該当するとしている。また、いわゆる給与ファクタリングが実質的には金銭消費貸借取引であるとして、ファクタリング業者が債権譲渡契約に基づく譲渡に係る給与債権の額面額に相当する金銭支払請求をすることを否定する下級審裁判例もある[5]。

他方、事業者向けのファクタリング（以下、「事業者ファクタリング」という）についても、ファクタリングを装い、違法な貸付が行われているとして金融庁が注意喚起を行っており[6]、また、本研究会でも検討された大阪地判平29・3・3判タ1439号179頁[7]（以下、「平成29年大阪地裁判決」という）は、事業者ファクタリングが金銭消費貸借契約に準じるものであるとして利息制限法1条の類推適用を認めていた。これに対して、本判決は、本件の事業者ファクタリングが債権譲渡担保付きの金銭消費貸借契約ではないとして出資法及び貸金業法の適用を否定した。そこで、本判決の判断枠組み等につき検討を行うこととした。

2　裁判例の状況

事業者ファクタリング取引を業者から事業者へ

の貸付になぞらえて貸金における利率を算出すると、年利に換算して、利息制限法の制限利率や、貸金業法、出資法の定める上限利率を超過する取引である場合に、このような事業者ファクタリングが金銭消費貸借契約又はそれに類似する契約であるとして争われることになる。平成29年大阪地裁判決は、ファクタリング業者が債権回収のリスクを負っていないこと、債権の額面とは無関係に金員の授受が行われていたこと、事業者が買戻しを行わざるを得ない立場にあったこと、事業者に債権の代理受領権限があり、本件取引の実態を踏まえると、債権の回収リスクが事業者のリスクと同じであることなどを理由に、ファクタリング取引が金銭消費貸借契約に準じるものであることを理由として、利息制限法1条の類推適用を認めたが、当該取引が公序良俗違反であることは否定した。これに対して、ファクタリング取引が金銭消費貸借契約（あるいはこれ準じる契約）であることを否定する裁判例として、①東京地判平27・5・21（LEX/DB25530521）、②東京地判平28・7・19（LEX/DB25536460）、③東京高判平29・5・23（2017WLJPCA05236002）、④東京地判平30・7・19（LEX/DB25556521）、⑤東京地判平31・4・12（LEX/DB25559306）、⑥東京地判平31・4・23（LEX/DB25581336）、⑦東京地判令元・9・12（LEX/DB25581692）がある（これらは全ていわゆる二者間ファクタリングであり、譲渡債権の債務者に対する譲渡通知は行われていない[8]。判決①、③、⑤、⑥では、利息制限法の（類推）適用が、判決②及び④では貸金業法42条の（類推）適用が否定されており、判決②、③、⑦では公序良俗違反が否定されている。これらの裁判例では、事業者は、おおむね、ファクタリング取引が事業者の信用を判断してされたものであること、譲渡に係る債権の回収リスクを事業者が負っていること等を理由に、当該ファクタリング取引が実質的には金銭消費貸借である旨を主張するが、本判決と同様の理由により、これらの主張は排斥されている。また、判決⑦は、債権回収のリスクをファクタリング業者が負っていること、事業者に譲渡債権の買戻しを強制する約定もないこと等を考慮して2割程度の割引率での買取りが暴利行為に当たるとはいえないとして、公序良俗に反するとはいえないと判断した。ファクタリング事業者の主張が認められる下級審裁判例のほうが多いようにみえるが、実務の視点から、二者間ファクタリング

に貸金業法や利息制限法の適用がないとするのが趨勢ではないとの指摘がある[9]。

3 譲渡担保の認定

本判決も「債権譲渡契約が担保目的であり、実質的に見て債権譲渡担保付きの金銭消費貸借契約と認められる場合」には出資法や貸金業法の適用があることを認めているように、債権譲渡が担保目的でされたか否かが問題となる。譲渡担保の認定に関する最高裁判例は多くないとされるが[10]、最三判平18・2・7民集60巻2号480頁は、不動産の買戻特約付売買契約につき、買主（実質は金銭の貸主となる）への占有の移転を伴わない場合には担保目的が推認されるとして譲渡担保契約と解した。また、最一判平18・7・20民集60巻6号2499頁は、対象が動産である再売買の予約付売買契約につき、当該事案のもとで既存の債権の担保とする目的で締結されたものと解し、譲渡担保契約とした[11]。最高裁判例は、当事者間で締結された契約の形式面ではなく、債権担保の実質を有するといえる具体的な事情により譲渡担保契約に当たると判断していると解される。

ファクタリング取引が貸金業法の「貸付け」に該当するかについては、債権譲受人であるファクタリング会社が債務者のデフォルトリスクを完全に負担する事実が当事者の意思として債権の確定的な譲渡（売買）であることを示す事実となり、他方、債権の譲渡価格が、債務者の信用リスクでなく債権譲渡人の信用リスクを考慮して決定されることなどは債権の売買を否定する方向の事実となるとの見解がある[12]。平成29年大阪地裁判決は、債権回収のリスク、「売買代金」と債権の券面額との関係、買戻しの不可避性を根拠に、当事者間のファクタリング契約を金銭消費貸借と債権譲渡担保の組み合わせと性格づけていると分析されている[13]。

また、倒産法の場面において、当事者間の集合債権譲渡契約を真正譲渡ではなく譲渡担保であると認めた例として、東京高決令2・2・14金法2141号68頁、判タ1484号119頁[14]がある。この場面における真正譲渡性の判断基準については、当事者の合理的意思、対価の相当性、対抗要件の具備状況、買戻特約の有無、会計上の処理、対象財産の支配とリスクの移転の程度等の複数の判断要素を総合的に考慮しているとされている[15]。

4　本件取引の法的性質

本判決は、本件 Y_1 契約及び本件 Y_2 契約につき、いずれも担保目的でされた契約であることを否定したが、この判断の根拠となる考慮要素として、X 及び Y_1・Y_2 が独立した事業者であること、これらの契約が売買契約の体裁をとり、担保目的ではないことが明記されていること、ファクタリング業者である Y_1・Y_2 が譲渡債権について第三債務者の無資力リスクを負担し、債権譲渡人である X に対する償還請求権を有さず、X が買戻しを予定していないことをあげており、債権譲受人が譲渡債権に関する債務不履行リスクを負担する契約内容であることを重視していることが窺われる。この判断は、事業者ファクタリングに関する下級審裁判例の判断と大きく異なるものではなく、譲渡担保の認定に関する従来の議論にも合致しているようにみえる。しかし、そうすると、ファクタリング取引の形式を整えることによって、利息制限法や貸金業法等の金利規制を潜脱することが可能になるのではないかという疑念が生じる（研究会の席上でも、本判決の結論に対し疑義を呈する意見が多く聞かれた）。実質的な高金利を得られることから、ファクタリング業者が契約書作成等、債権の売買として扱われるための対策を行ってく

るとの指摘もある[16]。本件 Y_1 契約及び Y_2 契約の取引一覧表[17] によれば、買取日から支払期限（＝Y らへの引渡日）まで、長いものでも約 1 か月であり、X は譲渡債権額の全額を第三債務者から取り立て、Y らに引き渡している。このような実態から Y らが第三債務者の無資力リスクを負担しているといえるのか疑問も生じるところである。また、譲渡債権の存在が短期間であるし、譲渡担保の目的物が不動産や動産の場合と同様の意味を買戻しに求めることも難しいように思われる。譲渡担保の認定に関する上記の最高裁判例は対象が不動産又は動産であり、債権の譲渡担保とは異なる[18]。債権の譲渡取引といっても、将来債権を含む集合債権譲渡取引と本件のようなファクタリング取引とも異なる要素があるように思われる。本件のような場合には、ファクタリング業者から事業者への譲渡代金の交付と事業者の（代理受領権限に基づいて受領した）取立金の引渡しが一体となった金融取引と解することも考えられよう。

（しもむら・としえ）

---

1)　村山由香里「『貸金業』の該当性に関する一考察」金法 1991 号 68 頁以下（2014 年）（ファクタリングについては 72 頁）。
2)　金融庁の Web ページ「ファクタリングに関する注意喚起」（https://www.fsa.go.jp/user/factoring.html〔参照 2022 年 2 月 22 日〕）を参照。
3)　近時では、消費者法ニュース 123 号 69 頁以下（2020 年）、同誌 125 号 99 頁以下（2020 年）において、ファクタリング被害の実態と対策について特集が組まれている。
4)　https://www.fsa.go.jp/common/noact/ippankaitou/kashikin/02b.pdf
5)　東京地判令 3・1・26 金法 2171 号 78 頁（「取引裁判例の動向」[15]（石田剛教授）、東京地判令 2・3・24 金法 2153 号 64 頁（『民事判例 23』の「取引裁判例の動向」[15]（丸山絵美子教授））等。
6)　https://www.fsa.go.jp/user/factoring.html#03
7)　評釈として、松岡久和・『民事判例 15』（2017 年）94 頁、櫛田博之＝国府泰道・消費者法ニュース 111 号 96 頁、水野信次・銀法 826 号 67 頁がある。また、『民事判例 16』の「取引裁判例の動向」（片山直也教授）においても紹介されている（7 頁）。
8)　下級審裁判例の状況については、木本茂樹「ファクタリング被害の現状と対応」消費者法ニュース 123 号 78 頁以下（2020 年）参照（平成 29 年大阪地裁判決、判決①〜③が紹介されている）。なお、これら 7 件のほか、大阪地判令 3・11・26 も事業者ファクタリングを債権の譲渡契約と判断していることが植田勝博「事業ファクタリング大阪地裁判決」消費者法ニュース 130 号 30 頁（2022 年）において紹介されている。
9)　木本・前掲注 8)79、80 頁。
10)　譲渡担保の認定に関する最高裁判例及び学説の詳細は、松岡・前掲注 7)96 頁を参照。
11)　譲渡担保と売渡担保の関係等については、安永正昭『講義　物権・担保物権法〔第 4 版〕』（有斐閣、2021 年）446 〜 448 頁、内田貴『民法 III〔第 4 版〕』（東京大学出版会、2020 年）647、648 頁等を参照。
12)　村山・前掲注 1)72 頁。
13)　松岡・前掲注 7)96 頁。この判断は、譲渡担保契約の認定に関する従来の議論に依拠し、さらにこれを拡充するもので正当であるとされる。
14)　評釈として、籠池信宏・金融判例研究 31 号（金法 2169 号）40 頁がある。また、『民事判例 22』の「担保裁判例の動向」（松本恒雄教授）においても紹介されている（16 頁）。
15)　籠池・前掲注 14)42 頁。
16)　小林孝志「ファクタリング被害の実態と現状――ファクタリングは高金利の借金である」消費者法ニュース 123 号 69 頁以下（2020 年）。
17)　本判決の掲載誌である金法では省略されているが、LEX/DB インターネットでは参照可能である。
18)　債権譲渡担保の場合には、設定者に準物権的地位を観念しにくいことなどから、譲渡担保設定契約の時点で譲渡人から譲受人に譲渡担保の目的とされる債権が確定的に移転すると考えられている。この点につき、松岡久和『担保物権法』（日本評論社、2017 年）343 頁、潮見佳男『新債権総論 II』（信山社、2017 年）355 頁参照。

不動産

土地賃借人の掘削により湧出させた温泉利用のための温泉権の成否

東京高判令元・10・30
平31(ネ)304号、損害賠償請求控訴事件
判時2485号12頁、金判1587号22頁（控訴棄却（確定））
原審：東京地判平30・12・12判時2485号22頁、金判1587号31頁

武川幸嗣　慶應義塾大学教授
現代民事判例研究会財産法部会不動産パート

●──事実の概要

　提携ホテルの旅行代理店へのマーケティングの受託業務およびホテル経営を目的とするA社は、平成16年4月2日、競売により本件不動産（本件土地およびその地上にある本件建物）を取得するとともに、Aと代表者（PからQに交代）を同じくするB社に対して、宿泊事業施設として使用する目的において賃貸し（以下、「本件賃貸借」という）、Bは温泉旅館Hの営業を開始した。

　同年7月6日、Aは本件不動産をC銀行に対して信託譲渡（以下、「本件信託譲渡」という）するとともに受益権をD社に譲渡し、Dが有する指図権の行使につきQが代表者を務めるE社が代理人となった。本件信託譲渡にともない、本件賃貸借における賃貸人の地位はAからCに移転したが、CはBの承諾を得て本件建物をDに賃貸し、DからBに転貸する形式が採られた。なお、本件賃貸借および本件信託譲渡等は、Qによる不動産投資スキームの一環として行われたものであった。

　Bは、同年7月26日、Dの承諾を得て本件土地を掘削して温泉（aの湯）を沸出させた。その後AはBを吸収合併し、Aが本件賃貸借における賃借権を承継した。Aは、平成17年6月29日、本件土地を掘削して温泉（bの湯）を沸出させた（以下、aの湯と併せて「本件各温泉」という）。

　平成21年1月16日、Aについて再生開始決定が行われたが、再生計画案の検討過程におけるAの保有資産の価値評価に際して、本件各温泉に関する権利（以下、「本件温泉権」という）の評価額は0円とされた。

　Aの再生計画実行中において、これとは別に、平成23年2月22日付けで、FがAに対して有する賃料債権等（債権額102万円）をG（Aの再生のために

Qが設立した会社）が譲り受け、AがGに対して本件温泉権の譲渡をもって代物弁済した後、同年3月20日付けで、さらにGがX（代表者はQ）に対する貸金債務（500万円）の代物弁済として、本件温泉権をXに譲渡した。

　Aは、同年3月28日、株主総会の決議により解散し、その再生手続も同年7月5日に廃止が確定した。

　平成23年12月20日、信託財産の引継ぎによりDがCから本件不動産の所有権を取得して本件賃貸借上の賃貸人の地位がDに移転したが、Aが賃料を滞納していたため、平成25年頃、DがAに対して本件不動産の明渡請求訴訟を提起し、平成26年2月、Dへの明渡しが完了した。

　Yは、平成28年8月25日、Dとの間で締結された売買契約（代金額1億4000万円）により、本件不動産の所有権を取得して所有権移転登記手続を行い、平成29年7月10日より、本件各温泉を利用できる宿泊施設を開業した。なお、AがDに対して本件不動産を明け渡して以降、Yの開業まで本件建物において旅館営業をした者はいない。

　そこで、XはYに対して、本件温泉権の確認請求を行うとともに、本件各温泉の無断使用が不法行為にあたるとして、使用料相当損害金の賠償を求めて本訴を提起した。

　原審は、①本件温泉権につき明認方法がないこと、②本件温泉権はDY間における本件不動産の売買契約の対象に含まれており、Yは背信的悪意者にあたるとはいえないこと、を理由としてXの請求を棄却したため、Xが控訴した。

●──判旨

　控訴棄却

　「このような温泉を湯口から採取して利用する権利は、湧出地の土地所有権の権利の内容の一つに含

まれ、土地所有権とは別の独立した物権としては成立しないのが原則である。通常は、湧出地の所有者以外の者が温泉を利用する権利は、債権的法律関係により形成される。例外的に温泉権が所有権とは別に物権として成立するのは、温泉権を湧出地の所有権とは別の独立した物権として認める慣習法が成立している地域に限られる」。

「慣習法上の物権を認めるというのは、明治民法施行前の慣習法が明治民法と合致しない場合において、明治民法の規律よりも慣習法上の規律の方が社会経済の実態に適合しているときの緊急避難的な措置にすぎない。現代の高度な掘削技術をもって何十メートルも地下を掘削し、新たに湧出させた温泉については、原則として、慣習法上の温泉権を掘削地の所有権とは別の物権として成立することは、ないと考えられる」。

「多額の資本を投下したから、債権的法律関係でなく物権が成立するとはいえない。また、当該土地について無権利者である者が、掘削して温泉を掘り当てさえすれば物権としての温泉権を原始取得するとはいえないことも明らかである。土地所有者から温泉掘削の承諾を得た者であっても、掘削により温泉を掘り当てれば当然に物権としての温泉権を原始取得するものではない」。

その上で、本件における慣習法の存否につき、「本件各温泉が存在する地域において、温泉に関する権利を土地所有権とは別の独立した権利として認める慣習法があることを認める証拠はない。」と認定し、さらに、「本件各温泉権がAの再生手続の過程における財産評価において0円（回収可能性なし）と評価されたことも、本件各温泉権が土地所有権とは別の独立した権利としては成立していないことを推認させるものである。」と判断した。よって、本件温泉権は本件賃貸借上の債権的関係に基づくものにすぎず、Aが本件不動産のDへの明渡しを完了した時点で消滅していると判示した。

●──研究

1　はじめに[1]

源泉から湧出する温泉に対する排他的支配を目的とする温泉権につき、判例は古くから、これが源泉地の土地所有権とは別個独立の「慣習法上の物権」となり得ることを認めてきた[2]。その形態については、A.源泉地から自然に湧出する温泉につき、明治民法制定以前の旧慣習に基づく村落共同体等による総有的管理・支配が残存する場合（旧慣習上の温泉権)[3]と、B.近代法体系下において、個人・組合・企業などが源泉地に資本と労力を投下して人工的に湧出させた温泉を専用する場合（近代法的温泉権）に大別される[4]。

温泉権が土地所有権とは別個独立の権利となり得る旨が意味を有するのは、源泉地の所有者以外の者による温泉利用の場合であるが、ア.源泉地の所有者が温泉権を譲渡するか、または、温泉権を留保して源泉地を譲渡する場合（源泉地自己所有型）と、イ.所有者以外の者が掘削して湧出させた温泉を利用する場合（源泉地他人所有型）が考えられる。

温泉権の成否を判断するに際しては、ある温泉利用に対しいかなる場合においてどのような保護を与えるべきか、それは用益物権に準じるものでなければならないか、土地賃借権などの債権的利用権による保護で足りるかにつき、個別具体的に評価することが求められよう[5]。主として、a.温泉権に基づく妨害排除請求の可否、b.源泉地の譲受人に対する温泉権の対抗可能性（譲受人による物権的負担の承継の当否)[6]、c.温泉権の譲受人による源泉地の所有者に対する対抗可能性（温泉権の自由譲渡性）などが問われよう。

本件では、上記のB.イ.類型において、源泉地を掘削した賃借人からの温泉権の譲受人と源泉地の譲受人との関係が争点となった（b.＋c.類型）。

2　従来の裁判例の概観

(1)　旧慣習上の温泉権・源泉地自己所有型

高松高判昭56・12・7判時1044号383頁〈裁判例①〉[7]は、代々温泉を管理・利用してきた源泉地の所有者から旅館営業を引き継いだ組合の温泉権について、引湯施設の設置および旅館営業等による客観的支配の事実に照らして、源泉地の譲受人に対する対抗可能性を認めた（温泉権確認＋温泉利用の妨害停止肯定）。

(2)　近代法的温泉権・源泉地自己所有型

源泉地の所有者から温泉権の分割譲渡を受けた譲受人につき、公示方法に関する主張立証がないことを理由として、源泉地の譲受人に対する温泉権の対抗可能性を否定した裁判例として、大分地判昭31・8・9下民集7巻8号2151頁（温泉権確認＋温泉利用の妨害停止否定）〈裁判例②〉がある。なお、福岡高判昭34・6・20下民集10巻6号1315頁〈裁判例③〉[8]は源泉地他人所有型の事案であるが、土地賃借人から温泉権の分割譲渡を受けた譲受人につき、土地賃借権および地上建物の譲受人に対する温

泉権の対抗可能性を同様の理由により否定した。

源泉地の所有者から湧出する温泉の一定量の配給を受けて利用する権利に関する、源泉地または温泉権の譲受人に対する対抗可能性については、i. 温泉利用が永久譲渡を目的とするものであること、ii. 対価が高価であること、iii. 引湯設備および営業施設等による客観的支配の事実に基づいて肯定した裁判例（山形地判昭43・11・25判時543号70頁〔温泉権の譲受人に対する給湯請求肯定〕〈裁判例④〉）と、配給請求に関する債権にすぎないとして否定した裁判例（大分地判昭29・6・28下民集5巻6号985頁〔源泉地の譲受人に対する温泉権確認請求否定〕〈裁判例⑤〉）[9] に分かれる。

(3) 近代法的温泉権・源泉他人所有型

源泉地の所有者の承諾を得て行った掘削により湧出した温泉利用に関する、源泉地の譲受人に対する対抗可能性が争われた裁判例として、掘削者による温泉権の原始取得を認めた上で源泉に対する継続的な管理・支配を理由とする肯定例（東京地判昭45・12・19判時636号60頁〔温泉権確認＋温泉利用の妨害停止肯定〕〈裁判例⑥〉）と、慣習法の不存在等を理由とする否定例（東京地判昭54・12・17判タ415号128頁〔温泉権侵害に基づく不法行為責任否定〕〈裁判例⑦〉）がある。

(4) 若干の整理

裁判例の多くは、源泉地の譲受人に対する温泉権の対抗可能性の有無が争われたものである。その肯否については、係争地において温泉権を認める慣習法の存否および、明認方法としての引湯設備・営業施設などによる客観的支配の事実の有無によって決する傾向が看取されるが（裁判例①②③④⑥）、温泉利用の要保護性と源泉地の譲受人の取引安全（他人による温泉の排他的利用に関する忍容の当否）とのバランスに対する配慮がうかがえる。

本判決は、温泉権の法的性質ひいては、債権的利用権として規律することの意味について検討を促すものといえるため、さらに分析を進める。

3 本判決の意義

(1) 近代法的温泉権の法的性質

本判決は温泉権の法的性質につき、慣習法上の物権としての温泉権の承認は旧慣習上の温泉権に限定され、近代法的温泉権は、原則として源泉地の所有権の一内容または、賃借権ないし温泉利用契約などによる債権的利用権として規律すれば足りる旨の一般論を提示した。後者については、掘削に対する資本と労力の投下および源泉の高い経済的価値が、物権性を認める根拠として説かれていたが[10]、本判決は、かかる要素から当然に物権の発生が導かれるわけではないことを示した。

(2) 源泉地他人所有型における温泉利用者の地位

源泉地の所有者以外の者が掘削した場合につき、裁判例⑥は、土地賃借権を否定して温泉権の原始取得を認めた上で、源泉地の利用権については相隣関係の準用によって手当てする構成を示唆した。これによれば、温泉利用に必要な範囲で温泉権の効力が源泉地に及ぶことになろうが、本件のような賃借人の掘削による温泉利用については、土地賃借権と温泉権との関係が問題となる。賃借権とは別個に温泉権の原始取得を認めると、賃借権が対抗要件を具備していない場合における温泉権の対抗可能性[11]、さらには、賃借人による温泉権のみの自由譲渡性ひいては、賃借権消滅後における温泉権存続の可否などが問われよう。仮に温泉権を土地賃借権の一内容と解すれば、賃借権が対抗要件を備えていなければ温泉利用権の対抗可能性も否定され、温泉権のみの譲渡は源泉地の転貸借として再構成されるため、賃借権が消滅すれば温泉利用権も賃貸人に対して対抗不能となる。

(3) 本件温泉権に関する保護の要否

本件においては、源泉地の賃借人から温泉権のみを譲り受けたXによる、源泉地の譲受人Yに対する権利主張の可否が争われた。i. 代物弁済による本件温泉権の譲渡は、代表者を同じくする当事者間において賃借人の再生手続中に行われたものであって、かつ、温泉権の評価額が0とされたこと、ii. 賃料滞納によりすでに賃借権が消滅し、源泉地の明渡しが完了していること、iii. Xによる旅館営業の実体がないことに照らせば、少なくとも賃借権の消滅後も温泉権を存続させてXを保護すべき理由はないといえよう。原審がYの取引安全をも考慮して温泉権の対抗可能性を否定したのに対して、本判決はその成立自体を否定したため、源泉地の譲渡の有無を問わずXは保護されないこととなる。

4 本判決の検討課題

本判決が説示したように、今日においては原則として温泉権を慣習法上の物権と捉える必要はないとすると、源泉地の所有者以外の者による温泉利用は土地賃借権などの一内容となろうが、その法律関係

はどうなるであろうか。主な問題類型につき若干の考察を試みる。

まず、源泉地自己所有型において、所有者が源泉地の譲渡に際して温泉権を留保する場合は、譲渡とともに譲受人から新たに温泉利用を目的とする賃借権の設定を受けることを要し、また、所有者による温泉権の譲渡は、他人の温泉利用のための賃借権を設定する構成に置き換えられよう。

いずれにおいても存続期間が問題となるが、長期にわたる温泉利用の継続を確保すべく、かかる契約目的に照らした合理的解釈を通して期間の意味を柔軟に解しつつ、更新拒絶を制限するなどの調整を要しよう[12]。源泉地他人所有型における賃借人による投下資本の回収は、存続期間の確保による契約目的の達成または、中途で終了した場合は有益費償還請求によって図られるべきことになるであろう。

源泉地他人所有型において所有者以外の者が掘削したとしても、この事実によって同人が温泉権を原始取得するのではなく、土地賃借権に基づく使用収益の一環として肯定されるにすぎない。賃借人による温泉権の譲渡については、温泉権のみの自由譲渡性はなく、転貸借として可能となるにとどまるため、賃借権消滅後も転借人による温泉利用が維持され得るのは、613条3項本文が適用される場合のほか、源泉地の所有者において転借権の消滅を主張することが信義に反すると解すべき特段の事情が認められる場合に限られよう。

さらに問題となるのは、源泉地の所有者が交代した場合である。土地賃借権につき、賃借権登記または旅館等に関する建物登記がなければ、譲受人に対する温泉利用権の対抗可能性が認められず、裁判例①④⑥が認定した引湯設備・営業施設等による明認方法では不十分となろう。そのため、現行法の枠内における温泉利用者の保護は、源泉地の譲受人において、賃借人の温泉利用を認容して譲り受けるなど、対抗要件の不備を主張することが信義に反すると認められる事情を広く解することによって図るほかなく、かつ、その射程は使用借権には及ばない。

さらに、温泉権に対する侵害の除去につき、賃借権に基づく妨害排除請求権については、民法605条の解釈いかんでは対抗要件がない場合にもこれを認める余地があろうが、使用借権については、物の利用を目的とする権利の不可侵性などを根拠としてこれを肯定する構成によらない限り、否定されよう。

本判決は慣習法が認められる場合を留保したものの、その認定には消極的な姿勢がうかがえるため、これを契機として温泉権の現代的意義について再考するとすれば、このような債権的利用権の意義と検討課題を踏まえる必要があろう。

（むかわ・こうじ）

1) 本判決については、すでに民事判例21（2020年前期）「不動産」98頁において、田中淳子教授が評釈されている。研究対象の重複につき予めご海容を乞う次第である。このほか、宮崎淳「判批」新・判例解説 Watch 民法（財産法）No.27（2020年）77頁。
2) 大判昭15・9・18民集19巻1611頁〔鷹の湯事件〕など。
3) 川島武宜「近代法の体系と旧慣による温泉権」『川島武宜著作集第9巻』（岩波書店、1986年）301頁以下。
4) 川島武宜編『注釈民法(7)』（有斐閣、1968年）613頁以下〔川島武宜〕、北條浩＝村田彰・渡辺洋三『温泉権論』（御茶の水書房、2012年）129頁。
5) このような視点につき、七戸克彦「物権法定主義」『慶應義塾大学法学部法律学科開設百年記念論文集・法律学科篇』（1990年）609頁以下、大村敦志『新基本民法2』（有斐閣、2015年）95頁、道垣内弘人「物権法定主義」鎌田薫ほか編『民事法Ⅰ〔第2版〕』（日本評論社、2010年）250頁、近江幸治『民法講義Ⅱ〔第4版〕』（成文堂、2020年）10頁など。
6) 広中俊雄『物権法〔第2版増補〕』（青林書院、1987年）19頁以下。
7) 原審は高知地判昭53・1・26判時888号107頁。
8) 原審は大分地判昭32・2・8下民集8巻2号241頁。
9) 川島・前掲注民(7)615頁においては、旧慣習の影響を受けた温泉利用として分析されている。
10) 川島・前掲著作集458頁、同・前掲注民(7)618頁。仙台高判昭63・4・25判時1285号59頁もこの旨を説示する。
11) 川島・前掲注民(7)627頁は、温泉権に関する明認方法の対抗力が土地賃借権に及ぶとされる。
12) 川島・前掲注民(7)627頁、渡辺・前掲書39頁以下は、賃貸借契約において期間の定めがあったとしても、その満了をもって借地関係を終了させる趣旨ではなく、温泉利用が継続している限り、かかる期間の意味を賃料据置期間にすぎないと解する旨の契約解釈を提示する。東京地判平12・11・8判タ1073号167頁は、別荘地売買契約に付帯して締結された温泉供給契約の期間に関する約定につき、買主に更新権を付与する趣旨であり、相手方は特段の事情がない限り更新を拒絶することはできないと解した。

不法行為 1

不動産の所有権移転登記が連件申請の方法により行われる場合における後件のみの登記申請代理をする司法書士の注意義務

東京地判令2・10・5
平29(ワ)21390号、損害賠償等請求事件
金法2165号75頁

加藤新太郎　弁護士・中央大学法科大学院フェロー
現代民事判例研究会財産法部会不法行為パート

●——事実の概要

　X社（代表者A）は、本件土地の所有者になりすました者甲（自称売主）にだまされて、登記申請権限を有しない者から本件土地を購入し（第1取引）、これと同時にB社に対して本件土地を転売する取引（第2取引）を行った。第1取引については、分離前相被告弁護士法人C法律事務所に勤務する司法書士である分離前相被告Dが、第2取引については、別の司法書士であるYが、それぞれ各取引当事者から所有権移転登記申請を受任した（Yは連件申請の後件申請を受任）。

　Xは、先にBから第2取引の売買代金として1億2000万円の支払を受け、次に第1取引の売買代金として7000万円を、甲が同行した債権者乙を名乗る者が指定した分離前相被告E社名義の銀行口座に振り込んで支払った。

　その後、D及びYが本件各取引に基づく各所有権移転登記申請を行ったが、第1取引で甲が提示した登記識別情報通知書等が偽造であることが発覚し、上記各登記申請は却下された。また、甲がDに本人確認書類として提示していた運転免許証も、偽造であることが発覚した。

　そこで、Xが、後件申請を受任したYに対し、第1取引で甲が提示した登記識別情報通知書や運転免許証の偽造を看過したことについて、司法書士として要求される登記申請書類の調査・確認等義務違反や本人確認義務違反があるとして、不法行為又は委任契約の債務不履行に基づき、損害賠償請求をした。

●——判旨

請求棄却

1　連件申請の司法書士が負う注意義務

(1)　一般論　司法書士の職責及び職務の性質と、不動産に関する権利の公示と取引の安全を図る不動産登記制度の目的（不動産登記法1条）に照らすと、登記申請等の委任を受けた司法書士は、委任者との関係において、当該委任に基づき、当該登記申請に用いるべき書面相互の整合性を形式的に確認するなどの義務を負うのみならず、当該登記申請に係る登記が不動産に関する実体的権利に合致したものとなるよう、上記の確認等の過程において、当該登記申請がその申請人となるべき者以外の者による申請であること等を疑うべき相当な事由が存在する場合には、上記事由についての注意喚起を始めとする適切な措置をとるべき義務を負うことがあるものと解される（【A】最二判令2・3・6民集74巻3号149頁の4(1)前半を引用）。

(2)　前件担当は、前件申請に係る登記申請書類や登記義務者の本人確認書類において、前件申請がその申請人となるべき者以外の者による申請であることを客観的に疑わせる一見して明らかな不審事由が存在するような場合には、上記司法書士の職責及び職務の性質並びに不動産登記制度の目的に鑑み、委任者に対し、これらの書類の真否を調査・確認したり、不審事由の存在に関する注意喚起をしたりすべき注意義務を負うと解される。

(3)　前件申請に必要な登記申請書類の真否の確認や前件申請の申請人の本人確認は、本来的に前件担当の責任において実行されるべきものであり、後件担当は、仮に前件担当に上記善管注意義務違反が認められる場面であっても、後件申請の委任者との関係で、原則として、当然にこれらの事項の確認をすべき義務を負うことはない。

　例外として、後件担当も、前件申請に必要な登記申請書類一式が揃っているか否かを形式的に確認する義務はあるが、その過程で一見して明白な偽造の痕跡を発見したり、前件担当が明らかに司法書士と

しての職責を全うしていないことが疑われる具体的な事情を認識したりしていたなどの特段の事情がある場合には、後件申請の委任者に対し、自らも前件申請の登記申請書類の真否の調査・確認や申請人となる登記義務者の本人確認を行ったり、明白な不審事由の存在に関する注意喚起をしたりすべき注意義務を負うと解される。

2　Yの登記識別情報通知書の調査・確認等に係る善管注意義務違反の不存在

(1)　【特段の事情の有無①】　甲が所持する本件土地の登記識別情報通知書には、地番の表示が登記記録と合致する「36番4」ではなく、地番の表示には用いられない「番地」が間に入った「36番地4」となっていた。これを看過した前件担当のDには善管注意義務違反がある。しかし、後件申請では、登記識別情報の提供を省略することが可能で、元々登記識別情報通知書は後件申請の必要書類ではなく、しかもYは、前件担当のDが事前に前件申請に必要な書類は全て揃っていることを確認したという情報に接していたという状況の下では、Dが一見して明らかな登記識別情報通知書における不動産の表示の偽造部分を看過した善管注意義務違反の責任を免れないからといって、結果的に同じ偽造部分を見落とした後件担当のYにも当然に同様の善管注意義務違反があったということはできない。

(2)　【特段の事情の有無②】　取引当日にD自身が立ち会っていないことは、前件担当の司法書士としての職責を十分果たしていなかったと疑うに足りる特段の事情とはいえない。また、決済が終了した段階において、後件担当に更なる登記識別情報通知書の不備の有無に関する調査・確認や、登記識別情報通知書のシールが剥がれなかった場合には別途前件申請の登記義務者の本人確認情報を提供する必要が生じ得る旨の注意喚起を取引関係者に対して行うべき義務が課されていたと考えるのは無理がある。

3　Yの本人確認義務違反の不存在

(1)　【特段の事由の有無①】　Yは、本件各取引の決済実行前に、甲の運転免許証を確認するなどの本人確認を行わなかった。しかし、本件では、前件担当のDが司法書士としての職責を十分果たしていなかったと疑うに足りる特段の事情があったとはいえず、後件担当のYに甲の本人確認義務が課されていたとは認められない。

(2)　【特段の事由の有無②】　本件では、①取引当日にDが立ち会っていなかった点以外にも、②多額の借金返済の目的で売却する本件土地が更地で無担保の状態であった点、③Dへの登記申請の依頼が

決済前日であった点、④売買代金の決済が登記識別情報通知書等の交付前に行われた点がみられた。しかし、②ないし④は、本件各取引に付随する事情として、必ずしも不自然とは言い切れないものであり、Dが職責を十分果たしていなかったと疑うに足りる特段の事情があったと認めるには不十分である。

●──研究

1　本判決の意義

　本判決は、第1に、司法書士の登記申請における民事責任について判示した【A】最二判令2・3・6民集74巻3号149頁[1]の一般論を援用している点からも明らかなように、現在の到達点である規範を前提として議論しており、その意味において規範的な意義を有する。この一般論は、司法書士の職責、不動産登記制度の目的を論拠として、司法書士に形式的な関係書類確認義務のみならず、実体的権利に合致した登記がされるように、登記申請人の本人性に疑念がある場合には、注意喚起のほか適切な措置をとるべき義務を措定する内容の規範である。すなわち、不動産登記申請代理においては形式的処理で事足りるとしてはならないという実質的処理モデル[2]が、判例法理となっており、本判決もこの前提から検討をスタートしているである。

　第2に、不動産の所有権移転登記が連件申請の方法により行われ、前件と後件の登記手続を代理する司法書士が異なる場合に、後件申請代理をした司法書士の注意義務違反が否定されたケースであり、事例的意義を有する。後述するような理由によって、実務上そのように判断されることが多い点に留意すべきであろう。

　第3に、上記【A】は、連件申請について、第三者に対する責任が問題とされたもの[3]であるのに対して、本件は、後件申請のみ代理する司法書士の依頼者に対する責任が争点とされたものであるが、前件申請の司法書士の注意義務との関連についての判断枠組みと当てはめの仕方において、典型的なモデルを示している点でも意義がある[4]。

2　問題の所在と本判決が明示した規範

(1)　問題の背景

　不動産登記法上、登記手続をする場合、原則として登記義務者の登記識別情報を提供しなければならないが（同法22条）、連件申請がされたときには、後件の登記手続の際に提供すべき登記識別情報が提供されたものとみなされる（不動産登記規則67条）。つまり、連件申請における後件申請では、登記識別情報の提供を省略することが可能で、その限りで、

登記識別情報通知書は後件申請の必要書類ではない。このように、連件申請は、前件と後件との登記手続に密接な関連性があり、前件登記が完了することが後件登記のために必要となる。そこで、連件申請について前件担当と後件担当との司法書士の注意義務の所在と内実が問題となるのである。

(2) 後件担当の司法書士の注意義務

本判決は、(ア) 連件申請の後件担当において、①前件申請の登記申請書類の形式的な確認の過程で一見して明白な偽造の痕跡を発見したり、前件担当が明らかに司法書士としての職責を全うしていないことが疑われる具体的な事情を認識したりしていたなどの特段の事情がある場合には、後件申請の委任者に対し、例外的に自らも前件申請の登記申請書類の真否の調査・確認や申請人となる登記義務者の本人確認を行うなどの注意義務を負うところ、②前件担当の司法書士が事前に前件申請の必要書類の確認をした旨の情報に接していた事情のもとでは、上記特段の事情は認められず、登記識別情報通知書の調査・確認等に係る注意義務があったとは認められない、(イ) 連件申請における後件担当は、特段の事情がない限り、前件申請の申請者が登記義務者本人であることを確認すべき義務を負わないところ、Yは、取引前日に前件担当の司法書士が売主の本人確認を済ませた旨聞いていたことなどからすれば、自称売主が本件土地の所有者になりすましている疑念性はうかがわれず、本人確認義務違反があったともいえない旨判示した。したがって、Yには、Xに対する委任契約上の債務不履行及び不法行為は成立しない。

以下では、裁判例の動向に中における本判決の位置づけをみていくことにしたい。

3 裁判例の動向

(1) 先例の諸相

連件申請における司法書士の注意義務違反が争点となった先例としては、【1】東京地判平 25・5・30（判タ 1417 号 357 頁）、【2】東京地判平 27・12・21（判タ 1425 号 282 頁）、【3】東京高判平 30・9・19（判時 2392 号 11 頁）、【4】東京高判令元・5・30（判時 2440 号 19 頁）、【5】東京地判平 2・1・31（金法 2152 号 69 頁）などがみられる。

まず、【1】は、前件申請をした司法書士には過失（登記済証の真否調査義務違反）を肯定（過失相殺 9 割）したが、後件申請をした司法書士には過失を否定した。

前件申請の司法書士の過失肯定の理路は、①連件申請であることを知って前件の登記手続を受任した司法書士は、その依頼者（前件の登記権利者かつ後件の登記義務者）に対してだけではなく、委任関係のない後件の登記権利者に対しても調査義務を負い、これを怠って後件の登記権利者に損害を生じさせた場合には不法行為責任を負うところ、②司法書士が、不動産所有権移転登記申請手続を行うに際して、登記義務者（現在の権利者）への所有権移転の原因の日付が登記記録と登記済証とで齟齬がないかを確認することは基本的審査事項であり、通常の注意を尽くせば本件登記済証の誤記（所有権移転に係る原因行為の年月日について、本件登記済証では「平成壱参年八月参日売買」となっているが、全部事項証明書では平成 13 年 8 月 31 日売買となっていた）を発見することは容易であり、この誤記は本件登記済証の真否を疑うべき相当な理由である（登記済証真否調査義務違反の過失がある）というものであった。

後件申請の司法書士の過失否定の理路は、①連件申請において、前件申請代理をする別の司法書士がいるときは、後件申請代理をする司法書士は、原則として、前件の登記手続書類については、前件登記が受理される程度に書類が形式的に揃っているか否かを確認する義務を負うに止まり、前件の登記手続書類の真否につき確認することを依頼者との間で合意したか、前件申請代理人である別の司法書士が、その態度等から職務上の注意義務を果たしていないと疑うべき特段の事情がない限り、前件の登記手続書類の真否の調査義務を負わないものと解するのが相当あるところ、②疑念性（前件の司法書士が職務上の注意義務を果たしていないと疑うべき特段の事情）が認められない本件では、過失はないというものであった。

【2】は、【1】と同様の理由により、連件申請の後件申請のみを代理する司法書士について、特段の事情（疑念性）がない限り、前件の登記義務者の本人確認をする義務を負わないと判示して、過失を否定した。

【3】は、連件申請の後件申請のみを代理する司法書士に、①前件申請の形式的な要件の充足の確認、②前件申請の却下事由その他前件申請のとおりの登記が実現しない相応の可能性を疑わせる事由が明らかになった場合には、前件申請に関する事項も含めた速やかな調査、③その結果も踏まえて、登記申請委任者など重要な利害関係人に対する警告をすべき注意義務があるとした上で、(i) 本件前件申請に関する事務は全部無資格者が取り仕切っていることを現認し、本人確認情報には確認を行ったのは資格者代理人である旨の虚偽記載がされていることも事前に確認していたこと、(ii) 印鑑登録証明書が、生年

月日「大正13年××月××日」のもの（平成27年7月27日付）と、生年月日「大正15年××月××日」のもの（同月26日付）の2通存在し、これらをコピーしても「複製」の文字は現れなかったこと、(iii) 前件申請の添付書類である本件印鑑登録証明書及び甲野作成名義の委任状記載の住所は、いずれも「東京都武蔵野市a町b」目c番d」と末尾の地番の「号」の一文字が欠けていたことを認定し、本件前件申請の不備を見落とした点に過失と判示した[5]。

【4】は、司法書士が不動産順次売買について登記手続の連件申請を行う場合において、最初の売主とされた者が真正の権利者ではないことなどが明らかになったため所有権移転登記をすることができなかったときは、本件順次売買の前件申請の委任を受けていた司法書士は、委任関係のない後件の登記権利者に対しても、（疑念があるときには）書類の真否について調査すべき義務を負うとして、過失を肯定した[6]。

【5】は、①司法書士が不動産順次売買について登記手続の連件申請を行う場合において、前件申請の司法書士がいるときは、後件申請の委任を受けていた司法書士は、前件の登記手続書類の形式的確認をする義務を負うにとどまるが、前件申請の司法書士がその態度等から職務上の注意義務を果たしていないことを疑うべき事情があるときには、例外的に、前件の登記手続書類の真否について確認調査すべき義務を負うところ、②当該事実関係の下においては、書類真否確認調査義務違反の過失はないとした。

(2) 判断枠組み

先例【1】から【5】までをみると、本判決と同様に、司法書士の注意義務違反を判定する際に「疑念性判断モデル」を採用していることが分かる。

これは、【B】最三判昭50・11・28（金法777号24頁）が、「司法書士が、登記義務者の代理人と称する者の依頼により所有権移転登記申請をしたが、不実の

登記になった場合において、登記義務者本人について代理権授与の有無を確かめなかったことが、司法書士の過失となるか」という問題が争点となったケースについて、「司法書士において依頼者の代理権の存在を疑うに足りる事情があるときには、その点の確認義務が生じる」という規範を定立したことを嚆矢とする。司法書士の注意義務の存否を「疑念性」により判定しようというものであるから、「疑念性判断モデル」である。登記申請の依頼の経緯、状況及び当事者間の関係などから、代理権の有無や登記意思の有無について疑念があるのに、司法書士がその点につき確認義務違反をした場合には、不法行為責任の要件となる過失と評価されるのである。この判断枠組みは、司法書士の専門家責任と登記事務の迅速処理、取引当事者の自己責任との安定的調和との観点から、一定の合理性を有するものと受け止められている[7]。

4　本判決の読み解き

本判決は、連件申請におけるプロセスを前提として、(ア) 前件申請担当の司法書士と後件申請担当の司法書士とに措定される注意義務の内実について整理した上[8]で、(イ) 後件申請のみを代理する司法書士について「疑念性判断モデル」により注意義務の存否を判定するという判断枠組みを採用し、(ウ) 本件事実関係に当てはめ、疑念性（前件の司法書士が職務上の注意義務を果たしていないと疑うべき特段の事情）があったとはいえない旨の判断をしたものである。

本判決は、そのように判断される。連件申請を別の司法書士が担当する場合における善管注意義務の判断枠組みと当てはめの仕方において、裁判実務における典型的なモデルケースということができる。

（かとう・しんたろう）

---

1) 【A】の評釈は多く、本研究会でも、伊藤栄寿「判批」民事判例22（2021年）98頁が扱っているほか、七戸克彦「判批」民商157巻2号（2021年）31頁、山野目章夫「判批」判例秘書ジャーナル（HJ100088）、手嶋豊「判批」論究ジュリ34号（2020年）151頁、秋山靖浩「判批」リマークス63号（2021年）30頁、加藤新太郎「判批」NBL1169号（2020年）109頁、NBL1171号（2020年）89頁など、調査官解説として、土井文美・曹時73巻7号（2021年）1361頁がある。
2) 形式的処理モデル、実質的処理モデルのネーミングは、山野目章夫教授である。実質的処理モデルの例示として、加藤新太郎『司法書士の民事責任』（弘文堂、2013年）291頁参照。
3) 【A】は、「中間省略登記の方法による不動産の所有権移転登記の申請の委任を受けた司法書士に、当該登記の中間者との関係において、当該司法書士に正当に期待されていた役割の内容等について十分に審理することなく、直ちに注意義務違反があるとした原審の判断に違法があるとされた事例」であり、連件申請のケースではあるが、第三者に対する責任が問題とされたものである。
4) 本判決は、近時横行している地面師詐欺（なりすまし）案件でもある。なりすまし案件の論点については、加藤新太郎「成りすましに立ち向かう司法書士」『実務に活かす判例登記法』（金融財政事情研究会、2021年）78頁。
5) 【3】は、【A】の原審判決である。評釈として、加藤新太郎「判批」リマークス60号（2020年）50頁。
6) 評釈として、岩藤美智子「判批」リマークス62号（2021年）42頁。
7) 加藤・前掲『司法書士の専門家責任』222頁。
8) 前件に必要な登記申請書類の真否の確認や、前件申請の申請人の本人確認は、本来的に前件申請の委任を受けた前件担当の責任において実行されるべきものと判示する。

不法行為 2

責任能力者である未成年者による加害行為と親権者の監督義務違反の成否

東京高判令2・6・24
令元(ネ)3810号、損害賠償請求控訴事件
判タ1484号102頁〔確定〕
第一審：横浜地判令元・7・26判時2442号76頁

宮下修一　中央大学教授

現代民事判例研究会財産法部会不法行為パート

●——事実の概要

　A（13歳〔当時の年齢。以下同じ〕）は、2015年2月20日未明に河川敷において、Y_1（18歳）・Y_4（17歳）・Y_6（17歳）からカッターナイフで足・腕・頸部を複数回切りつけられるなどの暴行を受け、その頃から早朝までの間に、頸部刺切創に基づく出血性ショックにより死亡した（以下「本件事件」という）。暴行は、Y_1（殺意が認定されている）が主導し、その指示で Y_6 及び途中で呼び寄せられた Y_4 が共謀する形で行われた。Y_1 は、本件事件の3か月前に飲酒をして通行人を鉄パイプで殴った傷害事件で少年鑑別所に収容されたことがあり、また、Y_4 も窃盗事件等を起こし、いずれも本件事件当時は保護観察中であった。Y_6 は、飲酒をすることはあったが、家庭裁判所の処分歴はなかった。

　そこで、Aの母 X_1、兄弟妹 X_2〜X_5、祖父母 X_6・X_7 は、Y_1・Y_4・Y_6 に対しては本件事件の発生、また、Y_1 の父母 Y_2・Y_3、Y_4 の母 Y_5、Y_6 の父母 Y_7・Y_8 に対してはそれぞれ監督義務違反につき共同不法行為責任を負うとして、民法（以下省略）709条及び719条に基づき損害賠償を求めて訴訟を提起した。

　原審判決（横浜地判令元・7・26判時2442号76頁）は、Y_1・Y_4・Y_6 の共同不法行為責任を認めるとともに、Y_2・Y_3 及び Y_5（ただし、Y_5 は口頭弁論期日に不出廷）の監督義務違反による共同不法行為責任を認めたが、Y_7・Y_8 については監督義務違反を否定した。これを受けて、Y_1・Y_2・Y_3 及び Y_6 が控訴した。なお、本件については刑事責任も追及され、Y_1 は傷害罪及び殺人罪で懲役9年以上13年以下、Y_4 は傷害致死罪で懲役4年以上6年6月以下、Y_6 は傷害致死罪で懲役6年以上10年以下の不定期刑の有罪判決がそれぞれ確定している。

●——判旨

　控訴棄却。以下、本稿が直接検討対象とする Y_2 及び Y_3 に関する判示のみ引用する。

　「Y_1 は、小、中学生の頃から他人に暴力を振るう傾向があり、本件事件の頃までに、その粗暴性や暴力傾向が相当に深刻化しており、特に飲酒時に暴力を振るう傾向が顕著であって、そのような傾向が顕在化したとみられる……鉄パイプによる傷害事件を惹起するに及んだのであるから、Y_2 及び Y_3 は、この具体的事件や Y_1 の日頃の言動を通じて、Y_1 の暴力傾向の深刻化を十分に認識していたと認められる。特に、鉄パイプによる傷害事件は Y_1 が飲酒の上で深夜に友人と共にした犯行であり、Y_2 及び Y_3 は、その具体的内容とともに、保護観察処分の際に特別遵守事項として、飲酒をしないことや共犯者との交友を絶つことが定められていたことも認識しており、Y_1 がその暴力傾向を顕在化させて更に暴力事件を起こさないようにするためには、Y_1 の飲酒を禁じ交友関係を改めさせる等の必要があることも十分認識していたものである。そして、Y_2 及び Y_3 が Y_1 と同居していたことを併せれば、Y_1 が当時18歳5か月を超える年齢に達していたことを考慮しても、Y_2 及び Y_3 には、Y_1 の暴力傾向の深刻化を踏まえて、Y_1 が再び他人に暴力を加えることを防止すべく Y_1 を指導監督する義務があったというべきである」。

　そのうえで、Y_2 及び Y_3 は、Y_1 を事実上放任し、Y_1 に対する監督義務を怠っていたとした。

●——研究

1　はじめに

　712条は、責任無能力の未成年者は不法行為責任を負わない旨を定める。責任能力とは、12歳（小学校卒業）程度の精神能力が一応の目安になると説

明される[1]。もっとも被害者保護の観点から、同条により加害者が免責される場合には、714条により、その法定監督義務者等が原則として不法行為責任（監督者責任）を負うものとされている。

逆に未成年者であっても責任能力を有する場合は、自ら不法行為責任を負うことになる。もっとも、未成年者は損害賠償をするに足る十分な資力を有していないのが一般的であることから、その親権者等に不法行為責任を追及できないか否かがかねてから議論されてきた。この点について解決を与えたのが、15歳の中学3年生が13歳の同1年生を殺害した事件に関する最二判昭49・3・22民集28巻2号347頁（以下「昭和49年判決」という）である。同判決は、未成年者が責任能力を有する場合でも監督義務者の義務違反とその未成年者の不法行為によって生じた結果との間に相当因果関係が認められるときは、監督義務者につき709条に基づく不法行為が独自に成立すると判示した。

ところが、最二判平18・2・24判時1927号63頁（以下「平成18年判決」という）は、強盗目的で男性に傷害を負わせた19歳の子3名の親権者につき、いずれも監督義務違反を否定した。これに対して本判決は、殺人を犯した18歳のY_1と17歳のY_4の親権者についてその監督義務違反を肯定した（Y_6の親権者については否定）。

そこで本稿では、昭和49年判決、平成18年判決及び本判決の異同をふまえて、責任能力者の監督義務違反の有無の判断基準について考えてみることにしたい。

2　昭和49年判決と平成18年判決の関係

(1)　理論的問題：709条の「過失」の内容

かつては、親権者への不法行為責任の追及は、加害者が責任無能力により709条の責任を負わない場合の補充的責任を定めた714条に限定されるか、あるいはそれに限らず709条でも可能かが議論されていた[2]。この点は、昭和49年判決の登場により、どちらの条文でも可能であるが、被監督者が責任無能力者の場合には714条により過失の立証責任が転換されるという形で整理されることになった[3]。

もっとも、昭和49年判決は、1で述べた一般論を提示し、親権者の監督義務の懈怠と子による殺害の結果との間の相当因果関係を認めた原審判決を是認するにとどまる。そこで、責任能力者の親権者が709条に基づき監督義務違反の責任が問われる場合に、同条の「過失」は、①714条の監督義務違反と同様の判断によるのか、それとも②709条の注意義

務違反と同様に予見可能性（予見義務違反）と結果回避義務違反まで求められるのかが、さらに議論された[4]。

この点につき、具体的な事例に即して②の立場に近い判断を示したのが平成18年判決である。同判決は、昭和49年判決を引用したうえで、19歳の子らは、いずれも「間もなく成人に達する年齢」にあり、事件当時は親権者の下を離れて生活していたことがあることなどを考慮すると、親が親権者として子らに及ぼしうる影響力は限定的なものであったとして、保護観察処分における遵守事項（3(1)で後述）を確実に守らせる手段を有していたとはいいがたいとする。また、上記の状況をふまえると、親が強盗事件のような犯罪をすることを予測しうる事情があったともいえないとする。前者は結果回避義務違反がなく、後者は予見可能性がないことを基礎づける事情であるといえよう。

(2)　具体的事情①：年齢及び具体的な親子関係の考慮

続いて両判決を見ると、その具体的事情、すなわち年齢及び具体的な親子関係の考慮が、結論の違いに結びついていると思われる。

まず、昭和49年判決の原審判決によれば、子が15歳で「未だ義務教育の課程を終了（ママ）していない中学生」であり、親の子に対する「影響力は責任無能力者の場合と殆んど変わらない程強いものがある」とされている。最高裁もこれを是認しており、同様の判断をしたものと考えられる[5]。これに対して平成18年判決は、子がいずれも19歳で「間もなく成人に達する年齢」であったことが考慮要素の1つとされている。

次に、昭和49年判決の原審判決では、次第に子の非行性が深まってきたのにもかかわらず適切な措置をとらずに放任し、家族的情愛の欠如に対する欲求不満をつのらせたこと等によって子を犯行に走らせたとして、監督義務の懈怠と殺人の結果の因果関係を肯定する。これに対して、平成18年判決の第一審判決（札幌地判平16・5・13裁判所ウェブサイト掲載）では、加害者3名のうち2名については親が非行防止や更生のために努力していることが考慮されている。なお、残る1名については、養父の体罰等により子が家を離れたため、親権者の母親が影響力を及ぼせなかったことが考慮されている。

以上の点をふまえると、責任能力者に対する親権者の監督義務違反の判断に際しては、子が義務教育を終えた年齢であれば肯定されるわけではなく、子

に対する具体的な監督の可能性と実際の監督行為の有無が1つの判断要素となっているといえよう[6]。

(3) 具体的事情②：暴力傾向の拡大に関する予見可能性

また、子の暴力傾向が拡大することについて予見することができたか否かも、親権者の監督義務違反の判断で考慮されている。

昭和49年判決は、直接この点に言及していないが、調査官解説では次のような説明がなされている。両親の生活態度・教育・しつけの欠陥が著しいことが一因となって子の非行性が顕著に現れているが、これは主として窃盗として現れており、子に「従前暴力的傾向があったとの点は確定されていない」ため、両親が子の強盗殺人行為等を予見できたかどうかは微妙である。しかし、「強盗殺人行為は、窃盗行為の延長線上にある行為であって……、単なる殺人行為と異なることからすると予見不可能というべきものではない」[7]。

これに対して、平成18年判決は、子らがいずれも19歳を超えてから少年院を仮退院し、その後事件発生に至るまで特段の非行事実はなかったことも、犯罪を予測しうる事情がなかったという判断の一要素として考慮されている[8]。

3 平成18年判決と本判決の関係

(1) 両判決の異同①：保護観察処分における「特別遵守事項」の考慮

平成18年判決と本判決は、保護観察処分により「特別遵守事項」[9]が付された少年（Y_6を除く）が加害者である点では共通するが、その取扱いが異なる。

平成18年判決では、親権者がそれを確実に守らせることができる適切な手段を有していたとはいいがたいと判示された。

これに対して本判決は、Y_2とY_3が「特別遵守事項」を認識し、Y_1がさらに暴力傾向を起こさないようにするためにはそれを遵守させる必要があると認識していたうえ、Y_1と同居していたことから、その年齢を考慮してもY_1を指導監督する義務があるとした。原審判決では、Y_5についても、「特別遵守事項」が定められた時点において、Y_4の交友関係及び生活態度を把握して具体的な措置を講ずるべき注意義務を尽くさなかったとして監督義務違反が認められた。なお、Y_7・Y_8については、Y_6の交友関係の把握を徹底していたとはいえないものの相応のコミュニケーションをとっていたこと等を理由として監督義務違反が否定されている。

以上をふまえると、本判決では、「特別遵守事項」が遵守されていないことを認識しており、その遵守を徹底することができた状況にあったにもかかわらずそれを怠っていたことが監督義務違反の判断に影響したといえよう。

(2) 両判決の異同②：暴力傾向の拡大に関する予見可能性・再論

平成18年判決では、いずれの加害者についても傷害事件のような犯罪をなすことを親権者が予測しうる事情があったとはいえない点が監督義務違反なしという判断に結びついている。

これに対して本判決では、Y_2とY_3については、Y_1の暴力傾向の深刻化を十分に認識していたにもかかわらず、具体的方策を講じず事実上放任していたこと等から本件事件のような犯罪を引き起こすことは具体的に予見できたとされた。原審判決では、Y_5についても、Y_4が本件事件のような犯罪に関わることについて具体的に予見できたと判示されている。しかしながらY_7とY_8については、Y_6の飲酒は把握していたものの、それが暴力性を高める様子もなく、不良交友の深刻化を認識できたとまではいえない等として、上記のような予見をするのは困難であったと判示された。

以上をふまえると、子の暴力傾向の拡大に関する予見可能性に関する判断が、両判決の差異を生んだといえよう。

(3) 平成18年判決以後の裁判例の動向

ところで平成18年判決以後に、義務教育を終えた責任能力のある未成年者が故意の犯罪をした際に親権者の監督義務違反が問われた裁判例では、いずれも犯罪発生の具体的な予見可能性とそれを防止することの可否が、監督義務違反の判断で考慮されている。

東京地判平20・11・7判タ1305号125頁は、成年男性とともに殺人事件を起こした保護監察中の19歳の女性の親権者について、被害者が監禁され衰弱している様子を現認していたことから、何らかの措置をとることが可能であり、かつ、被害者が死亡することが予見できたとして、監督義務違反を肯定した。

これに対して、19歳の少年らが他の少年をリンチで殺害した事件では、第一審判決（宇都宮地判平18・4・12判時1936号40頁）も控訴審判決（東京高判平19・3・28判時1968号3頁）も、従前からの違法行為をふまえると犯罪行為に及ぶことについ

て一般的な予見可能性はあるが、具体的な予見可能性はなかったこと、親権者は違法行為を注意していたこと、子が19歳を超え一般的な監督義務を尽くしてもその効果が期待できないこと等を考慮し、監督義務違反を否定した（なお、上告審〔最二決平21・3・13判例集未登載〕では、監督義務違反の有無は争われていない）。また、大津地判平31・3・14判時2424号82頁は、一緒に遊んでいた仲間を突き落として溺死させた18歳の加害者3名の親権者について、喫煙や交通違反等の非行行為を繰り返し、うち1名は傷害罪と恐喝未遂罪で少年院に入所していた経験はあるものの、暴行が友人間の悪ふざけとして行われたこと等を考慮すると、事件発生を具体的に予見かつ防止できたとはいえないと判示した。

4　結語

以上で検討してきたように、責任能力者である未成年者の監督義務者の義務違反の有無については、義務教育を受ける年齢であるか否かだけではなく、従前の暴力傾向の拡大により具体的な事件の発生を予見できたか否か、また、その事件の発生を具体的に回避できたか否かが考慮されている（もっとも後者については、本判決のように子と親権者が同居していることは考慮要素であるが、それに限られるわけではない）。なお、責任無能力者の親権者の監督者責任が否定された最一判平27・4・9民集69巻3号455頁（サッカーボール事件）について、714条1項ただし書の監督義務違反を709条の過失と同義に捉えたものであると評価する見解も提示されているが[10]、これを前提とすれば、本判決の判示内容は監督者責任をめぐる議論にも影響を与える可能性もあることも留意しておきたい。

さらに、本2022年4月1日の改正民法施行により実現される成年年齢引下げとの関係にも注意する必要がある。平成18年判決と本判決では、いずれも18歳・19歳の未成年者の親権者の監督義務違反が問われている。しかしながら、成年年齢引下げ後は、同様の事件が発生しても、加害者である子が成年者である以上、親に対し親権者の監督義務違反を理由として不法行為責任を追及することは難しくなろう。

しかしながら、成人であっても若年者が加害者の場合には、その資力が不足し被害者救済が図られないという状況は、成年年齢引下げによっても変わるわけではない。もとより、加害者の資力不足は被害者に必ず生じるリスクではあるが、従前は、判例法理によって保護が図られてきた被害者救済の範囲が狭まることは事実であり、その是非は議論の余地があるとしても、正面から向き合わなければならない問題であることは間違いない。

ここで注目すべきは、平成18年判決をめぐって家族法の視点から示された以下の見解である。「未成年者による加害の責任を家族関係の存在を理由に処理させるのが現実的でない状況下での唯一の現実的問題は、被害者の不遇・不運であることだけは間違いない。これをどう処理すべきなのか。子の年齢不問で親の無過失責任化を推進して強制保険制度にでも至るべきか、あるいは、被害者の不運は賠償能力なき成人による被害のそれに等しいものと割り切って救済を社会全体で分担し、子育てをする親の負担を加重しない工夫をするか、いずれにせよ、不法行為法に残る前世紀や前々世紀的システムからの離脱が急務であろう」[11]。

この点をふまえると、本判決は、単なる解釈論を超えて、不法行為法による被害者救済のあり方に一石を投じるものということもできよう。

（みやした・しゅういち）

1)　橋本佳幸＝大久保邦彦＝小池泰『民法Ｖ　事務管理・不当利得・不法行為〔第2版〕』（有斐閣、2020年）165頁。
2)　議論状況については、1で言及した点も含め、川口冨男「調査官解説」法曹会編『最高裁判所判例解説民事篇　昭和49年度』（法曹会、1977年）161〜165頁、前田泰「判例研究」私法判例リマークス34号（2007年）47〜48頁等を参照。
3)　加藤雅信『新民法体系Ｖ　事務管理・不当利得・不法行為〔第2版〕』（有斐閣、2005年）329〜330頁。
4)　議論状況については、青野博之「判例研究」民商法雑誌135巻2号（2006年）432〜434頁等を参照。
5)　実際、川口・前掲2)166〜167頁注4)は、本件の特徴として、子が義務教育も終えていないことや両親の下で養育監護を受けていたこと、すなわち「責任無能力者に対する監督義務者に準ずる関係があるといえること」を挙げている。
6)　実質的観点から、社会的にある程度一人前として認知されている者について709条に基づき親権者の責任を追及する場合には、具体的な監督義務を示して過失を立証する必要があると指摘するものとして、窪田充見『不法行為法〔第2版〕』（有斐閣、2018年）203頁。
7)　川口・前掲2)166〜167頁注4)。
8)　平成18年判決につき、子の危険行動の具体的な予見可能性を要するとの考えが見てとれると指摘するものとして、林誠司「判例研究」判例評論576号（2007年）12頁（判例時報1950号190頁）。
9)　保護観察に際しては、健全な生活の保持等の「一般遵守事項」（更生保護法50条）に加えて、「特別遵守事項」（同51条）が定められたときはこれも遵守しなければならない。
10)　潮見佳男『基本講義　債権各論Ⅱ　不法行為法〔第4版〕』（新世社、2021年）114〜116頁。なお、事案の特性をふまえてこのような見解に慎重な態度を示すものとして、吉村良一『不法行為法〔第5版〕』（有斐閣、2017年）207〜208頁。
11)　伊藤昌司「判例紹介」NBL835号（2006年）5頁。

家族1　親権者の再婚・連れ子養子縁組と実親の扶養義務

東京高決令2・3・4
令2(ラ)27号、養育費審判に対する抗告事件
判時2480号3頁、判タ1484号126頁（変更）
（許可抗告、抗告不許可）
原審：東京家審令元・12・5判時2480号6頁、
判タ1484号128頁

松久和彦　近畿大学教授

現代民事判例研究会家族法部会

●——事実の概要

　申立人X（元夫）と相手方Y（元妻）は、婚姻中に、子A（1999年生）・B（2003年生）・C（2007年生）をもうけた。2014年5月に、XとYは、Aらの親権者をいずれもYと定めて協議離婚すること、Aらの養育費について、Xが、Yに対し、同年6月からAらがそれぞれ大学を卒業する月まで、毎月末日限り、1人当たり月額6万円を支払うこと、X・Yの親族構成に変化があったときは、遅滞なく他方に通知することなどの合意（以下、「本件合意」）をした。2015年11月22日に、Yは、利害関係参加人Zと再婚し、同年12月15日に、Zは、Aらと養子縁組（以下、「本件養子縁組」）をした。

　2019年5月15日に、Xは、Aらの養育費の支払義務を免除することなどを求めて調停（以下、「本件調停」）を申し立てたが、調停不成立となり、審判手続に移行した。なお、Xは、2018年に約1320万円の給与収入を得ており、また、Zは同年約3870万円の課税所得を得ている。

　原審は、「両親の離婚後、親権者である一方の親が再婚したことに伴い、その親権に服する子が親権者の再婚相手と養子縁組をした場合、当該子の扶養義務は、第一次的には、親権者及び養親となった再婚相手が負うべきであるから、非親権者が親権者に対して支払うべき子の養育費は零になるものと解される。」と判示した。その上で、Zの収入状況などから、Y・ZがAらを十分に扶養することができず、Xが第一次的にAらを扶養すべき状況にあるとはいえないとして、XがYに対して支払うべきAらの養育費は、零とすべきであるとした。

　また、養子縁組によってZがAらの扶養を引受けたという事情の変更は、専らY側に生じた事由である上に、Yが、本件養子縁組以降、Xから養育費の支払を受けられない事態を想定することは十分に可能であり、また、Yが本件養子縁組の事実を遅滞なくXに通知したことを認定するに足りる的確な資料もないことなどからすると、XがYに対して支払うべきAらの養育費を零にすべき始期は、ZがAらと養子縁組した2015年12月15日とするのが相当であるとして、XがYに対して支払うべきAらの養育費の支払義務を同日以降免除するとした。これに対して、Y・Zが抗告した。

●——決定要旨

　変更

　Xの養育費支払義務について、「両親の離婚後、親権者である一方の親が再婚したことに伴い、その親権に服する子が親権者の再婚相手と養子縁組をした場合、当該子の扶養義務は、第一次的には親権者及び養親となった再婚相手が負うべきものであり、親権者及び養親がその資力の点で十分に扶養義務を履行できないときに限り、第二次的に実親が負担すべきことになると解される。」とした。その上で、本件養子縁組により、Aらの扶養義務は、第一次的にY・Zにおいて負うべきこととなったというべきであり、Y・Zが、その資力の点でAらに対し十分に扶養義務を履行できない状況にあるとはいい難いとして、本件合意に基づくXの養育費支払義務についてはこれを見直して、支払義務がないものと変更することが相当であるとした。

　また、Xの養育費支払免除の始期について、「一度合意された養育費を変更する場合に、その始期をいつとすべきかは、家事審判事件における裁判所の合理的な裁量に委ねられている」とした。その上で、本件養子縁組の翌月（2016年1月）以降のXによる支払済みの毎月の養育費は合計720万円に上る上、「既に支払われて費消された過去の養育費につきそ

の法的根拠を失わせて多額の返還義務を生じさせることは、Zらに不測の損害を被らせるものであるといわざるを得ない」こと、また、Xは、Yから、Zとの再婚後間もなく再婚した旨と、AらがZと養子縁組を行うつもりであるとの報告を受けており、Xは、Yの再婚や本件養子縁組の可能性を認識しながら、養子縁組につき調査、確認をし、より早期に養育費支払義務の免除を求める調停や審判の申立てを行うことなく、3年以上にもわたって720万円にも上る養育費を支払い続けたわけであるから、本件においては、むしろXは、養子縁組の成立時期等について重きを置いていたわけではなく、実際に本件調停を申し立てるまでは、Aらの福祉の充実の観点から合意した養育費を支払い続けたものと評価することも可能といえるとして、Xの養育費支払義務がないものと変更する始期については、本件調停申立月である2019年5月とすることが相当とし、XがYに対して支払うべきAらの養育費について、同月分以降支払義務がないものと、原審の主文を変更した。

●──研究

1 本決定の意義

離婚時の父母の合意に基づき、非親権者であるX（父）が親権者Y（母）に対して、養育費の支払いが継続している中、YがZと再婚し、ZとAらが養子縁組をした場合に、①XはAらに対する扶養義務を負うのか、②Xが扶養義務を負うとすれば、Y・Zの扶養義務とどのような関係にたつのか、③Y・Zの再婚及びZとAらの養子縁組は、養育費を見直す（減額）事情となるのか、④③が認められるとすれば、養育費の変更の始期はいつになるのか等が問題となる。本決定は、従来の裁判例の多くと同様の判断をしているものの、X（実親）とY・Z（養親）の扶養義務の理解等について疑問がある。また、④については、XがY・Zの再婚およびZとAらの養子縁組の認識可能性や養子縁組後に支払った養育費の金額を考慮して、養育費の変更の始期の判断を行っている。

2 学説・裁判例[1]

親の未成熟子に対する扶養義務の実定法上の根拠について、民法には明確な規定はなく、通説・多数説・裁判例の多くは、民法877条を根拠とする[2]。扶養義務者が複数いる場合には、扶養義務者の順位（民878条）が問題となる。例えば、離婚した父母（民819条1項～3項）といった、親権者と非親権者と

の間では、現実の履行の程度・方法が親権や共同生活の有無によって異なるのは当然であるが、その強弱に差はないと解されており[3]、法的親子関係から同等に（資力に応じた）未成熟子に対する扶養義務を認め、裁判例も同様に解している[4]。

これに対して、養子縁組の場合には、非親権者である実親と養子との法的親子関係（実親子関係）は縁組後もなお存続することから、非親権者である実親も扶養義務を負うのか、負うとすれば実親と養親はどのような扶養義務を負うのか、また順位の先後関係はどうなるかが問題とされてきた[5]。学説は、実親と養親の双方が扶養義務を負うことを前提として、未成熟子との養子縁組には、扶養を含めて子の養育を全面的に引き受ける意味が含まれていること[6]、さらには「当事者の意思からいっても、制度の目的と機能からいっても、養親が第一次の負担者と解すべきである[7]」や「養親が先順位の扶養義務者になる旨の合意[8]」があるとして、養親が実親に優先して扶養義務を負うとする見解が通説とされている[9]。

裁判例は、縁組は、子どもの福祉と利益のためになされなければならないものであり、養親は、子の養育を、扶養をも含めて全面的に引き受ける意思があると解し、扶養義務はまず第一次的に養親に存し、実親は、養親の資力がない等の理由によって十分に扶養の義務が履行できない場合に限って、第二次的に扶養義務（生活保持義務）を負うとするのが多数である[10]が、養子縁組によって実親の扶養義務が養親のそれに後退しないとする裁判例[11]や、養親の年収が実親のそれよりも高額であることを考慮しても、実親が二次的な扶養義務を負うべき特段の事情がある等として、実親の養育費の支払義務を変更した裁判例もある[12]。

さらに、養親にどれぐらいの収入や資力があれば十分に扶養義務を履行することができると判断されるのか、実親が扶養義務を負担する判断基準が問題となる。この点については、①養親世帯の収入（基礎収入）が世帯の最低生活費を下回る場合に、実親が子どもの不足部分を負担するとする見解[13]、②特段の事情のない限り、実親は扶養義務の負担を免れるとする見解[14]、③個別具体的に判断することになる見解[15]、④実親と同居した場合と同様の生活費を負担するとする見解もある[16]。裁判例では、①を基準とするものが多い[17]。

3 最高裁決定

他方、最高裁は、平成30年6月28日決定（以下、「最

決平成30年」）[18] において、「実母と養父が、第一次的には、未成熟子に対する生活保持義務を負うこととなり、実父の未成熟子に対する養育費の支払義務はいったん消失」し、「養育費の制度は、未成熟子にいわゆる最低生活費を上回る生活費を保障するものではな」く、養親の世帯収入が最低生活費を下回った場合であっても、子への生活保持義務は果たされていると解している。また、「養育費支払義務がないものと変更する始期」を事情変更（＝養子縁組）時とし、実親の扶養義務を否定した原審[19] の判断を認容して、許可抗告を棄却している。

4 考察

(1) 実親と養親の扶養義務

通説・裁判例の多くは、親の未成年子・未成熟子に対する扶養義務は、民877条を根拠として、親子という関係に基づいて生ずると解し、親権者として子を監護養育すること（民820条）とその費用をだれが負担するか（民877条）という問題は別であるとしている。養育費を支払うかどうかという問題と親権があるかどうかの問題は論理的に結びついていないことから、養子縁組によって養親が親権者となったとしても、必然的に養親が一次的に扶養義務を負い、実親が次順位で扶養義務を負うことにはならないと考えることができる。また、実親との実子関係と養親との養親子関係の両立・調整を図る中で、実親と子との関係性、離婚後の共同養育による子の利益を考慮して、再婚相手と養子縁組をすることなく日常生活を送る当事者の実態も指摘されている[20]。養子縁組によって、法的身分関係と実際の生活環境を一致させ、安定的な関係を築くことは十分に考えられる。しかし、養子縁組がなされていることと、経済的な状況を含め、子どもに適切な養育環境が保障されていることは別である。実親が親子の関係に基づいて負う扶養義務は、実親が親権者となるかどうか、また本件のような「連れ後再婚」および再婚相手との養子縁組の有無によって、変わることはなく継続する。実親（非親権者）、親権者、養親が同順位の扶養義務者であることを前提として、それぞれの収入（稼働能力）に応じて扶養義務（養育費支払義務）を負担することを原則とするべきである[21]。

本件では、原審は養子縁組をした事実をもってXの養育費支払義務を零とし、本決定では、Y・Zの収入等からXの養育費支払義務は「ないもの」と判断している。これらの判断は、実親の扶養能力の有無にかかわらず、養子縁組をしたことをもって実親の扶養義務を否定し、その理由を扶養義務が「ない」、すなわち「消失」したとする点で、最決平成30年と同旨の判断といえる。しかし、実親の扶養義務は、養親が第一次的に扶養義務を負うことで、第二次的に後退するにすぎず、実親の扶養義務自体はその後も存続する。実親の負担する金額が零となったとしても、それは義務が「消失」した、またはなくなったからではなく、実親の扶養義務がありつつも、養親の扶養義務に後退することによって、金額が零となった結果にすぎない。

また、本件の原審や最決平成30年の判断は、実親の扶養能力を問わず、実親は扶養義務を負わないとした点で、事実上実親の子への扶養義務を完全に否定するものといえ、これらの判断によれば、養親子関係の扶養義務については、完全養子に極めて近い形となったといえる[22]。他方、実務においては、継親子養子縁組を理由とする養育費減額の調停が申し立てられると、子と養親が直ちに離縁するケースもあると指摘されている[23]。養子縁組によって法的身分関係と生活環境を一致させたのにもかかわらず、法的身分関係を解消せざるを得ない事態は「子どもの利益」に適うものではない。本件のような問題は「個別性の高い裁量判断になろう」[24] とされているが、「子どもの利益」を損なうような判断は否定されるべきである。

(2) 事情変更について

Yらの再婚及び本件養子縁組により、Aには、X・Y・Z 3名の同順位の扶養義務者が存在することになる。しかし、Xは、Yの再婚やZがAと養子縁組をするか否かについて判断する立場にない。にもかかわらず、YとZの再婚及び本件養子縁組の事実のみによって養育費の減額を認めることは再婚という偶然の事実のみによって、Xが負う養育費の減額が認められることになる。親権者の再婚及び再婚相手と義務者が扶養義務を負う未成熟子とが養子縁組をしたという事実は、原則的には、義務者の養育費負担に影響を及ぼすべきではない。「事情の変更」（民880条）に該当するか否かの判断にあたっては、義務者側に生じた事情によって、合意または調停・審判によって決定した金額とおりの養育費を支払うことが著しく公平に反する、著しく酷となるかどうかを検討し、その上で、例外的に、再婚相手が、親権者・非親権者よりも多くの収入（稼働能力）を有しており、子どもが義務者の養育費負担が不要であるぐらい再婚相手からの扶養を得ているなどの事実を考慮して、減額請求の可否を判断するべきである[25]。

本件では、ZはXよりも高額の収入を得ており、

Y・Z・Aとの共同生活によってXとの生活よりも十分に扶養されている可能性がある。本決定は、養子縁組後は養親の扶養義務が優先するという従来の見解に立ち、養子縁組の事実とZの収入に基づいて、十分に扶養義務を履行できない状態にないことを理由とする。Zの収入だけでなく、Aの養育環境が維持されているかも併せて認定した上で、「事情の変更」に該当するか否かを判断すべきでなかったかと考える。いずれにしても、原審のように、Zの収入やAの養育環境を全く考慮しないことは論外である。本決定の判断は、結論としては、妥当であると考える。

(3)　養育費の変更の始期について

本決定は、Xが本件合意に基づいてA・Zの養子縁組後に支払った金額やXの認識可能性等を考慮して、養子縁組の時からではなく、本件調停申立ての時からの養育費の免除を認めている。始期の判断については、裁量の範囲内であるとされてきたが[26]、最決平成30年によると、減額の変更の始期は、事情変更時に遡及することが原則となり、例外的に変更の遡及効を制限することが認められるかを事案に応じて判断することになる。本決定が考慮した事情は、変更の遡及効を制限する例外的事由の1つとして参考になると思われる。今後、例外的事由の具体化が課題となる。

（まつひさ・かずひこ）

1)　於保不二雄・中川淳編『新版注釈民法(25)〔改訂版〕』（有斐閣、2004年）738頁〔床谷文雄〕、松川正毅・窪田充見編『新基本法コンメンタール親族』（日本評論社、2015年）323頁以下〔冷水登紀代〕参照。また、拙稿「判批」判時2392号（2019年）163頁（判評721号17頁）も参照。
2)　久貴忠彦『親族法』（日本評論社、1984年）318頁、於保・中川編・前注1)770頁〔墹陽子〕、中山直子『判例先例親族法－扶養』（日本加除出版、2012年）108頁、111頁、二宮周平『家族法〔第5版〕』（新世社、2019年）248頁など。
3)　於保・中川編・前注1)777頁〔松尾知子〕。
4)　大阪高決平2・8・7家月43巻1号119頁、宮崎家審平4・9・1家月45巻8号53頁。
5)　深谷松男「普通養子に対する実親と養親との扶養義務の先後」沼邊愛一・太田武男・久貴忠彦編『家事審判事件の研究(1)』（一粒社、1988年）263頁。
6)　西村道雄「親権者と親子間の扶養」中川善之助教授還暦記念家族法大系刊行委員会編『家族法大系Ⅴ（親権・後見・扶養）』（有斐閣、1960年）98頁。
7)　我妻榮『親族法』（有斐閣、1961年）292頁。
8)　中川善之助『新訂・親族法』（青林書院、1967年）611頁。
9)　於保不二雄編『注釈民法(23)』（有斐閣、1964年）395頁〔明山和夫〕、中川善之助編『注釈民法(22)Ⅱ』（有斐閣、1972年）714頁〔阿部浩二〕、松嶋道夫「親権者と親子間の扶養」谷口知平他編『現代家族法大系3』（有斐閣、1979年）432頁、久貴・前注2)234頁、上野雅和「扶養義務」星野英一他編『民法講座7（親族・相続）』（有斐閣、1984年）308頁、於保・中川編・前注1)776頁〔松尾知子〕など。
10)　札幌家小樽支審昭46・11・11家月25巻1号75頁、長崎家審昭51・9・30家月29巻4号141頁、神戸家姫路支審平12・9・4家月53巻2号151頁、東京高決平28・12・6判タ1446号122頁、福岡高決平29・9・20判時2366号25頁。
11)　東京家審平2・3・6家月42巻9号51頁。
12)　東京高決平30・5・17公刊物未登載。菊池絵里・住友隆行「婚姻費用・養育費事件における実務上の問題」家判22号（2019年）31頁。
13)　深谷・前注5)274頁、床谷文雄・清水節編『親子の法律相談』（有斐閣、2010年）323頁〔岡部喜代子〕。
14)　安倍嘉人・西岡清一郎監修『子どものための法律と実務』（日本加除出版、2013年）83頁〔小田正二〕。
15)　棚村政行編『面会交流と養育費の実務と展望〔第2版〕』（日本加除出版、2017年）110頁〔榊原富士子〕、福岡高決平29・9・20判時2366号25頁。
16)　学説の整理について、松本哲泓『〔改訂版〕婚姻費用・養育費の算定』（新日本法規出版、2020年）182〜186頁参照。
17)　東京家審平2・3・6家月42巻9号51頁、東京家審平12・9・4家月53巻2号151頁。
18)　最一決平30・6・28LEX/DB25560773
19)　東京高決平30・3・19LEX/DB25560772
20)　駒村絢子「継子養子縁組の一素描」法学政治学論究91号（2011年）33頁以下。
21)　生駒俊英「継親子養子縁組から生ずる問題」末川民事法研究7号（2021年）57頁。
22)　鈴木博人「比較法の観点から見た日本の養子法」鈴木博人編著『養子制度の国際比較』（明石書店、2020年）442頁。
23)　中山直子「民法766条1項の改正と養育費に関する実務上の問題について」法時86巻8号（2014年）70頁。信義則によって養子縁組がなされたままとして扱うことが主張されている（松本哲泓『即解330問 婚姻費用・養育費の算定実務』（新日本法規出版、2021年）73頁）。
24)　小林宏司・浅野良児「許可抗告事件の実情―平成30年度」判時2430号（2020年）9頁。
25)　拙稿・前注1)165頁。
26)　松本・前注16)220頁。

＊付記　本稿は、科研費・基盤（C）（課題番号：20K01384）による研究成果の一部である。
※脱稿後、山口亮子「本件判批」リマークス64号（2022年）54頁、冷水登紀代「本件判批」速判解30号（2022年）125頁に接した。

家族 2

「負担付相続させる」旨の遺言の取消しを求めた事案において、負担に関する文言が、抽象的でその解釈が容易でないこと、義務の内容が定まれば遺産を承継した相続人に履行する意思があることを考慮して、申立てを認めた原審を取り消し、却下した事例

仙台高決令2・6・11
令2(ラ)17号、負担付遺言取消申立て審判に対する即時抗告事件
家判35号127頁、判時2503号13頁、判タ1492号106頁
原審：福島家いわき支審令2・1・16家判35号132頁、判時2503号17頁、判タ1492号110頁

冷水登紀代　甲南大学教授
現代民事判例研究会家族法部会

●──事実の概要

＊家判35号132頁も参照している。

A（抗告人、原審利害関係参加人。昭和35年×月○日生）とB（原審申立人。昭和38年×月○日）の父であるCは、平成29年×月○日に死亡した。Aは、平成26年10月15日に、公正証書遺言の作成を嘱託した（本件遺言）。本件遺言の内容には、①遺言者は、遺言者の有する一切の財産を、遺言者の長男Aに相続させ、②①の相続の負担として、Aは、Bの「生活を援助するものとする」。また付言として、「私の相続人らは、この遺言に従い、遺留分の減殺請求等をすることなく、お互いに助け合うようにしてください。」とあった。

Bは、Aが本件遺言1条2項によりBに対する生活援助義務を負ったにもかかわらず、Cの死後平成29年3月と4月に月額3万円を送金したのみで、その負担した義務を履行していない、さらに、BはAに対し平成30年2月24日にその履行の催告をしたが、相当期間を経過しても履行がないとして、原審裁判所に本件遺言の取消しを求める申立てをした。

原審裁判所は、Bの申立てを認め、本件遺言を取り消した。

Aは、原審判の取消しおよびBの申立ての却下を求めて抗告した。

●──判旨

取消、却下（確定）

「『相続させる』旨の遺言についても民法1027条の規定が類推適用され、本件遺言は、Aに対し、すべての財産を相続させる負担として、『Bの生活を援助する』こと、すなわち、Bの存命中は少なくと

も月額3万円（年額36万円）の経済的な援助をBにすることを法律上の義務としてAに負担させたものと解するべきである」。しかし、「本件遺言の抽象的な文言からは上記の解釈は必ずしも容易であるとはいえない上、Aは、Bから経済的な援助の履行を催告されながら現在まで履行していないけれども、今後も一切義務の履行をしないというわけではなく、義務の内容が定まれば履行する意思があることなどを考慮すると、現時点で負担を履行していないことには、Aの責めに帰することができないやむを得ない事情があり、未だ本件遺言を取り消すことが遺言者の意思にかなうものともいえない」。

本決定にあたり、特に以下の事実の経過が考慮されている。Bは、統合失調症と診断され、精神科病院への入通院を繰り返すなか、平成17年5月27日に障害等級2級が認定され、発症日に遡って過去5年分も含め障害基礎年金の受給をすることになったため、それを元手に単身で生活していた。Bは、平成25年ごろに預金がなくなり、Cが毎月3万円の資金援助をしていた。同年6月にBはアパートの家賃が支払えず、G住宅に転居したが、病的体験に行動が影響を受けやすく、日常生活における多くの部分で援助が必要であった。他方、Aは、本件遺言に基づき取得した不動産の価額は、固定資産税評価額でも3600万円を超えており、この不動産には、Aがその妻と共有していたものとはいえ、年間130万円程度の収益があがる物件が含まれている。

●──研究

1　はじめに──問題の所在

(1)　1027条の趣旨

負担付遺贈の受遺者がその負担した義務を履行しない場合、相続人は、その履行を催告し、相当期間内に受遺者から履行がされないときには、家庭裁判

所に対しその負担付遺贈の取消しを求めることができる（1027条）。ここでの負担は、遺贈の条件でも対価でもないため、負担の履行の有無にかかわらず、遺贈の効力は生じ、負担付遺贈を受け取った者が負担した義務を履行しない場合には、取消手続により、いったん生じた遺贈の効力を覆すことになる[1]。取消手続が必要となるのは、①遺言者が負担を重視していなかった場合など、負担を条件としなかった遺言者の当初の意思に反する結果がありうること、②受益者が負担の利益を受けることができなくなることがあり、特に負担の強制履行が可能な場合に相続人による取消しを認めると受益者の利益が害される可能性があること、③負担の義務が履行されたか否かについて争いがありうることを考慮してのことである[2]。負担付遺贈に係る取消しの審判の申立ては、家事事件手続法209条以下、同別表第1の108項によるが、家庭裁判所は、重大な影響を受ける受遺者と受益者の陳述を聴取し、審判をすることになる[3]。

(2)　本決定の意義と問題の所在

　相続人に対し「負担付」で「相続させる」旨の遺言がされ、その遺言に従い財産を承継した相続人がその「負担」を履行しない場合に、受益相続人がその遺言を取り消すことができるかについては、明文の規定がない。本件事案では、遺言者の長男Aが二男Bの「生活を援助する」という負担付で（以下、「本件遺言の負担」とする）、遺言者のすべての財産を「相続させる」旨の遺言（以下、「負担付相続させる旨の遺言」とする）をしていたところ、本決定は、負担付相続させる旨の遺言の場面でも、民法1027条が類推適用されるとし、本件では、①本件遺言の負担が抽象的で負担すべき義務の内容を解釈することが容易でなかったこと、②義務を負担する相続人に義務内容が定まれば履行する意思があること、③その相続人に帰責性を認められないやむを得ない事情があったこと、④本件遺言を取り消すことが遺言者の意思に適うものとはいえない、という4つの判断要素を示して、遺言の取消しを認めなかった。

　1027条が問題となった裁判例は少なく、本件のように負担付相続させる旨の遺言の取消が問題となった裁判例や議論も少なく[4]、本決定では、なぜ1027条が負担付相続させる遺言の場面に類推適用されるのかが必ずしも明らかにされていない。そこで、以下では、負担付相続させる旨の遺言にも1027条が類推適用されるための根拠を確認し、1027条の要件について検討する。

2　類推適用の基礎

　遺贈は、遺言者の意思を基礎とする単独行為であり、遺言者の死亡によりその効力を生ずる（985条）。民法1027条（明治民法1029条）は、負担付遺贈の受遺者がその負担を履行しない場合には、遺言者が遺贈をした趣旨に反するため、このような場合に、遺贈を取り消すことが遺言者の意思に沿うという趣旨から規定されている[5]。また、受遺者の側からみても、負担付遺贈における負担は、「遺贈の目的の価額を超えない限度」で、義務を履行すれば足り（1002条1項）、受遺者は遺言者の死亡後、いつでも遺贈を受けるか放棄するかを決定することができるため（986条1項）、負担付遺贈を受けるという選択をした以上、その負担についても引き受ける債務が生じるため、負担債務の不履行があった場合には、当該負担付遺贈を取り消されることも甘受すべきということが前提となっている。

　相続させる旨の遺言により、特定の相続人が特定の遺産を取得する場合は、遺産分割の方法の指定による取得と解されている[6]。遺贈という単独行為による所有権の移転の場面とは異なるが、対象となる特定の遺産は、遺産分割協議を経ることなく遺言者の死亡と同時に、特定の相続人に承継されると解されているため[7]、このような作用は遺贈に等しいといえ、このような遺言をする遺言者の意思を推測するときには、当該「相続させる」旨の遺言に負担がついており（以下、「負担付特定相続」とする）、負担となる債務の不履行がある場合には、遺言者の意思に反するため、1027条を類推適用することができると解されている[8]。負担付で遺産の全部を特定の相続人に相続させる旨の遺言の場合でも、特定することができる個々の財産の集合体である全財産が遺言者の死亡と同時に当該相続人に承継されると解されるため、その負担の不履行があった場合には1027条が類推適用されることになる[9]。本決定もこの考え方にしたがったものといえる[10]。

　なお、負担付相続させる旨の遺言の場合、承継先にされた相続人が、負担の履行ができない場合やその履行を望まない場合、相続を放棄すると、相続資格を失い（939条）、法定相続分まで失ってしまうため、「『負担付特定相続』について負担の履行を望まない相続人に986条の遺贈の放棄の準用を考える」必要がある[11]。

3　取消請求の要件
(1)　取消請求の性質と取消請求の主体
　1027条の遺贈の取消しは、民法総則編で規定さ

れている「取消」とは異なり[12]、裁判所に取消しを申立て、審判により初めて効力が生じる特殊な取消しである[13]。負担付遺贈の不履行による取消しであるため、契約における債務不履行解除の性質に類似しているが、遺言者の意思に基づく単独行為である遺贈の取消しの場面では、遺言者が既に死亡しているため、相続人に取消権が与えられている[14]、これに対し負担の利益を受ける受益者は、受遺者に対し履行請求はできるが、取消請求はできないと解されている[15]。負担付相続させる旨の遺言の場合では、受益者は相続人でもあるため、相続人として取消請求ができるため、Bが取消しの申立てをしている。

(2) 要件

1027条を準用し、負担付相続させる旨の遺言を取り消すためには、①遺言により相続財産を承継取得した相続人に、負担した債務の不履行があり、②受益者または他の相続人が、相当の期間を定めて負担した債務の履行を催告する、必要がある（1027条前段）。さらに、③②の期間が経過しても履行がないときに、④家庭裁判所に取消しを求めることが必要となる（同条後段）。

本件では、①の要件が特に問題となったため、以下ではこの要件を中心に検討する。

①を構成する「負担」を履行する債務は、遺言の効力が生じる時に生じ、債務者が履行しない場合に、受益者はその強制履行を求めることができる。これに対し、介護や世話のような強制履行ができない負担もあり、このような債務の不履行の場合には、相続させる旨の遺言の効力を失わせることが遺言者の意思に適う[16]。本件遺言での負担は、Bの「生活を支援する」という債務であった。原審では、債務者Aは当初月額3万円の支払をしていたが、その後支払っていないことから、不履行があったとして、取消しが認められた。これに対し、本決定は、原審が不履行とした状態について、そもそも本件では、Bの「生活を支援する」という負担が抽象的で、履行するためには債務の内容を確定するために遺言者の意思を解釈する作業が必要であり、Aは債務の内容が定まれば履行の意思がある、ということから、「Aの責めに帰することができないやむを得ない事情」があり、Aが負担を履行していないという事実だけで直ちに遺言の効力を喪失させることは、「未だ本件遺言を取り消すことが遺言者の意思にかなうものともいえない」とし、①の要件は充足しないとの判断がされた。

すなわち、負担の不履行の判断において、(i)「事実として履行していない状態」において、(a) 本件では履行するためにはそもそもどのような債務を負担するのかという内容の確定、(b) 債務者の履行する意思をもとに、(ii) 債務者の帰責事由と (iii) 取消しが遺言者の意思に適合するかを加味して取消しの可否を判断している。

確かに、本件のように遺産を承継した相続人が、遺言者の意思を確認することなく遺言の効力が生じてしまい、負担すべき債務が抽象的に示されていた場合、債務を履行することは困難である。このような場合、遺言者にその意思を確認することができないため、(a) 家庭裁判所による遺言者の意思解釈を通して、債務者が負担すべき債務を確定する必要があり、(b) その債務が実現可能な場合でも、介護する、同居するなど強制できない債務を伴う場合には債務者に実現する意思が必要となる。従って、本決定が示した (a)(b) の判断要素は、債務の不履行の判断には不可欠の要素となる。

(ii) 債務者の帰責事由については、2017年債権法改正前は、債務不履行に基づき解除をするための要件として通説が債務者の帰責事由も考慮していたことが影響してか、1027条に基づく取消しの場面でも、通説は債務者の帰責事由を考慮していた[17]。しかし、2017年の民法改正により、解除は債務不履行をした債務者に対して制裁をする制度として捉えるのではなく、債務不履行をされた債権者を契約の拘束力から解放する制度として捉えるようになったため、民法541条以下では債務者の帰責事由を意図的に要件から外したとの説明されている[18]。このような経緯を考慮すると、1027条の解釈においても、債務者が負担すべき債務を負担していない以上、債務者に帰責性があるかどうかにかかわらず、不履行があったと捉える解釈も今後はありえる[19]。

1027条の主旨（1 (1) ①〜③）に照らせば、負担の不履行が遺言の取消しには直結しない。本決定では、負担付相続させる旨の遺言を取り消すことが (iii) 遺言者の意思に適合するかどうかが、不履行がある場合の取消しの制限要素として機能している。学説上も負担と遺贈との相関関係[20]や負担と遺贈との結びつきが重視されているかどうかにより[21]、また裁判例においても受遺者の負担がなければ遺言者が遺言をしなかったかどうか[22]が、判断要素となっている。本決定では、生前の遺言者が受益相続人であるBの生活を支援していた状況やBの財産の管理状況からみて、遺言者は、本件遺言により全ての遺産をAに相続させている。また法的拘束力はないとしても付言でもBがAに遺留分の行使はしな

いよう求めている。このような状況で、仮に遺留分権の行使をＢがしなければＢは生活に困窮することになる。このような状況を考慮すると、遺言の効力を存続させＡに負担させることがＣの意思に適うといえる。相続させる旨の遺言には相関関係がある遺言と解することができる。ただし、本件では、(i)の判断において、Ａに不履行はないとの判断がされているため、(iii)の要素は問題とならなかった[23]。

4　本件において残された問題点

本件では、負担付相続させる旨の遺言の負担の解釈として、月額３万円をＡが支払うものとの判断が示されたが、Ａはこの債務をいつまで負うことになるのか、仮にＢの状況の変化により、Ａからの負担の必要性がさらに増えた場合、逆にＡの状況の変化により負担の減額が必要となった場合に

は、改めて、審判に従い決する必要があるのかなどの問題が残っている。とりわけ、Ａ自身も相続人であり、法定相続分に従えば２分の１の相続権があるため、Ａの負担の範囲が、法定相続分の範囲を超えたときには、本件負担からは解放され、あとは扶養義務の問題として検討していくことになるのか、Ｂの遺留分を超えたときにＡの扶養義務の問題となるのかも残された問題といえる。

（しみず・ときよ）

---

1)　松川正毅＝窪田充見編『新基本法コンメンタール相続法』〔久保野恵美子〕（日本評論社、2016年）245頁。
2)　①②③につき穂積重遠『相続法　二分冊』（岩波書店、1947年）426〜427頁、中川善之助＝加藤永一『新版注釈民法(28)〔補訂版〕』（有斐閣、2002年）433頁〔上野雅和〕、①②につき松川・窪田・前掲注1)〔久保野〕246頁。
3)　家事事件手続法210条1項2号（金子修『逐条解説家事事件手続法』（商事法務、2013年）658頁。
4)　負担付相続させる旨の遺言の取消が問題となった事例としては、東京家立川支審平30・1・19家判23号115頁（同決定の判批として、小川恵・民商法雑誌157巻1号（2021年）162頁、佐々木武・月報司法書士580号（2020年）25頁がある。佐々木・28頁以下1027条が問題となった事例の整理がされている。
5)　梅謙次郎『民法要義巻之5〔復刻版〕』（信山社、1992年）423頁。
6)　最二判平3・4・19民集45巻4号477頁。
7)　前掲注6)最二判平3・4・19。
8)　田中永司「遺贈」蕪山嚴ほか編『遺言法大系1〔補訂版〕』（慈学社出版、2015年）436〜437頁、松尾知子「負担付遺贈」判タ1100号（2002年）473頁、小川・前掲注4)164頁。
9)　田中・前掲注8)438頁。
10)　本決定解説・家判35号129頁。
11)　田中・前掲注8)435頁。本件では、問題とならなかったが、仮に負担付特定相続の放棄を986条の類推適用した場合には、1002条2項も類推適用され受益相続人が自ら特定財産を承継することができるのか、あるいは特定財産を当該遺言により承継する地位を放棄しただけであって放棄した相続人はなお相続人であり、他の相続人とともに遺産分割によりその特定財産を取得する余地が残されているのかはなお検討する必要がある。
12)　松川正毅『遺言意思の研究』（成文堂、1992年）140頁。
13)　松川＝窪田・前掲注1)〔久保野〕246頁。
14)　梅謙次郎『民法要義巻之5〔復刻版〕』（信山社、1992年）423頁。
15)　中川＝加藤・前掲注2)〔上野〕408頁、松川＝窪田・前掲注1)〔久保野〕246頁。遺言執行者もその職務上の地位に基づき取消し請求ができると解されている。
16)　松川＝窪田・前掲注1)〔久保野〕245頁。
17)　中川＝加藤・前掲注2)〔上野〕432頁。これに対し、松川・前掲注12)172頁は、債務者に帰責事由がない場合でも、負担が重要な価値があるときには取消しを認める。この他田中・前掲注8)433頁。
18)　筒井健夫＝村松秀樹編著『一問一答　民法（債権関係）改正』（商事法務、2018年）234〜235頁、潮見佳男『債権各論I〔第3版〕』（新世社、2017年）51頁。前掲注17)松川・田中では、負担の価値の重要性を債務者の帰責事由との関係性で判断するが、負担の価値の重要性は(i)または(iii)の要素に吸収して検討することも考えられ、今後の課題としたい。
19)　松川＝窪田・前掲注1)〔久保野〕246頁、小川・前掲注4)168頁参照。
20)　我妻栄＝唄孝一編『判例コンメンタールVII相続法』（日本評論社、1966年）310頁、中川・加藤・前掲注2)〔上野〕430頁。
21)　松川・前掲注12)172頁。
22)　前掲注4)東京家立川支審平30・1・19では、遺言により定めた負担とは異なる方法で、負担付相続させる旨の遺言で財産承継した相続人が受益相続人に負担の履行をしていた遺言の趣旨に従った負担が誠実に履行されているとの判断がされている。
23)　前掲注20)本決定解説128頁では、「法律上の義務としての負担の範囲、不履行の程度、遺言者の意思、受益者の利益などを考慮して、負担の履行がないことを理由として遺言者の取消を認めるのが遺言者の意思に沿うか否かを検討しながら、受遺者の責めに帰するべき事由を判断することになる」との説明がされているため、(iii)は(ii)の考慮要素と位置づけている。

〔付記〕本研究はJSPS科研費21H00664の助成を受けたものである。

環境　名古屋城天守閣木造復元事業差止等請求事件

名古屋地判令2・11・5
平30(行ウ)124号、名古屋城天守閣整備事業における基本設計代金の支払に対する返還請求、同実施設計契約の無効、及び同事業の差止請求事件
判例自治475号44頁、裁判所HP

越智敏裕　上智大学教授

環境判例研究会

●——事実の概要

　名古屋城跡の本丸にはかつて天守閣が存在し、昭和5年には国宝に指定されたが、同20年の空襲により焼失し、国宝指定も解除された。しかし終戦後、住宅不足など生活上の重要課題が山積する中、再建に向けた市民の機運が高まり、昭和34年、多額の寄付により、市制70周年記念事業として現天守閣が再建された。もっとも、現天守閣は鉄骨鉄筋コンクリート造りで、外観は史資料等に基づいた真実性の高い復元がされたものの、内部は焼失を免れた重要文化財の収蔵展示等のために近代的な様式で整備された。

　昭和27年に文化財保護法（以下、法）上の特別史跡（同法2条4号及び109条1、2項）に指定された名古屋城跡は現在、本丸と周囲の塀等で構成され、範囲は約39万平方メートルに及び、名古屋市、国（文部科学省）等が所有し、大部分を市が管理している。

　城跡にある天守閣は、史資料等の収蔵展示施設として利用される見所の1つで、規模の大きさと特徴的な外観から市のランドマークとなった。城跡は有数の観光地であり、天守閣を含む有料部分の入場者数は、平成28年度には約192万人に上り、大阪城、姫路城に次ぐ。

　市は平成18年度から特別史跡名古屋城跡全体整備検討会議（以下、検討会議）を開催し、学識経験者らの専門的見地からの意見等を聴取しながら、城跡全体の整備につき検討を行っていた。再建から半世紀以上が経過し、天守閣の躯体を成すコンクリートの一部劣化、エレベーター等の各種設備の老朽化、耐震性の確保などの課題が生じていたため、市は天守閣の整備につき、耐震改修、木造復元のいずれにより行うのかを検討会議による検討を踏まえて決定することとした。

　検討会議では、木造復元は、豊富に残されている史資料に基づき、外観のみならず内部空間も含めてより真実性の高い復元ができるため、耐震改修と比較して、城跡の本質的価値の理解の更なる促進という点で優位性が高く、他方、現天守閣の有する価値の保存・承継等の課題も解消可能であるとして、木造復元を相当とした。

　市はこれを踏まえ、天守閣の整備を木造復元工事によることとし、その設計業務、関係法令等に基づく行政手続に必要な調査及び実験等の業務、工事施工業務を行う事業（本件事業）を実施することとした。

　市は本件事業に関し、公募型プロポーザルを実施したうえ、訴外Aを選定し、基本設計その他業務委託契約（本件基本設計契約）を締結して約8.5億円を支出し、さらに実施設計業務委託契約（本件実施設計契約）を締結した。

　市の住民である原告Xら15名は、前記業務委託料相当額の損害が市に生じたとし、市の執行機関である市長を被告として、(i)支出命令につき専決権限を有していた市観光文化交流局総務課長、市会計管理者、本件基本設計契約につき自治法234条の2第1項の検査を行う権限を有していた市観光文化交流局名古屋城総合事務所整備室整備係長（いずれも当時）に対しては、同法243条の2の2に基づき、(ii)市長に対しては、同法242条の2第1項4号に基づき、いわゆる4号履行請求をするようそれぞれ求めるとともに、(iii)同項1号に基づき、本件事業に関する一切の財務会計上の行為の差止めを求めた。

本件の争点は、①本件基本設計契約上の義務履行の有無、②本件検査の違法、③市長の本件支出命令に係る指揮監督上の義務違反の有無、④本件事業の違法の4点であるが、文化財保護の観点から最も重要で、実質的な争点といえる④について紹介する。

●──判旨

請求棄却

1 文化財行政における地方公共団体の責務と
  行政裁量

地方公共団体は「住民の福祉の増進を図ることを基本として地域における行政を自主的かつ総合的に実施する役割を広く担っており（自治法1条の2第1項）……文化財の保存が適切に行われるよう努める責務を負っている上（法3条）、特別史跡である名古屋城跡を所有管理する市は、文化財が貴重な国民的財産であることを自覚し、これを公共のため[に]大切に保存するとともに、その文化的活用に努める責務を負っている」（同法4条2項）。

「現天守閣は、特別史跡である城跡の中にあり、戦後の市民の再建に向けた機運の高まりを受けて再建されたものであるなど市民にとって様々な意義を有するものである上、名古屋市の主要な観光名所となっている。そうすると、本件事業は、現天守閣を解体して戦災により焼失した天守閣を木造で復元することを内容とするものであるから、本件事業を行うに当たっては、①現天守閣の整備を行う必要性、②当該整備の内容及び方法、③当該整備の市民生活に対する影響、④特別史跡の保存及び文化的活用への影響等の諸般の事情を考慮した上で、政策的かつ技術的な見地からの判断が不可欠である。

これらの諸点に照らすと、本件事業を行うか否かについては、前記のような責務を負い、地域社会の多種多様な利害得失等について総合的な調整を行う権能を有する市に広範な裁量が与えられている……。

したがって、本件事業に関する市の判断については、重要な事実の基礎を欠くものであるか、又は、その内容が社会通念に照らして著しく妥当性を欠くものであって、裁量権の範囲を逸脱し又はこれを濫用したと認められる場合に限り、違法となる」。

2 本件における裁量審査

市は検討会議での検討結果に基づき本件事業の実施を決定しているところ、その検討結果は、「学識経験者等により行われたものである上、その内容をみても、現天守閣の整備方法として木造復元工事と耐震補修工事の利点及び課題とこれに対する対策を詳細に比較検討し、〔1〕現天守閣の内部空間は史実に基づく再現性が高くなく、歴史的空間を体感することは困難であるから、木造復元工事は、耐震改修工事と比較して、名古屋城跡の本質的価値の理解を促進するという点で優位性がある上、文化的観光面における魅力の向上があり、現天守閣が解体されることによる課題についても対応可能であること、〔2〕施工方法に関しても、木造復元工事には一定の課題があるもののいずれも対応可能であることなどを考慮し、現天守閣の整備方針としては木造復元工事とすることとしたものであって、その検討過程に不合理な点は見当たらない。

そうすると、前記の検討結果に基づいて本件事業を行うとした市の判断が、重要な事実の基礎を欠き、又は、その内容が社会通念に照らして著しく妥当性を欠くものであるということはできないから、本件事業につき市の裁量権の範囲の逸脱又はその濫用があるとはいえない」。

3 その他

(1) 本件事業に関するパブリックコメント（判決文からは明らかでないが、平成29年度に実施された）では、天守閣の木造復元に否定的な意見が約75％であったが、その「結果は、本件事業に関する市の裁量権行使における考慮要素の一つにとどまる上、平成28年度に実施された市民を対象としたアンケートでは約6割が木造復元に肯定的な意見を有しているとの結果が出ており……本件事業が名古屋市民の意識に沿わないものではないとする評価も可能であ」り、これをもって直ちに本件事業に関する市の判断に裁量権の範囲の逸脱又は濫用があったとはいえない。

(2) 原告は、現天守閣の整備手法として、コンクリート内部のアルカリ回復工事が可能であるにもかかわらず、その検討が行われていない点で、文化庁基準（復元以外の整備手法との比較衡量の結果、国民の当該史跡等の理解・活用にとって適切かつ積極的意味をもつと考えられること）に反すると主張する。

しかし、「文化庁基準は、歴史的建造物の復元が適当か否かは、具体的な復元の計画・設計の内容が、諸項目に合致するか否かにより総合的に判断する」

としており、「原告の指摘する項目は、前記の総合的判断の1項目にすぎない」から、原告の指摘する項目に該当する余地があるとしても、直ちに同基準に反するとはいえない。

●——研究

1 歴史的建造物の保存を巡る訴訟と本件の特徴

文化財のうち歴史的建造物は、土地利用を不可避的に伴い、町のランドマークとして重要な構成要素となる場合が多いため、文化行政のみならず、景観行政を含むまちづくりにおいて、その存廃が大きな課題となり、時に法的紛争となる。

歴史的建造物の保存をめぐる紛争は、当該建造物が民有か公有かによって、意思決定過程、公金支出の有無・程度、司法救済の可否など法的問題状況は大きく異なる。そして公有のうち、国でなく地方自治体の所有・管理にかかる場合は、しばしば住民訴訟の形式により、司法救済が求められる。

典型的な紛争では、建造物の老朽化や所有者その他関係者の死去などを契機に保存問題が顕在化し、耐震性を含む安全性、改修・維持コスト等の観点から取壊しの是非が問題とされ、保存を巡る行政判断の違法が争われる。存廃いずれの場合も公金支出がされるから、不服を持つ住民がいるかぎり、理論的には住民訴訟を通じて、当該行政判断は常に司法審査にさらされる。

本件の特徴は、歴史的建造物を単に取り壊して建て替えるのではなく、より本来の姿に近い木造復元[1]を行う点、手続上、国レベルで特別史跡の現状変更許可を要する点にある[2]。

2 保存の是非にかかる考慮要素

判旨1は、文化行政における自治体の責務を一般的に述べた上で、本件に関しては、①現天守閣整備の必要性、②整備の内容・方法、③市民生活への影響、④特別史跡の保存・文化的活用への影響等の諸般の事情を考慮した上で、政策的かつ技術的な見地からの判断が不可欠であるとして、広範な行政裁量を認めた。考慮すべき要素については確立した規範がないが、広い行政裁量を前提に裁量濫用で処理する司法審査はオーソドックスである[3]。

判旨2は、検討会議での検討結果につき不合理な点はないとして、解体及び木造復元という行政判断を追認したが、3で述べる問題のほか、戦後復興のシンボルたる現天守閣の（登録）文化財としての価値[4]、最大505億円（令和元年度までに70億円を支出済み）とされる公金支出の費用対効果、判旨3(2)のような代替案の検討不十分につき、批判もあろう。

木造復元についてはもう一つ、重要と思われる政策目的として、伝統技術の継承がある[5]。単なる現状保存を超え、あえて復元工事を行うことで、文化財保護に不可欠な伝統技術の保存と継承を図ることは、一自治体を超えて、本来国レベルで担うべき重要な文化財行政であるが、当該歴史的建造物のみに着目した場合には見落としがちな文化政策の一側面である。ソフトに着目したこの行政目的は、名古屋市のような大自治体でなければ果たせない役割ともいえる。

本件訴訟では明確に主張されなかったようであり、上記4要素からも漏れる従たる要素といえるが、裁量審査にあたり、行政判断を支持する考慮要素として検討されてよい事柄ではないか。

3 合意形成過程と司法審査

本件の特徴は、公金支出の差止対象となる本件事業の行政過程が、事業自体の修正を迫られつつ訴訟係属中も進行していた点にある[6]。

本件事業は大規模公共事業であり、特別史跡ゆえに文化庁の現状変更許可を複数予定している事情から[7]、有識者により構成される検討会議で、司法過程と並行して多数回の討議が積み重ねられてきた[8]。

検討会議では、例えば当初計画で十分に問題視されていなかった、築城当時から残る天守台石垣・埋蔵物等への影響とその保存方法が大きな課題として取り上げられた。木造復元とはいえレプリカに過ぎない天守閣のために、文化的価値の高い石垣を一部にせよ毀損することは本末転倒だとの批判は、専門家に根強い[9]。原審の審理には、（やむを得ない面もあるが）訴訟係属中の検討会議における議論が必ずしも反映されていない。

今後、市は数次の調査を踏まえ石垣の保全方針等を示していくが、許可権限を持つ文化庁の評価も含め、検討会議を中心とする行政過程には紆余曲折も予想される。控訴審では異なる土俵で審理がされ、裁判所の認定判断が変更される可能性が十分にある。

なお、市によるタウンミーティングが多数回開催

されており、行政過程において専門家が十分な討議を積み重ねるフォーラムを継続的に設定している点は、相対的に見れば充実した合意形成手続として、評価されてよい[10]。本件は特別史跡であるために要求される文化財保護法の手続規律が、慎重な合意形成を要請した事例といえよう。

4　今後の展望

名古屋城のほか、大阪城や小牧山城などRC造天守は全国に13城あるが、すべて耐用年数50年を過ぎ、老朽化対策が必要とされている。再現度合や建築経緯に違いがあるものの、有形文化財に登録済みの天守もある。文化庁「鉄筋コンクリート造天守等の老朽化への対応について（取りまとめ）」（令和2年6月）では、「今後、木造による再現の可能性の模索や長寿命化措置など、個別の史跡等の事情により様々な整備方策を執ることが考えられる」とし、復元的整備の忠実性や防火対策につき注意を喚起している。

現在、公有の歴史的建造物が老朽化し、耐用年数が尽き、機能性・安全性の観点からその存廃が行政課題として認識されても、いかなる事情を考慮し、いかなる手続でその是非を判断するか、統一的な手続は存在しない。

自治体レベルでは、各自治体が規模や財政などそれぞれの事情に応じて、問題が顕在化する都度、場当たり的に対応し、住民訴訟が提起された場合に、司法審査が行政判断を事後的に検証するフォーラムとして機能するにとどまる。

本来的には、行政過程における適切な合意形成が図られるべきであり、私見では、歴史的建造物の存廃問題が顕在化した後の手続において、①専門的知見の適時の形成と提供、②適切な合議体における実質的討議の二点が重要となるが[11]、望ましい合意形成手続を考えるにあたり、本件事例を参照しえよう。

（おち・としひろ）

---

1) 「復元」とは、史跡等における歴史的建造物の復元に関する基準に基づき、往時の規模・構造・形式等を忠実に再現する行為であるのに対し、「復元的整備」は利活用の観点から、外観を忠実に再現しつつ、内部の意匠・構造を一部変更して再現する行為であり、「再現」は、これらを含むその他の再現の総称とされる。文化庁・史跡等における歴史的建造物の復元の在り方に関するワーキンググループ「天守等の復元の在り方について（取りまとめ）」（令和元年8月）。
2) 前注1) の「取りまとめ」では、再現された歴史的建造物は「文化財保護法上直ちに文化財として扱われるわけではなく、史跡等の文化財に準じた、価値を伝えるための手段（プレゼンテーション）としての複製品（レプリカ）と捉えられる」としながら、「他方で、様々な再現が行われている中で、忠実性を追求し、再現される歴史的建造物の質が確保されるよう、適切に再現された歴史的建造物については、適切な評価を与えることが適当である」とする。
3) 比較的最近の事例として、新渡戸記念館事件（青森地判平30・11・2判時2401号9頁・仙台高判令元・7・10LEX/DB25563900）、船つき松事件（松江地判平31・3・27判例自治467号25頁・広島高松江支判令元・10・28判例自治467号21頁）等参照。
4) 耐震工事を支持する立場は、現天守閣を登録文化財として保存すべきと主張し、木造復元の場合のバリアフリー化の問題なども指摘している。
5) 名古屋市のHPは「この大天守を往時のままに復元するには、図面などの詳細な史料のほか、木造建築の伝統技術が欠かせません。大規模な木造建築物の築造が減少し、職人技の消滅が危ぶまれる中、天守閣の木造復元は伝統技術を次代へ継承する機会にもなっています。」とする。天守閣に先行し、10年をかけて2018年に完成させた〈本丸御殿〉も「職人の手仕事を未来へ継承」することをテーマの一つとしていた。
6) 市は当初、現天守閣を先行して取り壊す計画を立てていたが、文化庁は解体と復元を一体として申請すべきとの見解を示し、市もこれに従った。現天守閣の登録文化財としての価値が議論されている以上、既成事実の形成は避けるべきであり、予防原則の観点からも適切な判断といえる。本稿執筆時点では、2028年度末竣工に向けて実施設計と遺構保全の調査中である。
7) 市の「解体と復元を一体で現状変更許可を取得する場合のイメージ」（検討会議第30回資料3-1）によると、現状変更を伴う調査にも許可が必要であり、①発掘調査等、②現天守閣解体、③穴蔵石垣調査等、④天守閣木造復元の四工程のうち、①につき2つ、③につき1つ、また②③④を一体とした現状変更許可を1つ予定し、さらに、調査結果を踏まえた現状変更許可申請も予定している。
8) 検討会議には①建造物部会、②石垣・埋蔵文化財部会、③庭園部会、④天守閣部会の4部会が置かれ、さらに特別史跡名古屋城跡バリアフリー検討会議も別置されている。多い部会は数十回開催され、配布資料や議事録も公開されている（ただし、古いものは掲載が終了している）。なお、本件に関する市担当者による文化庁訪問時の復命書等の情報公開訴訟が提起されている。
9) 専門家からは、例えば現天守の解体に伴う石垣への影響について、天守台の保全調査や調査検討期間の設定不備があるなど、史跡整備の基本原則に反する等の強い指摘がされている。特別史跡名古屋城跡全体整備検討会議石垣部会（第30回）議事録（平成31年3月）参照。その他、バリアフリー化も木造復元の課題となっている。
10) 歴史的建造物の存廃問題における合意形成について、拙稿「環境劣化と文化財訴訟」上智法学論集65巻4号203頁（2022年）。
11) 同上。

医事

同意なく凍結保存胚を利用して融解胚移植を受けることで夫の自己決定権を侵害した妻の損害賠償責任

大阪高判令2・11・27
令2 (ネ) 1300号、損害賠償請求控訴事件
判時 2497 号 33 頁
原審：大阪地判令2・3・12 判時 2459 号 3 頁

大塚智見　大阪大学准教授

医事判例研究会

●——事実の概要

　夫Xと妻Yは、体外受精を希望し、平成26年4月10日、「体外受精・顕微授精に関する同意書」、「卵子、受精卵（胚）の凍結保存に関する同意書」及び「凍結保存受精卵（胚）を用いる胚移植に関する同意書」（以下あわせて「本件同意書1」という）に各自署名押印し、Yがこれを本件クリニックに提出した。本件クリニックにおいて、同日、Xの精子とYの卵子を受精させた上、受精卵（胚）の培養が行われ（以下「本件受精卵」という）、同月15日、本件受精卵が冷凍保存された。このとき、Xは、別居の条件として不妊治療への協力を提示されため、不妊治療に反対であることをYに伝えていなかった。

　Yは、平成27年4月20日、「融解胚移植に関する同意書」（以下「本件同意書2」という）の妻氏名欄に自署するとともに、Xの意向を事前に確認しないまま、夫氏名欄にXの氏名を記入した（以下「本件署名」という）。Yは、同月22日、本件クリニックにこれを提出し、本件受精卵を用いて、融解胚移植を受けた（以下「本件移植」という）。本件移植の結果、Yは、本件子を妊娠し、出産した。

　Xは、平成29年5月19日頃、離婚等を求める訴えを提起し、XとYは、同訴訟係属中の同年11月30日、本件子の親権者をYと定めて協議離婚した。財産分与について、令和元年8月20日、裁判上の和解が成立し、Yは、和解で定められた金額をXに支払った。

　Xは、本件子を被告として、平成28年12月21日、嫡出否認の訴えを、平成29年6月21日、親子関係不存在確認の訴えを提起したが、親子関係不存在確認の訴えは却下され、嫡出否認の訴えは棄却された（大阪家判令元・11・28平28(家ホ)568号・平29(家ホ)272号（以下「大阪家判」という）。その後、同判決は確定した）。

　以上の事実関係の下、Xは、Yに対し、Xの同意なく融解胚移植の方法により妊娠してXの嫡出子となる子を出産したことを、自己決定権の侵害による不法行為であるとして、2000万円及び遅延損害金の支払を求める訴えを提起した。原審は、Yに対する請求を880万円及び遅延損害金の限度で認容した。これに対して、X及びYが控訴し、Xは、請求を拡張し、予備的請求を追加した。なお、原審において、本件クリニックを開設する医療法人Aらも被告となったが、原審はAらに対する請求を棄却し、Xもこの部分につき控訴していない。

●——判旨

　Xの控訴等棄却、Yの控訴に基づき原判決の一部変更、確定

　「個人は、人格権の一内容を構成するものとして、子をもうけるか否か、もうけるとして、いつ、誰との間でもうけるかを自分で決めることのできる権利、すなわち子をもうけることについての自己決定権を有すると解される」。

　「Yが本件子を出産したのは本件移植を受けたからであるところ、本件移植を受けるためには夫であるXの明示的な同意が必要であったことは、本件同意書2に夫の署名欄が設けてあったことから明らかである。本件同意書2はX・Y夫婦と本件クリニックとの間で取り交わされるものであるけれども、夫婦の間においても、子をもうけるか否か、もうける

としていつもうけるかは、各人のその後の人生に関わる重大事項であるから、Yの立場からしても、平成26年4月12日の別居以降、子をもうけることについてXが積極的な態度を示していなかった経緯を踏まえれば、本件移植を受けるに先立ち、改めてXの同意を得る必要があったことは明らかであったといえる。ところが、Yは、Xの意思を確認することなく、無断で本件同意書2に本件署名をして本件クリニックに提出し、本件移植を受けたのであるから、Yのこの一連の行為は、Xの自己決定権を侵害する不法行為……に当たるというべきである」。

本判決は、慰謝料500万円、DNA鑑定費用8万6400円、弁護士費用51万円及び遅延損害金[1]を損害として認め、養育費相当額については、損害の発生を認めなかった。

●——研究

1 本判決の意義

本判決の事案では、夫が提供した精子と妻が提供した卵子を体外で受精させ、その受精卵を培養し、培養した胚を凍結保存し、凍結保存受精卵（胚）を融解して移植するという生殖補助医療技術（融解胚移植）が用いられた。これを、配偶者間人工授精（AIH）という。夫婦の精子及び卵子を用いる点で自然生殖と変わらないものの、夫による精子提供時と体外受精時が大きくずれることで、体外受精時点における夫の同意なく、妻が懐胎する可能性が生ずる。本判決の意義は、夫の同意なくAIHによる子を出産した妻に不法行為責任が成立することを認めた点にある。

2 AIHによる子の父子関係

夫以外の第三者（ドナー）が提供する精子を用いる非配偶者間人工授精（AID）による子については、妻が夫の同意を得てAIDにより懐胎した場合、夫は、嫡出否認することができない（生殖補助医療の提供等及びこれにより出生した子の親子関係に関する民法の特例に関する法律（以下「生殖補助医療法」という）[2]10条）。これに対して、AIHによる子については、夫の凍結保存精子を用いて夫の死後に懐胎した子と亡夫との間に法律上の親子関係を認めなかった判例（最二判平18・9・4民集60巻7号2563頁）があるのみである。したがって、AIHによる

子一般につき、①嫡出推定が及ぶか、すなわち、親子関係不存在確認の訴えによって父子関係を否定することができるか、②嫡出否認の訴えによって父子関係を否定することができるかが、解釈上問題となる。この問題につきどのような立場を採用するかは、本判決の理解にも影響する。

第一に、夫は、親子関係不存在確認の訴えによって、AIHによる子との父子関係を否定することができるか。裁判例（奈良家判平29・12・15平28(家ホ)64号（以下「奈良家判」という）及び大阪家判）及び多数説[3]は、「推定の及ばない子」に関する判例の外観説（最一判昭44・5・29民集23巻6号1064頁など）を根拠に、これを否定する。これに対して、嫡出推定の基礎を夫婦間の性交渉の事実に置き、夫の同意のないAIHによる子との父子関係を、親子関係不存在確認の訴えにより否定できるとする見解もある[4]。この問題は、嫡出推定の理解に依存し、判例の外観説を否定しない限り、生殖補助医療による子との父子関係に限って嫡出推定が及ばないと解することはできない。

第二に、夫は、嫡出否認の訴えによって、AIHによる子との父子関係を否定することができるか。裁判例（大阪家判）及び学説[5]には、生物学上の父子関係あるいは血縁関係の存在を理由として、これを否定するものがある。これに対して、夫の同意のないAIHによる子につき、夫による嫡出否認の訴えによる父子関係否定の可能性を示唆する裁判例（奈良家判[6]及び大阪家判[7]）が存在する。これは、父子関係の要件を、父の意思（同意）に求めるものといえる。元来、嫡出否認の訴えが認められるためには、生物学上の父子関係が否定されることが必要であると考えられてきたが、民法の規定には何ら定めがなく[8]、実質的にもAIDによる子と差異を設ける必要性が小さいとすれば、嫡出否認の訴えの理解を再考する余地がある[9]。父の意思（同意）のない場合に、嫡出否認の訴えを認めると解したとしても、その意思（同意）の認定に係る解釈や実務の運用によって、子の利益を保護することは可能である（注7）参照）。

3 子をもうけることについての自己決定権

本判決は、人格権の一内容として、子をもうけることについての自己決定権を個人が有することを認め、さらに、女性だけでなく、男性もこの自己決定

権を有することを当然の前提とする[10]。本判決の認める「子をもうけることについての自己決定権」とは何か。

第一に、本判決の認めた自己決定権は、法的親子関係にある子をもうけることについての自己決定権であるか。法的親子関係が成立すれば、父に親権者としての権利義務が生じ（民818条・820条）、子が父の法定相続人となる（民887条1項）など、様々な法律関係が生じる。このような法律関係の構築につき、個人が自己決定権を有すると考えることができ、少なくとも法的親子関係を否定できない子を同意なく懐胎したとき、自己決定権の侵害が認められる[11]。

第二に、生物学上の親子関係にある子をもうけることについての自己決定権を認める見解がある。たとえば、本判決と同様に自己決定権侵害を認めた原審を、「生殖・家族形成に関する自己決定権」の議論の延長線上に位置づけ、精子や胚の「由来する人の意思とは無関係に、その遺伝子を引き継ぐ子が誕生する」事態の発生により、「性と生殖に関する男性の自己決定権」が課題として現れたとする見解がある[12]。ただし、女性に比して、男性には懐胎・出産の身体的負荷がないこと、法的親子関係を切断することができれば、男性の家族形成には必ずしも直結するとはいえないことからすると、それを超えて男性の自己決定権を承認するためには、自己の精子や遺伝情報に対する権利[13]、あるいは、出自を知る権利などを基礎とする必要がある[14]。

本件において、Xは、「Xの嫡出子となる本件子を出産し」たことを自己決定権侵害と捉えており、少なくとも部分的には、法的親子関係にある子をもうけることについての自己決定権の存在を主張するものと評価できる。これに対して、本判決は、自己決定権侵害を認定するに際して、嫡出子であるかどうかに言及せず、また、親子関係の発生を自己決定権侵害の結果としており、自己決定権と法的親子関係とのつながりは曖昧である。また、本判決が生物学上の親子関係にある子をもうけることについての自己決定権を認めたと解する明示の根拠も存在しない。そうすると、本判決は、生物学上の父が子との法的親子関係を否定できない場合に、「子をもうけることについての自己決定権」を認めた事例判断であると理解することができる[15]。

4 同意を取得する義務

本判決は、YがXの意思を確認することなく、本件同意書2に本件署名をして本件クリニックに提出し、本件移植を受けたという一連の行為を、自己決定権侵害による不法行為とする。すなわち、AIHを行うに先立ち、妻には、夫の同意を取得する義務があると判断したものと解することができる。したがって、当然、事前に夫の同意がある場合には、自己決定権侵害にはならない。

同意は、いつの時点で存在する必要があるか。原審は「事柄の性質上」、本判決は本件同意書2に夫の署名欄があることから、本件移植時に同意が存在する必要があるとした。すなわち、胚移植実施以前に同意があったとしても、その後それが撤回され、あるいは、その効力が失われた場合には、同意がないものとして、自己決定権侵害が成立する。また、胚移植実施時に同意があれば、その後にそれが撤回されたとしても、自己決定権侵害となるわけではない。法律上の、あるいは、生物学上の親子関係を成立させることは、男性にとっても重大事項であり、他方、胚移植の実施は、母体への影響が大きいことから、胚移植時を基準とすることは妥当である。実際には、生殖補助医療着手時点でも同意書が作成され（本件同意書1）、その効力が問題となり得る。原審及び本判決も、このことを考慮してか、様々な事情を考慮して、移植時に同意がなかったものと認定する[16]。しかし、「子をもうけることについての自己決定権」の重要性に鑑みれば、どのような場合であっても、移植時に明示的な同意を取得しなければならないと考えるべきである[17]。

なお、AIHによる父子関係を、嫡出否認の訴えによって否定できると考える立場を採用するとき、その要件である同意と、自己決定権侵害を否定するための同意の関係を整理する必要がある。両者は、医療機関に対する同意書の提出という形式をとることが多いと考えられるが、理論的には別のものであり、自己決定権侵害を否定するための同意は、子の利益を考慮する必要が比較的小さいとすれば、より柔軟な認定も可能である[18]。

5 損害の内容

第一に、本判決は、養育費相当額を損害として認めなかった。本件子の養育費としてXがYに既に支払った部分については、Xが自らの意思により支

払ったことを理由とし、今後負担すべき部分については、未確定であることを理由とする。そうすると、Xに養育費支払義務が認められ、その義務の履行として支払がなされた場合、Xは、Yに対し、養育費相当額の支払を請求することができるとする余地が残る[19]。

第二に、本判決は、慰謝料の算定に当たり、多様な要素を考慮する。増額する要素としては、Xと本件子との親子関係が発生したこと、本件不法行為によって離婚を余儀なくされたこと、Xと本件子との関係が今後も継続することが挙げられる。減額する要素としては、Yが妊娠する蓋然性や移植に向けた積極的な姿勢を維持していることを認識していたにもかかわらず、Xが、Yに対し、移植を拒否する意思を表明せず、本件クリニックに問い合わせをしていないことが挙げられ、問い合わせをすれば移植が行われなかったことを理由に、この事実を重要なものと位置づける。離婚に関する要素を除くと、法的親子関係の成立を重視するようにも読めるが、ここでも曖昧な部分が残る。

6 おわりに

本判決が男性に対しても「子をもうけることについての自己決定権」を認め、胚移植時における同意が必要である旨判示したことは適切であったといえる。しかし、法的親子関係の成否や自己決定権の内容につき、なお検討の余地が残る。また、本件のような紛争が生じること自体、子の利益の観点からは望ましくないともいえる。たとえば、胚移植直前における対面での意思確認を必須とするなど、医療機関のガイドラインの改訂も含め、紛争防止のための適切な制度構築が今後の課題となる[20]。

（おおつか・ともみ）

1) 本判決は、原判決を変更して、遅延損害金の起算点を、Yが本件同意書2を本件クリニックに提出して本件移植を受けた日である平成27年4月22日とした。
2) 生殖補助医療法は、令和2年12月4日に成立し、生殖補助医療により出生した子の親子関係に関する民法の特例については、令和3年12月11日に施行され、同日以後に生殖補助医療により出生した子につき適用される（同法附則2条）。
3) 二宮周平編『新注釈民法(17)親族(1)』（有斐閣、2017年）684頁〔石井美智子〕。
4) 家永登「亡夫の凍結精子による出生子の法的地位——高松高裁平成16年7月16日判決を契機として」専法95号（2005年）181頁。
5) 二宮編・前掲注3)684頁〔石井〕。
6) 奈良家判は、「正当な」生殖補助医療の結果生まれた子と夫との間に親子関係を認めるべきとしつつ、正当な生殖補助医療というためには、自分の子として受け入れるとの夫の同意が必要であるとする。ただし、当該事案において嫡出否認の訴えが提起されておらず、その可否は判断されなかった。
7) 大阪家判は、「なお」として、当該事案において、夫の明確な同意の撤回がないとして、個別の明示的な同意がないとしても、移植が夫の意思に基づくものであるということができるとした。
8) 窪田充見『家族法〔第4版〕』（有斐閣、2019年）164頁。
9) 親子関係の基礎を検討する近時の研究として、たとえば、木村敦子「法律上の親子関係の構成原理(1)——ドイツにおける親子関係法の展開を手がかりとして」論叢167巻1号（2010年）1頁及び柳迫周平「実親子法における意思的要素の意義とその構造——法律上の親子関係の構造解明に向けた序論的考察」神戸71巻3号（2021年）33頁など。特に、生殖補助医療による親子関係につき、稲葉実香「生殖補助医療と親子関係(1)——男性のリプロダクティヴ・ライツにかんする一考察」金沢63巻2号（2021年）41頁。
10) 自己決定権に関する議論における本判決の位置づけにつき、内藤陽「判批」北法72巻4号（2021年）1240頁及び柴田克史「判批」法セミ803号（2021年）114頁。
11) 生殖補助医療の実施（懐胎）についての自己決定と嫡出否認の訴えの提起についての自己決定を別のものと考えれば、嫡出否認の訴えによる父子関係の否定が可能だとしても、自己決定権の侵害を認めることが可能である。そのように考えると、夫の同意なくAIDによる子を懐胎した場合や自然生殖により夫以外の者の子を懐胎した場合にも同様の議論が及ぶ。
12) 西希代子「原審判批」リマークス63号（2021年）68-69頁。
13) 胚の利用に着目する見解として、中村道子「原審判批」都法62巻1号（2021年）590頁。
14) 法的親子関係の成立が必要でないとすると、同意なく第三者の精子を利用して子を懐胎した場合（西・前掲注12)69頁）や破棄の申出があったにもかかわらず他人の精子の凍結保存を継続した場合にも同様の議論が及ぶ。
15) 柴田・前掲注10)114頁は、医療機関との関係で、「医療行為（への参加）についての自己決定権」としての側面も有することを指摘する。
16) 本判決の事案を同意の撤回として位置づけるものとして、中村・前掲注13)582頁。
17) 内藤・前掲注10)1249頁。
18) 稲葉・前掲注9)63頁。
19) 養育費を損害とすることの意義につき、西・前掲注12)69頁。
20) 医療水準論との関係につき、中村・前掲注13)588頁。

労働

定年後再雇用における雇止めと労契法 19 条 2 号
（Ｙ社事件）

広島高判令 2・12・25
令 2（ネ）156 号、244 号、地位確認等請求控訴事件、
同附帯控訴事件
労経速 2462 号 3 頁
第一審：山口地宇部支判令 2・4・3

今津幸子　弁護士

労働判例研究会

●──事案の概要

　本件は、定年後有期労働契約で再雇用され、１年後に雇止めとなったことの是非が争われた事案である。

　Ｘ（被控訴人・一審原告）は、高圧ガスの製造販売及び建設機材などの販売、リースなどを主な業務とする株式会社Ｙ（控訴人・一審被告）の従業員であった。Ｙは、本社のほかに、A₁ 市内等の６か所に営業所、A₂ 市に仮設事業部を置いていた（A₁ 市とA₂ 市の位置関係については不明）。なお、ＸはＹに労働組合を結成し、定年前までは書記長を、定年後再雇用となってからは執行委員長を務めていた。

　Ｘは平成 28 年 2 月 29 日にＹの定年である満 60 歳に達し定年退職したが、それに先立ち、ＸＹ間で、定年後、期間を平成 28 年 3 月 1 日から同 29 年 2 月 28 日までの１年間、賃金を「暫定的に」月額基本給 19 万円、家族手当 5000 円、通勤手当 4000 円とするが、基本給と賞与については、今後団体交渉によって決定することを内容とするＸの定年後の継続雇用契約を締結し、Ｘの定年後再雇用が開始された（「本件継続雇用契約」）。なお、定年退職時のＸの賃金は月額 31 万 1554 円（基本給 29 万 8120 円及び各種手当 1 万 3434 円）、賞与年間 36 万 7208 円であった。

　その後、ＸがＹに対し、平成 29 年 3 月 1 日以降も本件継続雇用契約を更新するとの申込みを行ったが、契約更新における労働条件についてＸＹ間で合意に至らなかった（なお、Ｘは、後述のＹが定める定年後再雇用の更新の基準は満たしている）。そのため、ＹはＸに対し、本件継続雇用契約と同じ労働条件で１か月間の猶予期間を持つこと等を通知した。

　同年 3 月 27 日、ＹはＸに対し、以下の３種類の労働条件（本件継続雇用契約からの給与総額ないし就労場所の変更を伴うもの）を提案し（「本件提案」）、本件提案にかかる労働条件以外では本件継続雇用契約の更新には応じない旨通知した。

	職務内容	労働時間	月額支給額	月労働時間	時間単価
第1案	現行通り	9:00～15:00 休憩1時間	14万5000円	101時間	1435.6円
第2案	現行通り	8:00～15:00 休憩1時間半	16万円	112時間	1428.6円
第3案	Q2(仮設)足場材の出荷準備・配送等	8:00～17:00 休憩2時間	19万円	144時間	1319.4円

　同年 3 月 31 日、ＸはＹに対し、一旦は上記第２案で契約する旨述べたが、その後第２案に異議を述べて、第２案の労働条件による雇用契約書に署名しなかった。

　同年 4 月 4 日、ＹはＸに対し、同月 7 日をもって、暫定猶予期間による雇用契約関係の終了及び退職手続の開始を通知した。

　なお、Ｙの嘱託規定には、Ｙの定年後再雇用制度の概要として、①61 歳に達するまでは希望者全員を嘱託従業員として再雇用すること、②その後は、労働者本人が更新を希望し、かつ、健康面、出勤率や懲戒処分等に関する６つの条件を全て満たす場合は、更に１年以内の再雇用契約を更新すること、③更新上限は満 65 歳の誕生日の属する賃金締切日とすること、④再雇用者の給与は、定年退職時の賃金をもとに、健康で文化的な生活を営めるよう個別の再雇用契約で定めること、⑤再雇用者の労働時間は本人の希望を考慮の上、始業・終業時刻・休憩時間を定め個別の雇用契約書で定めること、等が定められていた。

　このような事情の下で、ＸがＹに対し、雇用契約上の地位確認等を求めたものが本件である。

●──判旨

　1　第一審判決（山口地宇部支判令 2・4・3労経速 2462 号 9 頁）は、概要以下のとおり判示して、Ｘの雇用契約上の地位確認請求については認容した。

（1） 本件継続雇用契約の内容

「被告嘱託規定は、定年退職時の賃金をもとにすると規定すると同時に健康で文化的な生活を営めるよう定めるともしており、定年退職時の賃金を考慮して定めることをいうに過ぎないと解すべきである……団交により給与額が変更されることは考慮されているとしても、結局、その契約期間中に原告と被告との間で、給与額を変更する定めが作られなかった以上、もともとは暫定的に定めた給与額であったとしても、結局、その19万円との基本給での契約ということで定まったものと評価するのが相当である。」として、基本給を（定年退職時の31万円ではなく）19万円とする契約が成立したとした。

（2） 平成29年3月1日以降の原告と被告との間の契約関係について

「被告が、契約条件について交渉を行っており、原告もこれに応じた対応をしていること、契約条件について協議するための期間を延長し、延長期間について、それ以前の契約内容で契約を延長することに関し、被告就業規則等にもそのような期間を持つことを許すような規定はないものの、そのような扱いをしても、当事者間で穏当に契約関係を締結できる可能性が生じるだけで、原告にも被告にも不利益はないことからすると、当事者間に異存がなければそのような契約条件について検討するための期間を設けることは許されると解され、上記期間は、原告と被告とで、本件継続雇用契約の更新について条件を交渉するための期間を設定したものと解するのが相当であり、当該期間については、未だ本件継続雇用契約が延長されたものではないと解するのが相当である。」とした。

そして、定年退職後の再雇用については有期労働契約であり労働契約法19条が準用されるとした上で、「本件において、原告が被告嘱託規定3条に定める6つの条件を満たしていることについては争いがないから、原告は平成29年3月1日以降も被告において再雇用されると期待することについて合理的理由があるといえ、被告が原告の再雇用の申し込みを拒絶するには、客観的に合理的理由があり、社会通念上相当であることが必要であって、そのように言えない場合、本件継続雇用契約は、従前どおりの条件で自動的に更新される。」とした。

その上で、原告が本件提案を受け入れなかったことが合理的な理由に該当するか否かについて、「本件提案のうち第1案及び第2案については、いずれも、1時間あたりの給与は下がらないとしても、就労時間が減少する結果、給与総額は3万円ないし4万5000円減少するものであり、明らかに条件が悪くなっており、しかも、そのように変更することについて具体的な理由が明らかになっているとはいえない。また、……第3案については、給与額には変動はないものの、勤務条件が、就労場所がA_1市内からA_2市内に変わるなどの従来の事情からの変更があり、A_1市内在住の原告にとって通勤等の条件が悪くなっていると解され、これについても特に具体的な変更の理由が明らかでないことからすると、原告がこれを拒絶するのは当然といえ、本件提案を原告が受け入れなかったことが、被告による再雇用を拒絶することの客観的に合理的な理由にも社会通念上相当な理由となるともいえない。」、「確かに、年齢を重ねることで、一定の年齢からは能力が落ちるにも関わらず、長期間勤務することで、給与は上昇するのみである場合もまま見られ、定年退職後の再雇用においては、定年退職時の給与を基礎として、減額した給与での契約とするというのは一定の合理性があるといえるが、そもそも、本件継続雇用契約の時点で原告の定年退職時の給与の6割程度の給与としているもので、本件提案は、その給与をさらに減額するというもので、許されるべきではないし、上記の事情による勤務条件の変更と勤務場所の変更はなんら関連性はなく、定年退職後の再雇用ということで、変更できる条件とはいえないとするのが相当である。」、「（被告都合による業務の場所若しくは業務の内容の変更等が可能である旨を定める）就業規則は、労働契約の内容が確定して成立した後の、労働契約上の労務指揮権である配転命令権を定めたものであって、契約締結の段階とは次元を異にすると言わざるを得ない。同規定を理由に、勤務場所の変更等が許され、これを拒絶することが、契約更新を拒絶する客観的な正当な理由とも社会通念上相当な理由ともならないといえる。」として、Xが本件提案を受け入れなかったことによりYがXの再雇用の申し込みを拒絶したことは、客観的に合理的理由があり、社会通念上相当であるとはいえず、本件継続雇用契約は、従前どおりの条件で自動的に更新され、Xは本件継続雇用契約上の地位を有するとした。

2 本判決は、概要以下のとおり判示して控訴を棄却した。

（1） 本件継続雇用契約の内容については、原審を引用して原審の認定を支持した。

（2） 平成29年3月1日以降の原告と被告との間の契約関係については、以下のとおり一部補正したほかは、原審を引用して原審の認定を支持した。

「本件は、被控訴人の定年退職後の再雇用自体ではなく、被控訴人の定年退職に伴って締結された有期労働契約である本件継続雇用契約の更新の有無及びその内容が問題となっている事案であるから、同条（注：労働契約法19条）の適用ないし準用のある事案であることは明らかである。」

「控訴人が、被控訴人の本件継続雇用契約の更新に係る雇用契約締結の申し込みを拒絶することについては、客観的に合理的な理由を欠き、社会通念上相当であると認められないから、本件継続雇用契約は、従前の労働条件と同一の労働条件で締結されたものとみなされる。」、「このことは、控訴人嘱託規定における上記の定め（注：労働条件を個別の労働契約で定めることによって更新する旨）があっても変わるものではない。」

●──研究

判旨に反対。

本判決の考え方によれば、一度定年後再雇用契約を締結してしまうと、Yの嘱託規定に定める更新の基準を満たす限り、65歳まで、本件継続雇用契約と同一の労働条件での有期雇用契約を更新しなければならなくなってしまう。しかし、高年法は、定年後再雇用において一度決めた労働条件を定年後再雇用期間中維持し続けることを要求しているわけではなく、また、Yの嘱託規定からもそのような帰結とはならないと考えられ、本判決のこのような結論は明らかに不当である。

そもそも、本件継続雇用契約は有期労働契約である。有期労働契約は、期間満了によって契約が終了するのが原則であり、更新の可能性がある場合でも、契約期間満了の都度、更新するか否か、また、更新するとしても、（更新とは新たに有期労働契約を締結することであるから）労働条件もその都度決定するのがその本来の姿である。本判決は、このような有期雇用契約の本質を一切考慮していないものであって不当である。

本判決は、通常の判決であれば当然検討するはずの事実認定についてあえて検討そのものを避けているようにも思われ、その意味でも、本判決はあくまでも事例判決である点には留意すべきである。

以下、問題点等について詳述する。

1　更新の期待は「契約の更新」なのか「従前の労働条件と同一の労働条件での契約の更新」なのか

労契法19条2号は、有期雇用契約の更新が認められうる場合として、「当該労働者において当該有期労働契約の契約期間の満了時に当該有期労働契約が更新されるものと期待すること」について合理的な理由があるものであると認められる場合を挙げている。これは、同号の規定文言等から有期労働契約の更新そのものに対する期待ではなく、従前の有期労働契約の労働条件と同一の労働条件の有期労働契約の更新に対する期待を意味するものと考えるべきであろう。

ところで、本件では、XはYの嘱託規定に定める更新の要件を満たしていたから、Yの嘱託規定に定められているとおり、Xが「有期雇用契約の更新」についての合理的な期待を有していたことについては認めざるを得ない。しかし、以下に述べるとおり、Yの嘱託規定の下でXが「本件継続雇用契約と同一の労働条件での更新」についての合理的な期待があったと裁判所が認定したことについては、疑問が残る。

まず、本件は、定年退職後に締結された1年間の継続雇用契約の終了後の再雇用の場面である。上述のとおり、有期雇用契約の更新とは、新たに有期労働契約を締結することであるから、労働条件も更新の都度決定するのがその本来の姿である。よって、更新後も同一の労働条件としなければならない義務は使用者には生じない。

継続雇用制度に関する厚労省のQ＆Aでも、継続雇用後の労働条件については、高年齢者の安定した雇用を確保するという高年法の趣旨を踏まえたものであれば、最低賃金などの雇用に関するルールの範囲内で、フルタイム、パートタイムなどの労働時間、賃金、待遇などに関して、事業主と労働者の間で決めることができること（Q1-4）や、高年法が求めているのは、継続雇用制度の導入であって、事業主に定年退職者の希望に合致した労働条件での雇用を義務付けるものではなく、労働者と事業主との間で労働条件等についての合意が得られず、結果的に労働者が継続雇用されることを拒否したとしても、原則として高年齢者雇用安定法違反となるものではないこと（Q1-9）が明記され、定年後再雇用においても契約の自由は確保されているといえる。

しかも、Yの嘱託規定では、基準を満たした場合は「1年以内の再雇用契約を更新」と定めているだけで、労働条件（給与、労働時間）については個別の再雇用契約で定めることとしていることから、Yの嘱託規定から合理的に期待できることは、「契約更新」に限られるのであって、Yの嘱託規定の下で更新前と同一の労働条件で更新されることについては合理的な期待があったとはいえない。裁判所も、

「原告は平成29年3月1日以降も被告において再雇用されると期待することについて合理的理由がある」、すなわち契約更新への期待については合理的な理由があるとしか述べておらず、本件継続雇用契約の労働条件と同一の労働条件で更新されるとXが期待することについて合理的理由があるかどうかについては一切検討していない。

同一の労働条件で何回か更新した場合であればまだしも、最初の更新の場面である本件において、例えば、Yにおいて他に定年後再雇用となった労働者の最初の更新において、更新後の労働条件をどのように定めていたのか、といった観点からの検討をすることもなく、契約更新への期待について合理的な理由があるというだけで、漫然とXに本件継続雇用契約と同一の労働条件での更新についての合理的な期待もあったと安易に認定したことは、短絡的な結論であると言わざるを得ない。

2 本件における会社側の更新拒絶は、労契法19条の「客観的に合理的な理由があり、社会通念上相当である」といえないか

仮に、本判決が示すとおり、Xに本件継続雇用契約の労働条件と同一の労働条件の有期労働契約の更新について合理的期待があったとしても、YはXに対して、以下に述べるとおり、雇止め回避のための努力を行ったり、本件提案を行って合理的な内容の労働条件を提示したりする等していた。よって、本件提案をXが受け入れなかったことによるYの更新拒絶は、労契法19条の「客観的に合理的な理由があり、社会通念上相当である」といえるはずである。

（1）まず、Yは、更新後の労働条件につき更新前にXと合意できなかったことから、条件交渉の期間として、更新前の契約期間終了後も従前の労働条件のまま1か月間程度期間を設定して、継続契約締結のための努力をした。

（2）次に、上記（1）の条件交渉期間中、YはXに対して本件提案を行い、3つの新しい労働条件を提案した（各案の具体的な内容については、「事案の概要」の箇所を参照）。

この3つの案のうち、第1案、第2案は時間単価は下がっておらず、第3案は就労場所が異なるだけで基本給は変えておらず、労働条件としては合理的な内容といいうる。

しかし、裁判所は、第1案、第2案については、労働時間が減少することに伴い給与総額が減少することについての具体的な理由が明らかになっていないとして、Xがこれを拒絶するのは当然とした。ま

た、第3案については、就労場所がA_1市内からA_2市内に変わることで、A_1市内在住のXにとって通勤等の条件が悪くなっているとし、就業場所を変更する具体的な理由も明らかでないことを理由に、Xがこれを拒絶したのは当然とした。

しかし、第1案、第2案について、定年後再雇用がフルタイムでなければならないという規制はない。上記厚労省Q＆Aにおいても、パートタイムを含めて労働時間は事業主と労働者の間で自由に決められるとされており（Q1-4参照）、時間単価が下がっていないのであれば、不当な条件とは言えない。また、第3案についても同様に、勤務場所についても事業主と労働者との間で自由に決められるはずである。裁判所は、A_1市内在住のXにとって、A_2市での勤務が通勤等の条件が悪くなっているという理由だけで不当な条件であると決めつけているが、判決文からはA_1市とA_2市がどのくらい離れており、通勤等の条件がどの程度悪くなるのかについての具体的な検討は全くなされていない。そもそも、本件継続雇用契約に勤務地限定合意があったかどうかも判決文からは明らかでない。もし第3案も不当な条件と判断するのであれば、通勤等の条件がどの程度悪くなるのかについての具体的検討は必須だったと思われる。そのような検討もなく、勤務場所が異なるだけで本件提案は不当であって、これをXが受け入れなかったことによるYの更新拒絶が労契法19条の「客観的に合理的な理由があり、社会通念上相当である」とはいえないのであれば、結局のところ、本判決は、継続雇用制度において、定年退職者の希望に合致した労働条件での雇用を事業主に要求することと同じであるが、これは有期雇用契約の本来の姿からもかけ離れるものであり、かつ高年法の趣旨にもそぐわないことは上述のとおりである。

以上のとおり、本判決の判旨には反対であるが、定年後再雇用における実務上の留意点として、（定年後再雇用においても労働条件が合理的な内容であることを前提として）定年後再雇用に関する規程に、定年後再雇用の労働条件は当該有期労働契約の契約期間中のみ適用されるものであり、定年後再雇用を更新するとしても、労働条件は都度見直されるため、従前の労働条件から変更されることもある（労働者に不利になる可能性もある）ことを明示的に規定し、労働者にも説明する、といった対応は必要であるように思われる。

（いまづ・ゆきこ）

知財　応用美術の著作物性について判示した事例〔タコの滑り台事件〕

知財高判令3・12・8
令3(ネ)10044号、著作権侵害請求控訴事件
（以下、「本件」という）
裁判所HP
原審：東京地判令3・4・28判時2514号110頁

武生昌士　法政大学教授

知財判例研究会

●——事件の概要

　X（原告・控訴人）は、モニュメント、彫像、公園施設等に関するデザイン、企画、設計、製作、施工等を目的として設立された株式会社である。前田屋外美術株式会社（旧商号「株式会社前田商事」。以下「前田商事」という）は、平成14年10月21日、東京地方裁判所に再生手続開始の申立てをした。同社は、平成15年3月3日、同裁判所の許可を受けて、同社が有する「商号、設計図書その他同社が有する暖簾」をXに対して譲渡する旨の営業譲渡契約を締結した。

　Y（被告・被控訴人）は、公共空間の施設や公園施設（セメント系遊具等）の企画、設計、製作、施工、点検、修繕等を目的とする株式会社である。Y代表者であるAは、Xにおいて勤務していた者であり、Xを退職後の平成22年5月10日にYを設立した。

　本件は、XがYに対し、前田商事が製作したタコの形状を模した滑り台（以下「本件X滑り台」という）が美術の著作物又は建築の著作物に該当し、Yがタコの形状を模した滑り台2基（以下平成27年2月12日に完成したものを「本件Y滑り台1」、遅くとも平成24年4月17日までに完成したものを「本件Y滑り台2」といい、両者を総称して「本件Y滑り台」という）を製作した行為が、Xが前田商事から譲り受けた本件X滑り台に係る著作権（複製権又は翻案権）の侵害に該当する旨主張して、滑り台1基につき216万円、合計432万円の損害賠償の支払等を求める事案である。

　なお、Xは、平成23年12月29日、本件Y滑り台2の発注に関する情報が「営業秘密」（不正競争防止法2条6項）に該当し、この情報をYに開示する行為は不正競争防止法所定の不正競争に当たるなどとして、Yほか5名に対し、同法等に基づき損害賠償を請求する訴えを東京地方裁判所に提起した（平23年(ワ)41996号）。同裁判所は、平成25年10月11日、Xの請求をいずれも棄却する旨の判決をし、その後、同判決は確定している。

　原審（東京地判令3・4・28）は、本件X滑り台が、「文芸、学術、美術又は音楽の範囲に属するもの」とはいえないとして、美術の著作物（10条1項4号）にも建築の著作物（10条1項5号）にも該当せず、著作物としての保護は認められない旨を判示し、Xの請求を棄却した。

●——判旨

控訴棄却

　紙幅の都合上、以下では本件X滑り台の美術の著作物該当性に関する判断のみ採り上げる。また、原判決引用部分も判旨として紹介する。

　1　応用美術の保護に関する判断基準

　「…本件X滑り台は、利用者が滑り台として遊ぶなど、公園に設置され、遊具として用いられることを前提に製作されたものであると認められる。したがって、本件X滑り台は、一般的な芸術作品等と同様の展示等を目的とするものではなく、遊具としての実用に供されることを目的とするものであるというべきである。…（中略）

　…著作権法2条1項1号…の「美術」の「範囲に属するもの」とは、美的鑑賞の対象となり得るものをいうと解される。そして、実用に供されることを目的とした作品であって、専ら美的鑑賞を目的とする純粋美術とはいえないものであっても、美的鑑賞の対象となり得るものは、応用美術として、「美術」の「範囲に属するもの」と解される。

　…応用美術のうち、美術工芸品以外のものであっても、実用目的を達成するために必要な機能に係る構成と分離して、美的鑑賞の対象となり得る美的特

性である創作的表現を備えている部分を把握できるものについては、当該部分を含む作品全体が美術の著作物として、保護され得ると解するのが相当である」。

2　本件X滑り台の美術の著作物該当性

本件X滑り台が一品製作品であり「美術工芸品」（著作権法2条2項）に当たるとするXの主張を斥けた上で、本件X滑り台の美術の著作物該当性につき、以下のように判示した。

(1)　タコの頭部を模した部分について

「…タコの頭部を模した部分は、本件X滑り台の中でも最も高い箇所に設置されており、同部分に設置された上記各開口部は、滑り降りるためのスライダー等を同部分に接続するために不可欠な構造であって、滑り台としての実用目的を達成するために必要な構成であるといえる。また、上記空洞は、同部分に上った利用者が、上記各開口部及びスライダーに移動するために必要な構造である上、開口部を除く周囲が囲まれた構造であることによって、高い箇所にある踊り場様の床から利用者が落下することを防止する機能を有するといえる。他方で、上記空洞のうち、スライダーが接続された開口部の上部に、これを覆うように配置された略半球状の天蓋部分については、利用者の落下を防止するなどの滑り台としての実用目的を達成するために必要な構成とまではいえない。

そうすると、本件X滑り台のタコの頭部を模した部分のうち、上記天蓋部分については、滑り台としての実用目的を達成するために必要な機能に係る構成と分離して把握できるものであるといえる。

しかるところ、上記天蓋部分の形状は、別紙1のとおり、頭頂部から後部に向かってやや傾いた略半球状であり、タコの頭部をも連想させるものではあるが、その形状自体は単純なものであり、タコの頭部の形状としても、ありふれたものである。

したがって、上記天蓋部分は、美的特性である創作的表現を備えているものとは認められない。

そして、本件X滑り台のタコの頭部を模した部分のうち、上記天蓋部分を除いた部分については、上記のとおり、滑り台としての実用目的を達成するために必要な機能に係る構成であるといえるから、これを分離して美的鑑賞の対象となり得る美的特性である創作的表現を備えているものと把握することはできないというべきである。

以上によれば、本件X滑り台のうち、タコの頭部を模した部分は、実用目的を達成するために必要な機能に係る構成と分離して、美的鑑賞の対象となり得る美的特性である創作的表現を備えている部分を把握できるものとは認められない」。

(2)　タコの足を模した部分について

「…本件X滑り台のうち、タコの足を模した部分は、座って滑走する遊具としての利用のために必要な構成であるといえるから、同部分は、実用目的を達成するために必要な機能に係る構成と分離して、美的鑑賞の対象となり得る美的特性である創作的表現を備えている部分を把握できるものとは認められない」。

(3)　空洞（トンネル）部分について

「…本件X滑り台に設けられた上記各空洞部分は、遊具としての利用と不可分に結びついた構成部分というべきであるから、実用目的を達成するために必要な機能に係る構成と分離して、美的鑑賞の対象となり得る美的特性である創作的表現を備えている部分を把握できるものとは認められない」。

(4)　本件X滑り台全体の形状等について

「前記…のとおり、本件X滑り台を構成する各部分において、実用目的を達成するために必要な機能に係る構成と分離して、美的鑑賞の対象となり得る美的特性である創作的表現を備えている部分を把握することはできない。

そして、上記各部分の組合せからなる本件X滑り台の全体の形状についても、美的鑑賞の対象となり得るものと認めることはできないし、また、美的特性である創作的表現を備えるものと認めることもできない。

したがって、本件X滑り台が美術の著作物に該当するとのXの主張は、採用することができない」。

3　創作性要件との区別に関する原審の引用

なお、本判決は、「表現の選択の幅」に言及するXの主張に対し、「Xの上記主張は、本件X滑り台の表現の選択の幅が広く、製作者であるBの個性が表われていることを根拠とするものであるが、その点は、著作物性（著作権法2条1項1号）の要件のうち、「思想又は感情を創作的に表現したもの」との要件に係るものであって、「美術」「の範囲に属するもの」との要件に係るものではないというべきである」とした原審の判示（「事実及び理由」の第3の1(1)ウ(カ)の部分）を引用している。

X滑り台（正面）　　Y滑り台1（正面）　　Y滑り台2（正面）

※いずれも判決別紙を基に作成。

●──研究

1 応用美術保護の要件論

著作権法2条1項1号は、「文芸、学術、美術又は音楽の範囲に属するもの」であることを、著作物の要件として規定している。絵画や彫刻のように、もっぱら美的鑑賞に供することを目的として創作された作品（一般にこれを純粋美術と呼ぶ）がこの要件（以下、便宜的に「範囲要件」と呼ぶ）を充足することには異論がないが、純粋美術以外のもの、すなわち、実用性のある量産品などに美的表現が用いられた場合などの、いわゆる応用美術については、範囲要件該当性が問題とされ、裁判例のおおまかな傾向としては、純粋美術と同様に美的鑑賞性を有する（それ自体美的鑑賞の対象となり得る）ものであれば、範囲要件を充足するとの解釈がなされてきたと整理できよう[1]。これに対し、純粋美術には課されない要件が加重されているとの批判もあるが、純粋美術と「同視し得る」美的鑑賞性を有するか否かが問われてきたのであり、純粋美術であれ応用美術であれ美的鑑賞性を有することによって範囲要件をクリアするという点では変わりがなく、適切な批判とはいえないように思われる。また、なぜ美術の著作物にのみそのような要件が課されるのかを問題視する見解もあるが、美術の著作物（及び未発行の写真の著作物）には展示権（25条）が与えられるところ、美的鑑賞性を有するからこそ展示の対象とすることに意味があるのであって、美的鑑賞性を欠くようなものは美術の著作物と評価して展示権を与えるにもそもそも値しないのであり、支分権の内容から十分に正当化できる要件ではないかと思われる。また、およそ著作物は何らかの鑑賞対象性を有し、それゆえに「享受」（著作権法30条の4参照）の対象となると考えれば、他の著作物でも「鑑賞対象性」として広く問われている（が、具備していることが当然なので、通常問題とされないだけのこと）とも整理できようか。

ともあれ、以上の理解によれば、美的鑑賞性は範囲要件の問題として、創作性要件とは別の要件に関する議論に位置付けられることとなる[2]。

2 「美的特性」と「創作性」に関する判例の動向と本判決

これに対し、TRIPP TRAPP事件控訴審判決[3]は、「美的」という概念は多分に主観的な評価に係るものであり判断基準になじみにくいとし、また「美的」という観点からの高い創作性の判断基準を設定することは相当とはいえないとした上で、幼児用の椅子について著作物性を認める判断を下し（ただし侵害の成立は否定）、注目を集めた。美的鑑賞性を問うことは創作性要件において高い創作性を要求することであり適切ではない[4]、とするこの立場は、しかしその後の下級審判例においては必ずしも採られていない。むしろ、文言の差異を捨象しておおまかにいえば、「美的鑑賞の対象となり得る美的特性」を応用美術の保護要件として要求するものが大半を占める。ただ、その中にも、美的鑑賞性（美的特性）を「美的鑑賞の対象となり得るような創作性」として創作性要件と関連付ける判示をなすもの[5]と、創作性には言及しないもの[6]とが混在していた[7]。

そのような中、本件原審は、美的特性の問題を明確に範囲要件に位置付けた上で、創作性要件に関する選択の幅の議論とは関係がないものとして位置付ける注目すべき判示を行った（前掲判旨3参照）。これに対し、本判決は原審の同部分を引用しているものの、他方で原審の「美術鑑賞の対象となり得る美的特性」との文言を「美的鑑賞の対象となり得る美的特性である創作的表現」と改めており、また、後述するように当てはめにおいて明らかに創作性判断を「美的特性」との関連で行っているため、「美的特性」と創作性要件の関係に関して、矛盾した内容が混在する判示になっているように思われる[8]。

3 本件X滑り台への当てはめの判断について

本判決は、「応用美術のうち、美術工芸品以外のものであっても、実用目的を達成するために必要な機能に係る構成と分離して、美的鑑賞の対象となり得る美的特性である創作的表現を備えている部分を把握できるものについては、当該部分を含む作品全体が美術の著作物として、保護され得る」として、美的特性をいわゆる分離不可能性を基準として判断する立場を示した上で、本件X滑り台を①タコの頭部を模した部分、②タコの足を模した部分、③空洞（トンネル）部分の3つに分けて分析した後、さらに④本件X滑り台全体の形状等について判断している。そして、①をさらに(1)略半球状の天蓋部分と(2)それ以外の部分に分けた上で、①(2)・②・③については「滑り台としての実用目的を達成するために必要な機能に係る構成」であるから、美的特性を備えている部分をここから分離して把握することはできないが、①(1)については「利用者の落下を防止するなどの滑り台としての実用目的を達成するために必要な構成とまではいえない」として分離可能性は肯定しつつも、「その形状自体は単純なものであり、タコの頭部の形状としても、ありふれたものである」として、「美的特性である創作的表現を備えているものとは認められない」とした。そして、①

～③の組合せからなる④本件X滑り台の全体の形状についても、「美的鑑賞の対象となり得るものと認めることはできないし、また、美的特性である創作的表現を備えるものと認めることもできない」と結論付けた。

この点判決は、「美的特性」と「創作性」概念とを結び付けているために、分離可能性の判断に当たり著作物（作品）を部分ごとに切り離して分析するという手法を採っているが、他方、範囲要件・分離可能性の判断によって一定の類型の対象をある程度カテゴリカルに著作物から除外するという考え方[9]からすれば、判決の分析手法はやや違和感を覚えるものではないだろうか。むしろ、①(1)について分離利用可能であり美的特性ありとするならば、当該部分を含む全体が範囲要件を満たすと判断した上で、創作性については別途分析する方が、説得的な議論になるようにも思われる。創作性判断は他の作品と比較して表現がありふれていないか・他と異なり個性が発揮されていると評価できるかという比較の判断であるのに対し、美的鑑賞性・美的特性は、保護を求める作品それ自体にそうした性質が備わっているか否かを当該作品のみに着目して議論することが可能なものではないかと思われ、そうであれば、創作性要件と美的特性（分離可能性）の問題は切り分けて議論する方が妥当ではなかろうか。

また、分離可能性を判断基準とする見解に立ったとしても、本件の結論については異論もあり得るように思われる。従来、「鑑賞対象となることがその用途といえる三次元デザイン」については保護が肯定されてきた一方、「実用品のデザイン」については保護が否定されてきたのであるが[10]、本件は抽象芸術としてのタコの彫像の三次元デザインの事例なのか、それとも実用品としての滑り台のデザインの事例なのか、論者によって評価の異なる限界事例といえるのではなかろうか。分離利用可能・美的特性ありとして範囲要件の問題をクリアさせた上で侵害（創作性）の検討に進むという判断も十分にあり得るように思われるし、その上で本件Y滑り台2については[11]類似性を肯定するという判断があってもおかしくはない事例であったようにも思われる[12]。

(たけお・まさし)

---

1) たとえば、金子敏哉「日本著作権法における応用美術──区別説（類型的除外説）の立場から」著作権研究43号（2017年）80頁、81頁を参照。
2) 金子・前掲注1)83頁参照。
3) 知財高判平27・4・14判時2267号91頁。
4) このような理解は、TRIPP TRAPP事件控訴審判決を下した知財高裁第2部によるその後の裁判例（①知財高判平28・11・30判時2338号96頁〔加湿器（後掲注3)①の控訴審）及び②知財高判平28・12・21判時2340号88頁〔ゴルフクラブのシャフトのデザイン（後掲注3)②の控訴審〕の判示に、より明確に示されている。
5) ①東京地判平28・1・14判時2307号111頁〔加湿器〕、②東京地判平28・4・21判時2340号104頁〔ゴルフクラブのシャフトのデザイン〕、③大阪地判平29・1・19平27(ワ)9648等〔衣服〕、④知財高判平30・6・7平30(ネ)10009〔糸半田供給機（半田フィーダ）〕（後掲注4)④の控訴審、第3部）、⑤東京地判令2・1・29平30(ワ)30795〔照明用シェード〕、⑥東京地判令3・2・17令元(ワ)34531〔姿勢保持具〕、⑦知財高判令3・12・8令3(ネ)10044〔タコの滑り台（本件、後掲注4)⑦の控訴審、第1部）〕、⑧東京地判令3・12・24令2(ワ)19840〔文字標章〕等。
　このうち④の知財高裁第3部の判決は、それ以前の後掲注4)③判決では「何らかの形で美的鑑賞の対象となり得るような特性を備えていることが必要」と判示していたところ、「何らかの形で美的鑑賞の対象となり得るような創作的特性を備えていなければならない」と表現を変えており、注目される。
6) ①大阪地判平27・9・24判時2348号62頁〔ピクトグラム〕、②東京地判平28・4・27平27(ワ)27220〔幼児用箸〕、③知財高判平28・10・13平28(ネ)10059〔幼児用箸（②の控訴審、第3部）〕、④東京地判平29・12・22平27(ワ)33412〔糸半田供給機（半田フィーダ）〕、⑤大阪地判平30・10・18平28(ワ)6539〔傘立て〕、⑥東京地判令元・6・18平29(ワ)31572〔トートバッグ〕、⑦東京地判令3・4・28令元(ワ)21993〔タコの滑り台（本件原審）〕、⑧大阪地判令3・6・24令2(ワ)9992〔時計のデザイン原画〕、⑨知財高判令3・6・29令3(ネ)10024〔姿勢保持具（前掲注3)⑥の控訴審、第2部（ただしTRIPP TRAPP事件控訴審及び前掲注2)の各判例とは裁判長裁判官が異なる））〕、⑩東京地判令3・10・29令3(ワ)1852等〔バニーガール衣装〕等。
　この中でも②判決は、「実用に供される機能的機能ないしそのデザインは、その実用目的を離れて美的鑑賞の対象となり得るような美的特性を備えていない限り、著作権法が保護を予定している対象ではなく、同法2条1項1号の「文芸、学術、美術又は音楽の範囲に属するもの」に当たらないというべきである」として、本件原審よりも前に美的特性の問題を明確に範囲要件に位置付けた判決として注目される。
7) 金子・前掲注1)84〜88頁の詳細な分析も参照。
8) もっとも、創作性と美的特性とを本当に切り分けるべきなのか・切り分けられるのかについては、議論の余地もあろう。従来の裁判例においても、純粋美術との同視性あるいは分離可能性による判断がアイデア・表現二分論や創作性の判断と関連していたことの指摘も含め、金子・前掲注1)82頁参照。
9) 金子・前掲注1)、とりわけ92頁以下を参照。
10) 金子・前掲注1)81〜82頁参照。
11) 他方、本件Y滑り台1に関しては、正面のスロープの形状が異なり、また左側面から見た形状もかなり異なっていることから、全体として本件X滑り台の表現上の本質的特徴を直接感得できるものではないと評価すべきもののように思われる。
12) もっとも、請求認容という結論が本事案について果たして適切といえるのか否かは、Y代表者AがXを退職後にYを設立したことや、「争点2（不当利得返還請求権の存否）について」における両当事者の主張から窺われる事情がどう評価できるのかを踏まえないと判断できないが、判決文からはこうした点は必ずしも明らかではない。

今期の裁判例索引

高等裁判所

地方裁判所

家庭裁判所

民事判例 24——2021年後期

2022 年 7 月 20 日　第 1 版第 1 刷発行

編　者——現代民事判例研究会（代表・田髙寛貴）
発行所——株式会社日本評論社
　　　　　〒 170-8474　東京都豊島区南大塚 3-12-4
　　　　　電話 03-3987-8621　FAX 03-3987-8590　振替 00100-3-16
印　刷——精文堂印刷
製　本——難波製本

Printed in Japan ⓒ 現代民事判例研究会（代表・田髙寛貴）2022　本文組版／中田　聡　装幀／林　健造
ISBN 978-4-535-00252-4

民事判例23
2021年前期

現代民事判例研究会編

日本評論社

好評発売中　定価 3,080円（税込）